휴먼큐브 드림

생존을 가장
잘하는
직장인 되기

생존을 가장 잘하는 직장인 되기

불황의 시대에 살아남기 위한 직장인 생존 매뉴얼

이내화 지음

휴먼큐브

프롤로그

What is your next?

앞으로의 시대는 직장인들에게 어떤 방향과 현실로 다가올 것인가? 직장인들은 고도의 불확실성과 급격한 스피드의 사회, 급변하는 경영 환경 속에서 점점 숨 막힐 듯 메말라가고 있다. 이런 환경에서 단비를 내리듯 직장인들에게 청신호가 될 수 있는 것은 과연 무엇일까?

일상이 '구조조정'이고, '희망퇴직'이고, '전직'인 시대다. 이러한 빈곤의 악순환이 정신적 공황 상태를 만들어가고, 청년실업은 증가하며 중년층의 붕괴와 신용 불량자가 계속 양산되는 등 우리가 처한 환경은 가치관의 혼돈을 불러오고 있다.

『프리에이전트의 시대』의 저자 다니엘 핑크는 한 인터뷰에서 20대에게

'계획을 세우지 마라'고 주문했다. 왜? "세상은 복잡하고 너무 빨리 변해서 절대 예상대로 되지 않는다. 대신 뭔가 새로운 것을 배우고 새로운 것을 시도해보라. 그래서 멋진 실수를 해보라. 실수는 자산이다. 대신 어리석은 실수를 반복하지 말고, 멋진 실수를 통해 배워라"고 그는 강조한다.

새로운 미디어가 이 세상에 나타나 5천만 명의 사용자에게 전파되는 데까지 걸리는 시간은 얼마일까? 라디오는 38년이 걸렸다. TV는 13년, 인터넷은 4년, 아이팟은 3년이 걸렸다. 그런데 소셜 미디어Social Media의 하나인 페이스북Facebook은 5천만 명의 두 배인 1억 명의 사용자를 추가하는 데 9개월밖에 안 걸렸다. 인터넷에는 수억 개 이상의 블로그가 있다. 이 중 절반 이상은 그 내용을 거의 매일 업데이트한다고 한다.

이런 세상의 변화 속에서 당신은 무엇을 하고 있는가? 이런 말이 있다. "덩치가 크다고 해서 항상 작은 기업을 이기는 것은 아니지만, 빠른 기업은 느린 기업을 언제나 이긴다." 지금은 속도의 시대다. 직장인으로서 당신의 변화 속도는 얼마인가?

오래 전 일이다. 한국 최고의 기업인 S그룹의 총수는 이런 이야기를 한 적이 있다. 한창 잘나가는 임직원들에게 던지는, 위기의식을 고취하라는 메시지였다. "자네들 까불지 마! 10년 뒤엔 뭘 먹고 살 건가?" 이 화두는 기업, 개인, 조직, 정치가 모두에게 해당하는 생존의 메시지이기도 하다.

'What is your next?' 당신의 생존을 위한 10년 뒤 시나리오는 무엇인가? 이 질문에 대한 당신의 답은 무엇인가? 한번쯤 생각해볼 일이다.

다음은 조선일보 2013년 신년 사설의 일부이다. 작금의 우리 사회가 직면한 상황을 잘 묘사하고 있다.

〈1997년 외환위기를 전후해 가속화加速化한 경제의 글로벌화, 몇 년 주기週期로 진앙지震央地를 아시아·남미·미국·유럽으로 옮겨 다니며 한국 경제를 덮친 세계 규모의 경제 위기, 생산 효율화의 부산물副産物인 '고용 없는 성장' 시대의 출현은 이 믿음을 산산조각 내고 말았다. 개방 경제의 가장자리에서 맨몸으로 성난 파도를 맞은 중소 상인, 봉급생활자, 중도 퇴직자, 하위 중산층, 하류층, 노약자, 취업 대기 청년들이 첫 희생자가 됐다. '국력 신장 제일주의'라는 국정 운영 목표를 개인 삶의 목표인 듯 가슴에 품고 일에 떠밀려 다니다 조기早期 퇴직과 함께 사회와 가정의 변두리로 내몰린 세대의 좌절감은 더 절절했다.〉

상황이 예전 같지 않다는 것을 기업 현장에서 피부로 느낀다. 이미 저성장 시대로 들어선 우리나라가 갑자기 수많은 일자리를 창출하고, 임금이 대폭 오르는 것을 기대하기란 어려울 것 같다. 전문가들은 이를 두고 '고용 없는 성장Jobless Growth'이라고 입을 모은다.

그런데 기업체 강의장에서 만나는 수많은 직장인들을 보면 아직도 자신의 현실이나 위치를 제대로 모르고 사는 〈찰러리맨(Child+Salaryman: 철없는 직장인)〉들이 태반이다. 특히 일터에 대한 몰입도가 아주 떨어지는 것을 보면 안타깝기 그지없다. 자신의 〈성공 1번지〉나 다름없는 자신의 일터를 놀이터 아니면 돈벌이 정도로 생각하는 경우를 자주 본다.

한 치 앞도 못 볼 정도로 빠르게 변하는 치열한 경쟁사회 속에서 과연 이러한 생각과 태도로 생존할 수 있을까? 전문가로서, 아니 인생선배로서 걱정이 앞선다.

이 책은 이런 직장인들을 위한 일종의 〈생존 지침서〉이다. 말하자면 서바이벌 키트Survival Kit라고 할 수 있다. 아직도 우왕좌왕 갈피를 못 잡고 본질이 아닌 현상을 좇고 있는 직장인들을 위한 가이드북인 셈이다. 이름하여 〈신新직장인 성공학〉이자, 〈신新직장인 생태학生態學〉이다. 여기서 생태학이란 'Ecology'가 아니라 생각과 태도를 의미한다.

필자는 〈신직장인 생태학〉을 통해 직장인들을 위한 위로나 치유, 또는 공감이나 힐링을 처방하려는 게 아니다. 이들이 자신 앞에 펼쳐진 현실을 직시하고, 나아가 직장인으로서 생존할 수 있는 전략을 깨우쳐주기 위한 〈생존 처방전〉이다. '대한민국 직장들에게 고告함', 쉽게 말해 성공학자가 1천만 찰러리맨들에게 들려주는 직설적인 충고, 즉 독설毒舌인 셈이다.

그렇다면 무엇을 어떻게 해야 할까? 가장 먼저 해야 할 일은 여러분의 무뎌진 직감을 되찾아보는 일이다. 여기서 직감이란 직감直感이 아니라 직감職感을 말한다. • 직장 내 변화라든가 • 직장 내 분위기 • 돌아가는 판 등을 읽어내는 능력을 가리키는 것이다. 주변에 보면 세상을 잘 읽어내는 이들이 있다. 이들은 소위 촉觸이 좋은 사람들이다. 여건이 어려워도 세상을 읽어내고 나름의 대책을 세워서 생존해간다.

이면우 교수는『생존의 W이론』에서 이렇게 말하고 있다.

〈W이론에 토끼와 거북의 경주 이야기가 있다. 이솝 우화에서는 발 빠른 토끼가 방심하고 낮잠을 자고 있는 사이에 발걸음이 느린 거북이 쉬지 않고 기어서 경주에서 이겼다. 그러나 요즘 토끼는 낮잠을 자지 않는다. 토끼를 이기려면 어떻게 해야 하는가? 토끼가 지나간 길을 무작정 뒤따라가기보다는 토끼가 나중에 찾아올 절벽 밑의 풀밭을 미리 내다 보고 목과 손발을 몸속에 집어넣고 절벽 밑으로 몸을 굴려 이기는 방법을 마련해야 한다. 지금은 쉬지 않고 뒤쫓던 거북보다는 몸을 굴리는 엉뚱한 거북의 용기와 지혜가 필요하다.〉

"It is not the strongest who survive, nor the most intelligent but those who are most responsive to change." 진화론을 주장한 찰스 다윈이 한 말이다. 해석하자면 '생존하는 사람은 힘이 센 사람도, 아주 영리한 사람도 아니라 변화에 잘 대응하는 사람'이라는 것이다. 즉, 변화를 잘하는 자만이 살아남는다는 이야기다.

이 논리를 입증하기 위해 재미있는 우화 한 편을 소개한다. 개구리 세 마리가 우유 통에 빠졌다. 첫 번째 개구리는 왜 자신이 그런 운명에 처해야 하는가 비탄만 하다가 스스로 빠져 죽었다. 두 번째 개구리는 하느님에게 매달렸다. 기적을 일으켜 자신을 구해달라고 기도하고 또 기도했다. 그러나 기적은 일어나지 않았다. 세 번째 개구리는 주어진 상황에서 최선을 다하겠다고 마음을 먹고, 필사적으로 우유 통에 매달려 허우적댔다. 마침내 우유는 버터로 변해 그것을 딛고 통 밖으로 나올 수 있었다.

필자는 직장생활을 단적으로 표현할 때 이런 말을 한다. "직장생활은 칠흑 같은 밤중에 후진으로 주차하는 것이다." 주차할 때 후방 센서등이 있으면 안전하게 주차하는 데 편하다. 바로 그런 센서등이 필자가 말하는 직감職感이다.

이제 입사 초기의 초심으로 돌아가 당신이 하는 일에 집중해야 할 때이다. 당신의 무뎌진 직감職感을 챙기고 다시금 일과 일터를 추스르고 당신의 사각지대를 보완하며 생존을 위한 내공을 쌓아야 한다. 당신에게 주어진 황금 같은 고정자산인 직장인의 1일 근무시간 〈9시간〉을 재구성해야 할 때다. 그래서 당신의 인생모드를 생존모드로 바꾸고, 생존의 빙하기에 나타나는 크레바스를 당당하게 건너가야 한다. 다음의 표를 살펴보자.

직장 4인방 매트릭스

구분	코드	공식	콘셉트	스타일	방법	내용	압축
業	일	思	創	열정	Head Up	끊임없이 왜냐고 물어라!	불광 불급
場	일터	固	感	감사	Hand Up	무조건 먼저 주어라!	감사 나눔
動	행동	熾	魂	혁신	Heat Up	가슴 벅차게 들이대라!	혁자 생존
人	사람	自	通	신뢰	Heart Up	만나고 그리고 들어라!	소통 만사

직장에는 위의 표처럼 크게 네 가지 영역이 있다. 필자는 이것을 〈직장 4인방〉이라고 한다. 바로 〈業→場→動→人〉, 즉 〈일→일터→행동→사람〉이다. 이 책을 통해 당신은 일터에서의 〈하루 9시간〉을 재구성하고 가공할 수 있는 노하우를 습득하게 될 것이다. 아울러 업무력, 소통력, 행동력, 생각력 등을 배워서 고도로 복잡한 시대에 살아남을 수 있는 전략과 전술을 구축할 수 있다. 또한 지금 하는 일을 통해 자신의 인생을 바꾸는 생존방정식 〈思固熾自〉법을 체득하면서 생존력과 경쟁력을 키워갈 것이다. 나아가 당신은 일과 일터를 보는 눈을 바꾸고, 변화무쌍한 미래를 남과 다르게 인식함으로써 변화의 맥을 잡게 될 것이다. 그리고 조직에서의 생존은 물론 직장인으로서 무한 성장을 해나갈 것이다.

"변해야 산다." 누구나 다 아는 이야기이다. 그러나 변화를 행동으로 옮기는 이는 많지 않다. 어떻게 해야 담배를 끊을 수 있고, 어떻게 해야 정리를 잘할 수 있고, 어떻게 해야 태도를 바꿀 수 있는지 그 방법을 모르는 사람은 없을 것이다. 이제 당신이 해야 할 일은 행동으로 옮기는 것이다. 생각을 멈추고 행동을 할 때다.

이를 위해 필자는 당신이 이 책을 통해 다음과 같이 5박자를 차근차근 밟아가기를 원한다. • 자기 인식하기 • 타인이 보는 자신 알기 • 왜 회사에 다니는가 알기 • 하는 일 내 것으로 만들기 • 직장에서의 성장을 위한 계획 만들기이다. 이 작업을 통해 당신은 인생을 바꿀 수 있는 모멘텀을 찾아갈 수 있을 것이다.

2013년 9월
이내화

📖 차례

2장 행동 전략(固) − 動(행동)

BBB

소통 전략(熾) - 人(사람)

1장

생각 전략(思) ─ 場(일터)

─

10년 뒤, 당신은 생존할 수 있는가 │ 생존 없인 그 무엇도 없다 │ 정신 차려! 김 대리! │
일단 주행선으로 들어와라 │ 스스로 갱신작업을 하라 │ 126+4＝130 법칙
머리가 나쁘면 손발이 고생한다 │ 생존을 위한 빅뱅을 하라 │ 휴가를 안 가면 죽을까
난 사람보다 된 사람이 오래간다 │ 텔레비전보다 마이비전이 재미있다 │
최소한 트리플 30을 익혀라 │ 누구를 위해 일하는가

생각 전략(思) — 場(일터)

10년 뒤,
당신은 생존할 수 있는가

'워킹푸어Working Poor'란 일하는 빈곤층을 뜻하는 말로, 열심히 일을 해도 형편은 나아지지 않고 입원이나 실직 등의 문제가 생겼을 때 빈곤층으로 전락할 수 있는 사람을 의미한다. 최근 계속되는 경기침체와 물가인상으로 스스로를 워킹푸어라고 생각하는 직장인이 늘고 있다. 실제로 20~30대 직장인 10명 중 7명은 자신이 워킹푸어에 속한다고 생각하고 있다.

혹시 당신도 이런 생각을 하고 있는가? 특히 2030세대라면 변화해가는 사회의 패러다임에 탄력적으로 대응하기 어려울 때가 있다. 마찬가지로 한 번의 성공전략이 딱 맞아떨어져 평생을 가지고 간다면 그것은 큰 행복이 아닐 수 없다. 그러나 복잡다변한 요즈음 현실을 반영하면 이젠 자가진단을 통해 이 길이 과연 맞는 것인지 아니면 궤도 수정이 필요한 것인지 알아볼 필요가 있다.

자신이 구축한 성공전략과 전술에 커리어 로드맵이 • 잘 통하고 있는지 • 수정을 요하는지 • 강점을 더욱 키울 수 있는 전략은 무엇인지 • 저비용 고효율 방법은 없는지 적극적으로 알아봐야 한다. 이 말은 적어도 3년 단위로 자신의 커리어 로드맵을 그려보자는 것이다. 이를 통해 좀더 업그레이드된 나를 만들어갈 수 있고, 탈바꿈이 필요하다면 과감히 그렇게 해야 한다.

이쯤 해서 10년 후 나 자신의 모습을 그려보자. 마치 아바타처럼 가상공간에 실제 자신의 모습을 형상화하고 시각화를 해보아라. 10년 후의 자랑스러운 나의 모습이 기다리고 있을 것이다. 이 모습을 잃지만 않는다면 피그말리온 효과처럼 내가 그린 아바타는 그대로 내 자신이 되어 있을 것이다.

직장인들의 삶은 반복적이고 지루하다. 아침에 출근하고 퇴근할 때까지 일에 쫓기다 보면 자신의 인생에 대해 생각할 시간이 많지 않다. 그러기에 오늘도 내일도 그럭저럭 보내기 일쑤이다. 이렇다 보니 미래의 희망 같은 것을 생각할 여력이 없기 마련이다. 그러나 성공하는 삶이란 직장을 다니면서도 그 안에서 자기 자신의 성공코드를 찾아내어 성장해가는 것이다.

아무리 바쁘고 힘이 들어도 잠시 짬을 내보자. 필자는 이것을 'Take Time'이라고 한다. 자기와의 대화를 통해 방향을 찾아내야 한다. 자신의 인생문제를 시간 탓만 할 수 없는 노릇이다. '살다 보면 어떻게 되겠지? 앞으로 잘되겠지?' 하는 〈Someday 증후군〉에서 하루빨리 벗어나야 한다.

〈중국 쓰촨四川성 지진 때 2,323명의 학생 전원을 무사히 지켜낸 한 중등학교 교장이 화제가 됐다. 그 교장은 두 가지를 했다. 하나는 학교 건물이 너무 날림공사인 것을 보고 3년간 여기저기서 돈을 모아 건물 벽 속에 철근을 보강했다. 다른 하나는 재난에 대비해서 1년에 두 번씩 교사와 학생을 대피시키는 훈련을 했다. 그 덕에 교사와 학생 전원은 지진이 나자 2분 안에 대피할 수 있었다. 인근 중학교에서 학생 1,000여 명이 매몰된 결과와는 대조적이었다. 지난 6월 14일 일본 동북지역 쓰촨성 지진에 버금가는 강진이 있었다. 하지만 피해는 사망·실종 22명에 주택 12채가 무너진 것이 전부였다. 일본이 고베 지진 이후 모든 건물을 강도 8의 지진에도 버틸 수 있게 설계한 결과다.〉 (조선일보 발췌)

생존을 하려면 바로 이런 시스템과 매뉴얼이 있어야 한다. 10년 후의 나의 모습은, 내가 모르는 나를 만들어야 발전된 모습을 기대할 수 있다. • 당신이 갖고 싶고Have • 하고 싶고Do • 되고 싶은Be 밑그림을 만들어 시각화해가라. 그것이 당신만의 강점과 차별점을 만들어줄 것이다.

당신은 10년 뒤 워킹푸어가 되고 싶은가 아니면 워킹리치Working Rich가 되고 싶은가? 퇴근길에 가늠해보라. 'What is your next?' 당신은 진정 10년 뒤에 살아남을 수 있는가?

생각 전략(思) — 場(일터)

생존 없인 그 무엇도 없다

아프리카 케냐와 탄자니아를 뒤덮은 3만 제곱킬로미터의 광대한 초원을 세렝게티라고 부른다. 이곳에는 300여 만 마리의 야생동물이 산다. 이 광활한 초원엔 어떤 생존의 법칙이 작용할까? 재미있는 건 강한 동물만이 살아남는 게 아니라는 것이다. 강한 것보다 자신의 상황에 맞는 최고의 전략을 구사하는 동물이 살아남는다고 한다. 그러니까 자신만의 생존 노하우와 시스템을 갖고 있어야만 생존할 수 있다는 것이다. 말하자면 적자생존의 룰이 적용되는 것이다.

가령 목이 긴 기린은 특유의 '시력 전략'으로 통합적 행동의 생존력을 구가한다. 한편 코뿔소는 한 방향으로 끈기 있게 돌진하는 힘으로 자신을 지키며, 스피드가 뛰어난 하이에나는 다른 누군가를 활용하면서 '지속가능한 성장'을 이끌어간다. 반면에 행동이 느린 코끼리는 어떤 전략을 구사할까? 축적된 지식을 최대한 활용하고, 밀림의 왕자 사자는 역할을 나눠 협력하는 전략을 써서 생존한다. 쉽게 말해 최고의 전략이 아니라 최적의 전략을 쓰는 셈이다.

그렇다고 이들이 한 가지 전략만 구사하는 건 아니다. 얼룩말은 투쟁·도주·군집·부동·널뛰기라는 5가지 생존 전략을 복합적으로 활용한다. 심리학자들의 연구 결과에 따르면 얼룩말의 5가지 생존 전략은 위험에 처한 인간들이 보여주는 반응과 똑같다고 한다. 이런 말이 있다. '강한 자가 살아남는 것이 아니라 살아남는 자가 강한 것이다.' 언제 어떤 전략을 선택하느냐, 즉 최적의 선택이 생존과 직결되는 셈이다. 이것은 조직 내 생존 원리와 같다. 이 글은 한국경제신문 고두현 논설위원의 글을 요약·재구성한 것이다.

필자는 2030세대 직장인들을 대상으로 강의를 할 때 다음과 같은 사자성어를 보여주고 시작한다. '직화만사성職和萬事成'. 이건 무슨 뜻일까? '직장이 편해야 모든 게 편하다'는 것이다. 가화만사성家和萬事成도 아니고, 직화만사성이라니 이게 웬 뚱딴지같은 소리일까?

직장인들에게 늘 하는 말이 있다. "집에서 새는 바가지 나가서도 샌다". 직화만사성이라는 새로운 사자성어가 주는 메시지는 이렇다. '지금 회사에서 일을 잘하는 사람은 나가서도 잘 한다'는 것이다.

필자는 왜 이런 주장을 할까? 대개 젊은 직장인들은 자신이 속해 있는 일터에 불만(?)이 많다. 진득하게 자신을 뿌리내리는 게 싫다는 것이다. 이런 자세다 보니 딴 생각을 자주 한다. 가령 이런 식이다. "내가 이 회사만 나가면 모든 일이 술술 풀릴 텐데" "대학 시절 꿈꾸어왔던 유학을 갔어야 하는데" "다 때려치우고 사업이나 할까" "작은 카페나 열어볼까" 등등.

당신에게 한번 물어보자. 과연 당신이 가고 있는 인생의 트랙, 즉 삶의 주행선을 바꾼다고 해서 더 잘 달릴 수 있을까? 단적으로 "아니다"라고 말하고 싶다. 사람은 태도를 보면 알 수 있다. 태도란 어떤 상황에 대처하는 자세다. 그 자세를 보면 대략 그 사람을 읽을 수 있다. 주어진 일이 무엇이든지 간에 그것을 잘해내는 이는 무엇을 맡겨도 잘한다. 이건 진리에 가까운 이야기다.

그렇다면 왜 누구는 있는 자리에서 잘하고, 누구는 늘 불만 속에서 딴(?) 생각을 하는 것일까? 다음과 같은 '불편한 공식' 때문이다. 24-9〉15. 이 공식을 자세히 풀어서 설명하자면 이렇다. 하루 24시간 중 직장에서 보내는 시간은 대략 9시간인데, 이 9시간을 보내고 나면 나에게 주어지는 시간은 15시간이다. 그런데 중요한 것은 직장에서 보내는 9시간이 나에게 주어진 나머지 '15시간의 질'을 좌지우지한다는 것이다. 아마 이런 메시지를 전하면 직장인들은 공감하지 않을 수도 있다. 더러는 비웃기도 할 것이다. 분명한 것은 9시간이 없으면 나머지 15시간도 없다는 것이다. 그만큼 일터에서의 시간이 중요하다는 이야기다.

이런 개념을 바탕으로 다음과 같은 '불편한 공식'을 하나 더 생각해낼 수가 있다. 9>15라는 공식이다. 이는 하루 중 무심코 보내는 9시간이 매일 당신에게 주어지는 15시간보다 크다는 것이다. 그래서 이런 이야기를 자주 한다. • 9시간이 15시간을 낳고 • 이것이 하루를 낳고 • 이 하루가 한 주를 낳고 • 한 주가 한 달을 낳고 • 한 달이 1년을 낳고 • 이것이 쌓여 인생이 된다.

이 말을 하나의 공식으로 만들면 이렇게 된다. 〈9H=15H=1Day=1Month=1Year=1Life〉 다소 비약한 점이 없진 않지만 당신이 직장인이라면 직장에서 보내는 9시간은 인생에 있어서 아주 절대적이다. 이것을 필자는 강조하고 싶다. 이것을 좀더 깊이 분석하면 간단하게나마 다음과 같은 것들을 유추해낼 수 있다.

• 당신이 직장에서 평생 보내는 시간(1일 9시간, 25년 근무 기준)
9시간 × 230일 × 25년 = 51,750시간

• 직장에서 보내는 일수
51,750시간 ÷ 24시간 = 2,156일

• 직장에서 보내는 햇수
2,156일 ÷ 365일 = 5.9년

이것을 보면 직장에서 보내는 시간이 그다지 많지 않다는 것을 알 수 있다. 우리가 고령화 시대를 맞이하여 오랫동안 직장생활을 할 것 같지만 그리 많은 시간이 주어지는 건 아니다. 그런데 대다수 젊은 직장인들은 직장에서 보내는 시간의 본질을 간과하는 경우가 많다. 아니 모르는 경우가 허다하다. 직장생활을 한 선배로서 참으로 안타까운 일이 아닐 수 없다.

그렇다면 당신은 어떤 생각을 해야 할까? 우선 당신에게 주어진 보장자산, 즉 9시간을 재평가하고 재구성할 필요가 있다. 좀더 극단적으로 말하면 이렇다. 당신이 9시간을 허투루 보낸다면 나머지 인생은 굳이 그려보지 않아도 알 수 있다. 이건 당신도 곰곰이 생각해보면 충분히 예측 가능한 그림이다.

과연 우리나라 젊은 직장인들이 자신의 성공무대인 직장에서 보내는 9시간을 제대로 인식하고 있을까? 그렇다면 왜 몰입을 하지 않을까? 필자의 생각으론 일터를 자신의 모든 것이라고 생각하지 않고 지나가는 곳으로 여기거나, 아니면 다른 마음이 들어서 그럴 거라고 본다.

다음은 조선일보 문갑식 논설위원의 글이다. 백수에서 '대★ 야채상'으로 성공한 총각네 야채가게 창업자 이영석 씨에 대한 이야기다.

〈역경을 딛고 일어선 이영석에겐 독특한 철학이 있다. 인간은 다수의 똥개와 소수의 진돗개(엘리트)로 나뉜다고 그는 믿는다. 똥개는 누가 자기보고 똥개라고 하면 화를 낸다. 진돗개는 자기를 '똥개'라고 불러도 빙그레 웃기만 한다. 똥개들은 현실에 안주해, 점프할 생각과 노력을 하지 않는다. '돈을 벌고 싶다' '성공하고 싶다'면서도 '적성이 아니네' '자본금이 없네' '세상이 날 몰라보네' 하며 핑계만 댄다. 진돗개는 누굴 만나도 자신을 낮춘다. 한 가지라도 더 배우겠다는 생각에서다.

이영석은 삼류 대학에 가서 강의할 때 이런 논리로 학생들의 성질을 팍팍 긁곤 한다. "왜 ○○대학에 다니세요?" 그가 이렇게 물었을 때 "공부를 못해 이 대학밖에 갈 곳이 없었습니다"라고 솔직하게 답하는 학생을 그는 거의 본 적이 없다고 했다. '총각네 야채가게' 직원을 뽑을 때도 마찬가지다. "너 가난해서 여기 일하러 왔지"라고 묻는 것이다. 그때 그런 사실을 인정하고 몇 년만 고생할 각오가 돼 있으면 성공할 수 있다고 이영석은 말했다. 그런데 실제로 그런 지원자는 극소수라고 한다.

오히려 이런 식이다. "월급은 얼마입니까" "회사가 어떤 비전을 줄 수 있습니까?" 그럴 때 그는 이렇게 되묻는다. "저를 낳아준 부모도 제게 비전을 못 주었는데 제가 어떻게 당신에게 비전을 주겠습니까. 당신은 회사에 어떤 비전을 줄 수 있습니까?" 노력 하나로 신화를 쓴 이영석이 외쳤다. '지금 포기하면 앞으로 뭘 해도 포기할 것이다' '꿈꾸기 전에 대가를 치를 각오부터 해라' '2시간 먼저 출근하고 2시간 늦게 퇴근하고 남보다 2배 일해라!' 나는 이 이야기를 좌절한 청춘들에게 전하고 싶었다.〉

(조선일보 발췌)

이 글을 읽고 당신은 무슨 생각이 드는가? "음 당연하네…" "아 성공한 이들은 다르구나…" "뭐, 나와 상관없는 딴 사람 이야기네" "그럴 수도 있지". 여러 가지 단상들이 떠오를 것이다. 강의를 하면서 이런 이야기를 자주 한다. "All that your life", 즉 "당신이 다니는 직장은 당신의 모든 것이다!" 다소 도발적인 주문이지만 내가 다니는 직장을 인생의 모든 것, 최종 기착지로 생각하는 사람과 그 직장을 지나가는 경유지로 생각하는 사람의 과정과 결과는 달라도 많이 다르다. 직장이란 들어오는 문은 같아도 나가는 문은 다르기 때문이다.

다음은 고시 3관왕으로 유명한 고승덕 변호사의 말이다.

〈대부분의 사람들은 '오늘 공부하고 내일 노는 것'보다 '오늘 놀고 내일 공부하는 것'을 훨씬 좋아한다. 그러나 '내일 놀고 모레 공부하는 것'과 '내일 공부하고 모레 노는 것'을 비교할 때는 대부분의 사람이 큰 차이를 느끼지 못한다. 다시 말해 사람들에게 중요한 것은 오늘 힘든 일을 하느냐, 아니면 이 일을 미래로 미루느냐 하는 것이지, 미래의 어느 시점에 그 힘든 일을 하느냐가 아니라는 것이다.〉 (조선일보 발췌)

지금 당신이 일하고 있는 일터에 대한 당신의 생각은 무엇인가? 최종 목적지인가 아니면 경유지인가? 그건 당신의 몫이다. 분명한 건 그곳에 하루를 다니든 평생을 다니든 그건 분명 당신의 〈성공 1번지〉이고, 나아가 〈성공무대〉이자 〈생존무대〉이다. 가수에게 무대가 편하면 노래는 절로 나올 수밖에 없을 것이다. 수년 전 이런 광고가 있었다. "아내가 편해야 집안이 편하다!" 맞는 말이다. 이렇듯 '직장이 편해야 인생이 편하다'. 이젠 가화만사성이 아니라 직화만사성이다.

생각 전략(思) ― 場(일터)

정신 차려! 김 대리!

기획 단계에서 이 책의 원 제목은 『정신 차려! 김 대리』였다. 그만큼 직장인 후배들에게 즉각적으로 도움이 될 수 있는 조언들을 담으려고 했다. 우리나라 〈직장인 성공학〉의 대부로 불리는 필자가 이 책을 통해 꼭 하고 싶은 말이 있었다. 꼭! 정말 해주고 싶은 이야기다. 아마 이런 이야기를 던지면 "무슨 꼰대(?) 같은 생각이야!" 하면서 이 장을 그냥 스쳐 넘길 수도 있을 것이다. 그냥 넘어가도 좋다. 그래도 이야기를 해야겠다!

강연장에서 만나는 수많은 직장인을 보면 사실 울화(?)가 치민다. 세태가 변하고 개방적인 탓도 있겠지만 그 정도가 너무 심한 게 아닌가 싶다. 직장인들의 매너나 태도를 보면 일터라기보다는 카페나 MT에 온 분위기다. 이런 느낌은 4050세대나 임원급이라면 공감할 것이다. 물론 기성세대로서의 가부장적인 시각을 이해해달라고 애원하는 건 아니다. 다만 해도 너무하다는 것이다.

필자의 자식은 대학 졸업반이다. 이 아이가 늘 입버릇처럼 하는 말이 있다. "졸라 짱나!" 늘 "졸라 짱나!"를 외친다. 이런 말을 자주 내뱉는 건 여러 가지 이유가 있을 것이다. 인생이 자신의 생각대로 가지 않는다든지, 집안 분위기가 자신하고 맞지 않는다든지, 아니면 만사가 귀찮아서든지 말이다. 모르긴 몰라도 자신의 삶에 있어서 명확한 비전 부재 탓이 아닐까 싶다. 물론 우리 아이게도 비전이 있긴 하다. 그 비전은 무엇일까? 바로 텔레비전이다.

대개 우왕좌왕하는 사람들은 인생의 비전이 없는 '무골퍼無Goal퍼'들이다. 이런 사람들은 늘 부정적이다. 그렇다면 이들은 왜 그런 인생관을 갖고 있는 것일까? 인생의 본질을 추구하지 않고 현상을 좇기 때문이다.

딸 아이의 경우를 한번 보자. 대학생의 본질은 여러 가지가 있겠지만 학문을 탐구하고, 사고의 확장을 통해 사회인으로서 자질을 육성하는 것이다. 그런데 이런 것들이 생각대로 이루어지지 않을 땐 본질에 눈길을 주지 않고 곁눈질을 하기 십상이다. 그 대상이 바로 현상이다. 그 현상이 자신의 처지와 괴리감이 심할 땐 짜증이 날 수밖에 없는 노릇이다. 이 점에선 필자 역시 매한가지다. 이렇다 보니 당신 역시 입에서 늘 나오는 말은 정도의 차이가 있겠지만 "졸라 짱나!"인 것이다.

필자는 거두절미하고 "당신은 회사를 왜 다니는가?"라고 묻고 싶다. 회사는 당신에게 어떤 의미를 갖는가? 나아가 당신의 상사는 당신에게 어떤 존재인가? 곰곰이 한번 생각해보길 바란다.

한국이 낳은 세계 정상의 프리마돈나 신영옥 씨의 말이다.

〈재능보다 노력이었죠. 데뷔 전까지 맑은 목소리를 내는 연습에만 매달렸으니까. 기본기를 다져놓은 셈이죠. 게다가 오페라단에서 저를 너무 높이 샀어요. 자꾸 잘한다고 하니까 칭찬받고 싶어서 결국 연습하고 또 하고. 단어 하나에 거품이 날 때까지요. 아침 10시 리허설을 한다 하면 새벽부터 일어났죠. 가끔은 정말 관두고 싶더라고요. 그래도 '날개만 달아주면 천사의 목소리' '영옥이 좀 봐라' 이런 소리를 하는데 노력을 안 할 수가 있나요.〉 (중앙일보 발췌)

앞에서도 언급했지만 직장인에게는 필수불가결한 3박자가 있다. 이름하여 〈직職딩 3박자〉인데 〈업業 – 장場 – 동動〉 세 가지를 말한다. 즉 일, 일터 그리고 행동이다. 말하자면 당신에게 가장 소중한 것은 일이고, 그 일이 있는 곳은 일터이고, 당신이 그곳에서 일을 하는 사람이라는 것이다. 행여 당신이 이 세 박자를 제대로 밟지 않거나 박자를 자주 놓치고 있다면 당신은 정신이 나간(?) 직장인이다. 이렇게 정신줄을 놓다 보니 회사를 다니면서도 늘 때려치우고 싶고, 술이 좋고, 수시로 담배가 땡기는 것이다.

그렇다면 무엇을 해야 할까? 이젠 리셋Reset을 할 때다. 그리고 당신의 일과 일터로 돌아가 그곳에 진실해져야 한다. 그렇다면 어떻게 리셋을 해야 할까? 더욱더 낮은 포복을 하는 것이다. 지금 있는 곳을 사력을 다해 붙들고 늘어지면 최소한 죽지는 않는다.

첫째, 눈높이 전략을 써라

가능한 한 당신의 요구 수준을 조직에 맞추어라. 특별한 대안이 없다면 그 대안을 만들 때까지 당신의 높이를 낮추고 낮은 포복을 계속해야 한다. 그러자면 조직과의 융화가 최우선이다. 굳이 폼을 잡거나 각을 세울 필요가 없다. 만약 이런 게 싫다면 자의로 나오든지 아니면 타의로 언젠가는 밀려 나오게 된다.

둘째, 상사와의 관계를 회복하라

어떻게 보면 당신의 생존 줄을 상사가 쥐고 있다고 해도 과언은 아니다. 외국 영화나 드라마를 보면 상사와 심하게 다툰 끝에 상자에 자신의 사무용품을 대충 담아 가는 장면을 본 적이 있을 것이다. 그러나 이건 허상이고 드라마일 뿐이다. 외국의 경우 이직을 한다든가 전직을 할 때 가장 중요한 것은 전 직장 상사의 레퍼런스Reference, 평이다. 당신의 상사가 맘에 들지 않다고 해서 졸로 보아서는 안 되는 이유다. 직장인들이 회사를 떠나는 경우를 보면 약 67퍼센트가 상사와의 갈등 때문이라고 한다. 그만큼 인간관계의 몫이 크다. 그럴수록 상사의 품속으로 재빨리 들어가라. 당신이 낮춘 만큼 상사는 좋아한다. 그곳은 핵우산이나 다름없다.

셋째, 자신을 제대로 보아라

직장인들은 대부분 자신의 경쟁력이 다른 사람보다 뛰어나다고 생각한다. S기업이 임직원 150명을 대상으로 직장인의 경쟁력에 관해 실시한 설문조사 결과에 따르면, 자신의 경쟁력에 대해 응답자의 72퍼센트가 '평균 이상의 경쟁력을 갖고 있다', 13퍼센트는 '다른 사람보다 뛰어나다'고 응답해 전체의 85퍼센트가 자신의 경쟁력을 높게 평가하고 있는 것으로 조사됐다.

'자신의 경쟁력이 평균 정도이다'라는 응답은 12퍼센트, '다른 사람보다 부족하다'는 응답은 3퍼센트에 그쳤다. 업무에서 능력을 100퍼센트 발휘하고 있는지를 묻는 질문에는 '70퍼센트 이상 발휘하고 있다'는 응답이 62퍼센트로 가장 많았고 '50퍼센트 정도'라는 응답은 24퍼센트, '100퍼센트 이상'은 8퍼센트, '발휘하지 못하고 있다'는 4퍼센트, '50퍼센트 이하'는 2퍼센트 등으로 나타났다. 누구나 이처럼 자신에겐 관대하기 마련이다. 그러나 당신의 몸값은 당신이 정하는 게 아니라 시장이 정한다는 걸 명심해야 한다. 자신을 밖에서 바라보는 냉철한 자세를 지녀야 한다.

넷째, 초심으로 돌아가라

직장에 첫발을 디딘 신입사원 시절을 생각해보자. 그땐 꿈도 야망도 나름 대로 있었을 것이다. 그런데 지금에 와선 조직의 맵고 쓴 맛을 하나둘씩 느끼면서 현실과 타협하기 시작해 진짜 샐러리맨이 되어가고 있을 것이다. 이젠 당신이 신입사원 시절 현업에 배치되었을 때의 초심을 챙겨야 할 때다. 그래서 당신의 흩어진 마음을 추스르고 더욱더 조직을 사랑하고, 적극적으로 조직에 몸을 기대고 동체가 되려는 노력을 해야 한다. 조직은 애정을 주는 이에겐 상응한 보상과 보호막을 부상으로 주기 때문이다. 초심으로 돌아가라. 그리고 조직에 애정을 담아라.

누구나 일도 잘하고 행복하게 잘 살려고 마음먹는다. 그러나 그건 늘 작심삼일로 끝나기 마련이다. 그러나 당신의 인생은 딱 한 번이다. 지금도 시간은 흘러가고 언젠가는 "내 이럴 줄 알았어!" 하면서 세상을 원망하게 될 것이다. 한 주에 Monday, Friday 등은 있지만 Someday는 없다! 다음의 라이프모드 체크리스트를 통해 현재 삶을 진단해보자. 모든 건 바로 당신한테서 비롯된다. 인생의 주연은 당신이기 때문이다. 이젠 라이프모드를 바꿔라!

라이프모드 체크리스트

1. 인생에 명확한 미션이 있다. ☐ YES ☐ NO
2. 생각을 했으면 행동으로 바로 옮기는 편이다. ☐ YES ☐ NO
3. 출근할 때 손에 책을 들고 출근한다. ☐ YES ☐ NO
4. 주말이면 대개 백화점에서 아이쇼핑을 하는 편이다. ☐ YES ☐ NO
5. TV는 나의 둘도 없는 친구이다. ☐ YES ☐ NO
6. 악기 연주 등 나만의 취미가 있다. ☐ YES ☐ NO
7. 뭔가 시작하면 미친 듯이 몰두하는 편이다. ☐ YES ☐ NO
8. 5년, 10년, 15년 단위의 인생 설계도가 있다. ☐ YES ☐ NO
9. TV 드라마, 예능 프로 등을 거의 안 보는 편이다. ☐ YES ☐ NO
10. 인생은 살 만한 것이며, 주도적으로 사는 편이다. ☐ YES ☐ NO
11. 수발이년 가능한 한 가족에게 시간을 내는 편이다. ☐ YES ☐ NO

12. 부부만이 갖는 시간이 있다. ☐ YES ☐ NO

13. 집에 오면 늘 피곤해서 자는 편이다. ☐ YES ☐ NO

14. 일을 싸들고 집에 온다. ☐ YES ☐ NO

15. 월요일이면 피곤한 상태에서 출근을 한다. ☐ YES ☐ NO

16. 메모하는 습관을 갖고 있다. ☐ YES ☐ NO

17. 고전 등 인문학 관련 서적을 주기적으로 읽는다. ☐ YES ☐ NO

18. 취미활동을 생각하면 내적으로 힘이 솟는다. ☐ YES ☐ NO

19. 직무 관련 블로그 또는 미니홈피 등을 운영하고 있다. ☐ YES ☐ NO

20. 정기적으로 시간을 내서 봉사활동을 한다. ☐ YES ☐ NO

21. 인생은 즐기는 것이라고 생각한다. ☐ YES ☐ NO

22. 자식보다 나 자신이 소중하다고 생각한다. ☐ YES ☐ NO

23. 퇴근하면서 동료들과 술을 자주 하는 편이다. ☐ YES ☐ NO

24. 휴일에 푹 자는 편이다. ☐ YES ☐ NO

25. 주기적으로 영화나 음악회 등 운동을 감상한다. ☐ YES ☐ NO

26. 주기적으로 등산이나 조깅 등 운동을 한다. ☐ YES ☐ NO

27. 놀면 화끈하게 노는 편이다. ☐ YES ☐ NO

28. 꼭 하고 싶은 취미활동이 있다. ☐ YES ☐ NO

29. 주간계획표가 있다. ☐ YES ☐ NO

30. 아무리 바빠도 나만의 시간을 갖고 있다. ☐ YES ☐ NO

〈진단 방법〉

당신이 'YES'라고 답한 숫자가 '30~23'이면 〈주도형〉, '22~16'이면 〈표출형〉, '15~8'이면 〈노심초사형〉, '7~0'이면 〈방콕형〉이다. 스타일별 특징은 다음과 같다.

• **주도형**: 자신만의 인생전략을 갖고 있다. 이들은 매사 주도면밀하다. 인생을 그냥 흘려 보내지 않고 철저한 계획을 통해 시간을 분배해서 주도적으로 해낸다.

• **표출형**: 이들은 무엇인가 생각했으면 앞뒤 가리지 않고 시행에 옮기는 이른바 〈들이대형〉이다.

• **노심초사형**: 이들은 매사 심사숙고하는 타입이다. 무엇을 하더라도 생각이 앞선다. 이것저것 생각하다 보니 행동을 옮기는 데 걸림돌이 많다. 무엇 하나 해내는 것이 없다.

• **방콕형**: 이들은 대개 주말이면 방에 콕! 처박혀 있다. 성공, 도전 같은 건 남의 말이 된 지 오래다. 극단적으로 말하면 "나도 모르겠다!"다.

생각 전략(思) — 場(일터)

일단 주행선으로 들어와라

요즘 우리 사회 수백만 명에 달하는 베이비부머가 큰 이슈가 되고 있다. 매년 40만 명 정도의 베이비부머들이 일터에서 쏟아져 나온다고 한다. 지난 해 이들을 대상으로 하는 '전직 교육프로그램' 초청으로 특강을 한 적이 있다. 현장에서 만난 이들은 '나름 열심히'가 아니라 '죽어라'고 구직 활동을 하고 있었다. 이들의 구직을 향한 열정은 마치 고시촌을 방불케 할 정도였다.

그날 교육 현장에서 만난 한 베이비부머에게 들은 이야기다. 전직 교육을 함께 받고 있는 이들은 교육이 끝나면 맘이 맞는 사람끼리 뒤풀이 겸 회식을 한다고 한다. 이 시간을 통해 서로의 처지를 위로하고 취업 관련 정보도 교환한다. 그런데 이들은 회식을 하면서 남다른(?) 건배사를 외친다고 한다. 당신도 많이 해보았겠지만 대개 건배를 청할 때 하는 건배사는 "○○○을 위하여!"이다. 그러나 이들은 이렇게 외친다고 한다. 누군가가 "빨리!"라고 선창하면, 이 소리에 맞춰 이구동성으로 "헤어지자!"라고 외치는 것이다.

그렇다면 왜 이들은 "위하여!"라고 하지 않고 "헤어지자!"라고 외칠까? 이유인즉 어느 누군가가 그 회식자리에 안 나오면 그 사람은 일자리를 얻었다고 보는 것이기 때문이다. 하루빨리 지긋지긋한 구직 활동에서 벗어나자는 외침인 것이다. 참으로 비참한 우리네 현실을 시사하는 대목이다. 이것이 현실이고, 우리 인생의 본질인 것이다. 이 현실과 본질을 누가 부정하고 피해갈 수 있을까?

그렇기에 번듯한 일자리는 아니더라도 일터가 있는 이들은 축복받은 사람이라고 할 수 있다. 이제 '일자리는 제자리'라고 한다. 우리나라도 이젠 고용 없는 성장Jobless Growth 시대에 들어섰기 때문이다. 오늘도 일하러 나갈 수 있는 당신은 축복받은 인생이다.

다음은 조선일보 김수영 기자의 글이다.

〈저성장, 장기 불황이 어떤 것인지 알려면 부동산 버블이 꺼지면서 시작된 일본의 잃어버린 20년을 돌이켜보면 된다. 소비자는 지갑을 닫고, 기업은 신규 투자를 중단하고 구조조정과 감원에 매달린다. 일자리는 줄어들고 중산층이 무너지면서 자산 가치 하락을 촉발하는 악순환이 되풀이된다. 장기 불황을 피하고 새로운 성장을 도모하려면 경제 주체들이 현명하게 미래를 예측하고, 대응책을 세워야 한다. 공자님 말씀 같지만 불필요한 소비는 줄이고 성장과 경쟁력 강화를 위해 스마트하게 투자해야 한다. 지출은 전략적으로 하고, 자신의 핵심 경쟁력이 무엇인지 고민하고 연구해야 살아남을 수 있다.〉

당신이 지금 회사를 다니면서 일을 하고 있다면 거두절미하고 당신은 축복받은 사람이다. 다시 묻겠다. 당신에게 일은, 일터는, 회사는, 무엇인가? 아직도 이것이 정립이 안 됐다고? 그럼 미안하지 않은가? 부모한테, 상사한테, 나아가 회사한테 말이다. 입장 바꿔 생각을 해보면 알 것이다.

〈올 상반기 케이블TV tvN '스타 특강쇼'에 출연해 "초라한 현실을 시대 탓, 사회 탓으로 돌리는 청춘에게 '문제는 너 자신'이라고 말하고 싶다" "요즘 20대들에게는 미친 노력이 없다"라는 등의 독설을 날린 유수연 유스타잉글리쉬 어학원 대표. 7월 펴낸 『유수연의 독설』에도 쓴소리, 센 소리가 가득하다. "위로를 구걸하고 다니지 마라. 똑같은 고민을 반복하며 자기연민을 즐기지 마라" "꿈을 꾸는 것이 아름답다고? 꿈 깨라! 무능력하고 초라한 내가 가질 수 있는 꿈은 허황될 뿐이다" "졸업하고도 남들은 일할 나이에 준비가 덜 됐다며 학원가를 전전한다. 마음에 드는 기업에 취업은 힘들고 중소기업에는 들어가기 싫고, 그러나 그 나이에 하는 공부는 민폐다."〉 (동아일보 발췌)

도대체 당신은 뭐가 되려고 하는가? 누가 뭐라고 해도 'All that 직장'이다. 아직도 힐링이니 위로니 하면서 응석을 부릴 요량이라면 당신은 참 어리석은 직장인이다. 인생은 당신 것이다. 응석을 부려서 인생이 제대로 펼쳐진다면 참 웃기지 않을 노릇이다. 맘을 크게 써서 당신의 아픔이나 쉬고 싶음을 이해한다고 치자. 그러나 이쯤에서 필자는 당신에게 김수철의 노래 한 소절을 불러주고 싶다.

아! 여보게 정신 차려 이 친구야!
아! 여보게 정신 차려 이 친구야!

성공으로 가는 왕도는 이 세상에 없다. 2030 젊은이여! 벌써 〈직장인 갱년기〉를 맞이했다면 이젠 정신 차려야 한다. 당신이 갱년기를 맞이하려면 아직도 한참 가야 한다. 지금 당신의 인생은 한창 때다. 한창 땐 현상이 아니라 본질에 전력투구해야 하는 시기다. 그래야 후회가 없는 법이다. 아프니까 청춘이 아니다. 바쁘니까 청춘이다. 지금 당신이 인생의 갓길을 달리고 있다면 추월선은 아니더라도 주행선으로 들어와야 한다. 들어서면 달라지기 마련이다.

생각 전략(思) — 場(일터)

스스로 갱신작업을 하라

'나이아가라 증후군'이라는 것이 있다. 나이아가라는 세상에서 가장 아름답고 웅장한 폭포다. 그런데 이 폭포는 아주 폭이 작고, 깊이가 낮은 냇가에서 시작한다. 인생은 강물이나 다름없다. 그러니까 어디로 가겠다는 구체적인 결정도 하지 못한 채 그냥 흘러가는 것이다. 그런데 얼마 지나지 않아 여러 가지 사건과 변화를 겪는다. 바위를 만나기도 하고, 다른 물과 합류되기도 한다. 언제나 그저 물줄기를 따라 흘러갈 뿐이다.

우리의 삶도 대개 이렇게 무의식적인 상태로 지나다가 어느 날 갑자기 물결이 빨라지고 요동을 치는 소리에 놀라 깨어난다. 그때서야 몇 미터 앞에 '나이아가라'가 있음을 발견한다. 그러곤 폭포의 낭떠러지로 추락하고 만다.

이런 후회스러운 삶을 살지 않으려면 나름대로 전략을 짜야 한다. 이름하여 '나만의 터닝 포인트 만들기'다. 이는 변신을 위한 어떤 계기를 마련하라는 이야기다. 당신이 직장인이건 경영자건 성공하려면 변신이 따라야 한다. "과거의 방식을 고집하는 한 발전은 없다. 이것은 자신이 배출한 공기를 다시 마시는 꼴이며, 어느 순간 질식하게 마련이다"라는 이야기가 있다. 결국 부단히 변신을 도모하는 자만이 살아남는다는 메시지다.

사실 직장인이 변신을 위한 계기를 만든다는 것이 말처럼 쉽지는 않다. 그러나 제아무리 힘찬 독수리라 해도 날개를 힘차게 젓지 않고는 살아남기 어려운 변화와 경쟁의 시대이다. 다음과 같은 질문을 던져보자. "나는 왜 사는가?" "성공을 위한 나의 포트폴리오 전략은 무엇인가?" "나는 어디에 인생을 걸고 있는가?" "인생에서 얻고 싶은 것은 진정 무엇인가?" "정말 내가 되고 싶은 것은 무엇인가?" 이런 근본적인 질문을 하는 시간을 가져보라고 말하고 싶다. 물론 여기에 명확한 대답을 할 수 없을 것이다.

그러나 이것이 바로 '터닝 포인트 잡기'의 시작이자 불씨라는 점을 명심해야 한다. 어떻게 보면 변신을 위한 계기를 만드는 작업은 사실 절실함이나 다름없다. 그 계기를 마련하려면 어떻게 해야 할까? 당신만을 위한 시간을 내야 한다. 이것은 자신을 바꾸는 시간이다. 이 시간을 통해 '자기 갱신 작업'을 해야 한다.

지금부터 자기갱신 작업에 들어갈 5단계, 즉 〈Renewal 5〉를 살펴보자.

첫째, 자신의 견적서를 내라

이 작업은 자신의 진짜 가치를 달아보는 일이다. 어려울 때일수록 자신의 눈을 스스로에게 돌려보아라. 과연 내가 하고 싶은 건 무엇인가? 나는 누구인가? 나의 경쟁력은 무엇인가? 나의 몸값은 얼마인가? 나의 단점은 무엇인가? 자신에게 포커스를 맞추고 집중적으로 자신을 연구하라. 누구나 자신에 대해 관대하기 마련이다. 무엇보다 중요한 건 객관적인 눈으로 자신을 평가하는 것이다. 일의 '포로'인지 아니면 일의 '프로'인지를 알아보는 것이다.

둘째, 자신을 테러하라

결국 터닝 포인트를 잡는 일은 자신을 혁신하라는 것이다. 그런데 혁신革新에는 자신의 껍질을 벗기는 아픔이 따라야 한다. 이것은 샐러리맨을 벗고 전문가를 입으라는 것이다. 온실 밖으로 나오라는 것이다. 그러기 위해서는 스스로 방향을 결정해야 한다. 전문가Expert란 타이틀 없이는 이제 설 자리가 없기 때문이다. 자신을 좀더 계획적으로 테러해갈수록 자신의 전문가 지수Expert Quotient는 상한가를 칠 것이다.

셋째, 한 번쯤 오기를 부려라

이제 무능한 사람이 살아남을 무대는 없다. 이것은 어느 누구도 거역할 수 없는 냉엄한 현실이다. 이 현실을 온전히 받아들이고 그에 맞게 내공을 키우는 방법밖엔 달리 도리가 없다. 그러기 위해서는 자존심을 버리고 오기를 부려야 한다. 구조조정의 먹잇감이 되어서는 안 되기 때문이다. 사실 오기란 당신이 세상에 보여줄 수 있는 '최후의 정신 자세'이자 '최후의 보루'이다. 뭔가 돌파구가 마련되지 않으면 이것으로 막판 뒤집기 한 판을 시도해보는 것도 무리는 아닐 것이다.

넷째, 자신을 다시 포장하라

상품이나 기업도 전문성이 있어야 사람 마음을 끌 수 있다. 당신 역시 특정 분야에 대한 독보적인 지식과 능력이 있는 전문가로 거듭나야 한다. 그러기 위해서는 기초를 탄탄하게 해야 한다. 여기서 '다시 포장하라'는 것은 겉만 멋스럽게 하는 '분식粉飾 회계'가 아니라 속을 알차게 만들라는 것이다. 즉, 자신만의 콘텐츠로 무장하라는 것이다.

다섯째, 자신의 일로 엔돌핀을 만들어라

어느 마을에 석공 세 명이 돌을 다듬고 있었다. 지나가는 사람이 이 모습을 보고 석공들에게 물었다. "지금 무엇을 하고 계십니까?" 그러자 한 석공이 대답했다. "보면 모릅니까. 돌을 깨고 있잖아요!" 다른 석공은 "우리 큰놈이 이번에 대학에 들어갔는데 그 등록금을 마련하려고 하루 종일 일하고 있습니다"라고 말했다. 또다른 석공은 "교회를 만드는데 성전을 위한 주춧돌을 만들고 있는 중입니다"라고 했다.

이들 중 누가 일을 하면서 '엔돌핀'을 만들겠는가. 자신은 어떤 자세로 일을 하고 있는지 생각해보자. 직장인의 성공은 결국 일에 대한 자세에 달려 있다. 어차피 하는 일이라면 재미있게 해야 한다. 더이상 일의 포로가 되어 질질 끌려다녀서는 안 된다. 당신이 일의 중심에 서라. 그래야 세상이 달라 보인다. 다음은 하버드 대학 도서관에 쓰인 글이라고 인터넷에서 많이 인용되는 글이다. 동기부여를 하는 데 좋은 글귀들이니 한번 조목조목 읽어보자.

하버드 대학 도서관에 쓰인 글

01. 지금 잠을 자면 꿈을 꾸지만 지금 공부하면 꿈을 이룬다.
02. 내가 헛되이 보낸 오늘은 어제 죽은 이가 갈망하던 내일이다.
03. 늦었다고 생각할 때가 가장 빠른 때이다.
04. 오늘 할 일을 내일로 미루지 마라.
05. 공부할 때의 고통은 잠깐이지만 못 배운 고통은 평생이다.
06. 공부를 못하는 것은 시간이 부족하기 때문이 아니라 노력이 부족하기 때문이다.
07. 행복은 성적순이 아닐지 몰라도 성공은 성적순이다.
08. 공부가 인생의 전부는 아니다. 그러나 인생의 전부가 아닌 공부 하나도 정복하지 못한다면 과연 무슨 일을 할 수 있겠는가?
09. 피할 수 없는 고통은 즐겨라.
10. 남보다 더 일찍 더 부지런히 노력해야 성공을 맛볼 수 있다.
11. 성공은 아무나 하는 것이 아니다. 철저한 자기관리와 노력에서 비롯된다.
12. 시간은 간다.
13. 지금 흘린 침은 내일 흘릴 눈물이 된다.
14. 개같이 공부해서 정승같이 놀자.
15. 오늘 걷지 않으면, 내일 뛰어야 한다.
16. 미래에 투자하는 사람은 현실에 충실한 사람이다.
17. 학벌이 돈이다.
18. 오늘 보낸 하루는 내일 다시 돌아오지 않는다.
19. 지금 이 순간에도 적들의 책장은 넘어가고 있다.
20. No pains No gains. 고통이 없으면 얻는 것도 없나.

21. 꿈이 바로 앞에 있는데, 당신은 왜 팔을 뻗지 않는가?

22. 눈이 감긴다면, 미래를 향한 눈도 감긴다.

23. 졸지 말고 자라.

24. 성적은 투자한 시간의 절대량에 비례한다.

25. 가장 위대한 일은 남들이 자고 있을 때 이뤄진다.

26. 지금 헛되이 보내는 이 시간이 시험을 코앞에 둔 시점에서 얼마나 절실하게 느껴지겠는가.

27. 불가능이란 노력하지 않는 자의 변명이다.

28. 노력의 대가는 이유 없이 사라지지 않는다.

29. 한 시간 더 공부하면 남편 얼굴이 바뀐다.

30. 건강을 잃으면 모든 것을 잃는다.

생각 전략(思) — 場(일터)

126＋4＝130 법칙

필자가 아는 한 여성 경영자는 대단히 촉이 좋은 사람이다. 세상 돌아가는 것을 잘 읽어내고 잘 대처해간다. 매사에 경우도 아주 밝고 주변 사람들에게 인기도 많고 나아가 존경도 받는다. 무척 부럽기도 하다. 강의를 업業으로 먹고사는 이들도 자기 나름의 촉이 있어야 한다. 그렇지 않으면 '정글의 법칙'이 적용되는 이 세상에서 그냥 퇴출이고 순식간에 아웃(방출)되고 만다.

직장인들에게 강의하면서 화이트보드에 이렇게 쓴다. "우리나라 좋은 나라! 참 좋은 나라!" 이게 무슨 말일까? 우리나라는 직장인들에게 있어서 천국이라는 말이다. 우리나라 직장인처럼 편한 사람들도 없을 것이다. 직장 인생의 숨은(?) 법칙 때문이다. 대개 직장인들이 모르는 것인데 바로

〈130일의 법칙〉이다. 여기서 130일은 우리나라 직장인들이 1년에 쉬는 날을 말한다. 아마 당신은 "아니, 우리가 130일씩이나 쉬나?" 하면서 놀라움을 금치 못할 것이다.

지금부터 당신의 의문을 풀어주겠다. 어떻게 130일이란 숫자가 나왔을까? 130일의 구성 요소를 소개한다.

우선 주말만 해도 104일이다. 우리나라는 이미 주5일 근무제라서 주말이 104일이나 된다. 1년에 기본으로 104일을 쉬는 것이다. 자그마치 석 달이 넘는 기간이다. 다음엔 16일이다. 1년에 국경일 등 법정 휴일이 이 정도가 된다. 물론 일요일과 겹칠 때도 있지만 매년 국경일이 그 정도다. 그러면 주말 104일과 법정 휴일 16일을 더하면 120일이 된다. 그 다음엔 6일이다. 이건 웬만한 직장인이면 가는 여름휴가 기간이다. 120일에 6일을 더하면 126일이 된다.

그렇다면 부족한 4일은 어디에 숨었을까? 그 4일은 우리나라에만 있는 것이다. 아마 당신은 올해도 직장생활을 하면서 이런 거짓말(?)을 한 적이 있을 것이다. "부장님! 시골에 계신 아버님이 새벽에 쓰러지셔서 다녀와야겠습니다" 아니면 "과장님! 새벽에 아이가 편도선이 너무 부어서요. 병원에 입원해야 할 것 같습니다!"

그런데 이런 말을 한 당신은 무엇을 하고 있었을까? 한 번쯤은 이불 속에서 코를 골면서 자고 있었을 것이다. 말하자면 사기 아닌 사기를 친 것이다. 이런 것을 당신의 상사는 알까 모를까? 물론 알고 있다. 그 자신도 평사원 시절 그렇게 했고, 나아가 지금도 그러니까 그냥 눈감아주는 것이다.

이쯤 해서 당신에게로 돌아가보자. 그렇다면 1년에 130일이나 쉬는데 왜 재미가 없을까? 다른 건 없다. 돈 때문이다. 당신이 받는 월급이 마음에 들지 않아서일 것이다. 그런데 더 기분 나쁜 건 당신 주변에 돈 많이 버는 친구 때문이다. 그중 그들의 직업이 전문직이라면 더더욱 나쁠 것이다. 그렇다면 전문직! 이들의 본질로 좀더 들어가보자. 이들은 1년에 며칠이나 쉴까? 130일을 다 쉴까 못 쉴까? 답은 '못 쉰다!'이다. 대개 의사, 치과의사, 한의사들을 보면 늘 쉬고 늘 한가하고 늘 여유 있어 보일 것이다. 그것이 바로 당신이 주목하는 현상이다.

그렇다면 이들은 며칠을 쉴까? 당신에게 질문을 하나 더 하겠다. 이들은 토요일에 출근을 할까 안할까? 만약 당신이 출근을 안 한다고 하면 참 세상 물정 모르는 것이다. 이들은 토요일에 출근해서 오후 4시경까지 병원 문을 연다. 이들은 연월차 휴가가 있을까? 여름휴가는 며칠을 갈까? 3일 정도 간다. 병원 문을 닫고 휴가를 다녀오면 그 기간만큼 수입이 줄기 때문이다.

〈미국 심리학자 에드 디너는 "한국인의 낮은 행복감은 지나친 물질주의 때문"이라고 했다. 행복은 사람과의 인연을 두터이 하고, 뭔가 새로운 것을 배우는 데 도전하고, 삶의 의미와 목적을 분명히 인식하고, 하루의 생활에도 만족할 줄 아는 데서 온다는 것이다. 그러나 한국인은 돈을 행복의 절대적 전제前提 조건으로 여기는 경우가 많다는 얘기다. 그는 이대로 가다간 한국이 더 부자 나라가 되더라도 마음에 차오르는 기쁨과 여유를 누리지 못할 거라고 했다.〉(조선일보 요약)

수년 전『절대로 안 잘리는 월급쟁이, 죽어도 못 자르는 샐러리맨』이란 책을 출간한 바 있다. 다음은 그 글의 일부이다. 직장인으로 살다가 1인 기업으로 사는 필자는 직장인과 자영업자와의 대차대조표를 만들어본 적이 있다. 그 결과는 이렇다.〈직장인－자영업자＝48〉이다. 이건 자영업자로 살면 직장인 때보다 무려 48가지나 손해를 본다는 것이다.

〈'철봉대를 놓지 않고서는 결코 다른 짓을 못한다'. 이 말은 필자로 하여금 조직에서 몸을 빼게 하는 데 결정적인 역할을 했다. 하지만 지금 생각해보면 그때의 결정이 100퍼센트 잘한 일인지는 모르겠다. 특히 필자의 현재와 샐러리맨 시절을 비교하는 대차대조표를 만들어본 이후로는 그런 생각이 더욱 확고해졌다. 막상 철봉을 놓고 보니 샐러리맨의 장점이 눈에 들어온 것이다. 샐러리맨의 좋은 점은 대강 이렇다.

이렇게 작성을 하던 중 필자가 가장 놀란 부분은 샐러리맨이기 때문에 절감할 수 있는 비용이었다. 샐러리맨 시절, 필자는 '노동'이라는 상품을 이용, 회사가 제공하는 경비를 써가며 이를 다시 회사에 팔았던 것

- 월급
- 휴가비
- 연월차
- 주5일 근무
- 승진
- 사무실 공간 제공
- 사무용품 제공
- 보호막이 있다
- 전화를 맘대로 쓴다

- 점심 제공
- 교통비 제공
- 경력관리가 된다
- 정보수집 용이
- 사람이 붙는다
- 인맥을 활용할 수 있다
- 해외 출장을 갈 수 있다
- 교육을 시켜준다
- 휴식 공간이 있다

- 휴양지가 있다
- 잡담을 할 상대가 있다
- 경조사 지원이 있다
- 융자 받기가 쉽다
- 학자금이 나온다
- 의료보험료를 내준다
- 회사 브랜드를 이용할 수 있다
- 퇴직금이 있다

이다. 그러나 1인 기업이 된 지금은 사무실 비용과 식비, 교통비 등의 경비가 내 주머니에서 나가고 있다. 이런 비용이 한 달에 200~300만 원은 족히 된다.

게다가 샐러리맨일 때 회사에서 대학생 자녀 2명에게 지원하는 학비는 대충 어림잡아도 5천만 원이 훨씬 넘는다. 게다가 이젠 누굴 만나더라도 내가 밥값을 내야 하는 경우가 훨씬 많아졌고 경조사 관련 지출도 크게 늘었다.〉(『절대로 안 잘리는 월급쟁이, 죽어도 못 자르는 샐러리맨』 발췌)

그런데 직장인인 당신은 1년이면 유급으로 쉬는 시간이 무려 130일이나 된다. 당신이라면 이런 호사好事를 무엇하고 바꿀 것인가? 아마 당신이 이도 저도 싫다면 다음과 같은 생각을 할 것이다. 이런 생각은 대략 네 가지로 압축이 된다. ①유학을 간다 ②여행을 간다 ③회사를 옮긴다 ④자기 사업을 한다. 참 좋은 청사진이다. 재미있는 건 이것을 하려면 필요한 게 하나 있다. ③번만 빼고 다 돈이 든다는 것이다.

필자가 모 기업 과장으로 근무하던 시절 이야기다. 지방 공장에 근무하는 K대리를 스카우트해서 필자와 함께 일을 하기로 했다. 서울로 이동한 이 친구는 일을 곧잘 했고 필자 역시 만족했다. 그런데 언제부터인가 K대리 행동이 좀 이상해졌다. 늘 불만 속에서 사는 것 같았다.

그래서 필자는 K대리를 면담한 후 이런 이야기를 했다. "K대리, 무슨 일 있냐? 내가 너에게 질문을 하나 하겠다. 만약 네가 이 회사를 관두면 앞서 말한 네 가지 중 하나를 정할 것이다. 이 네 가지 중 하나를 선택해 보아라." 그러자 K대리는 ④번을 선택했다! 그때 필자는 그 대리에게 이렇게 말해주었다. "K대리! 만약 네가 사업을 한다면 지금처럼 해서 되겠니?!" 이 이야기를 들은 그 친구는 눈물을 훔치곤 말없이 자리를 떠났다. 그 뒤로 그와 필자는 동료로서 이별을 했다. 그 친구는 지금 모 기업의 중역으로 일하고 있다. 가끔 만날 때마다 "감사하다"라고 말하곤 한다.

당신이 일터에서 하는 일로 먹고살 생각이라면 지금처럼 해서는 안 될 것이다. 세상은 그렇게 만만하지 않다. 그리고 그렇게 호락호락하게 넘어오질 않는다. 나아가 이 세상에서 가장 어려운 게 있다면 남의 지갑에서 돈을 꺼내오는 일이다. 그렇다면 어떻게 해야 하나. 당신이 단골로 가는 술집이나 식당 주인처럼 해야 한다. 그건 당신이 알아서 할 일이다. 인생은 선택의 결과다. 〈130일〉과 치환할 수 있는 직업이나 직장이 있으면 그

곳으로 가보아라! 아마 정글일 것이다.

　필자는 베이비부머 등을 대상으로 진행하는 창업특강에 가면 이런 주제로 강의를 한다. '이젠 창업이 아니라 창직이다'. 이 말은 창업을 하지 말고 직장을 구하라는 이야기다. 그건 왜 그럴까? 지금까지 한 이야기가 바로 그 이유이다. 아직도 이해를 못하면 당신은 멍청이다. 직장이 주는 불변의 법칙 〈130일〉이란 선물을 놓치지 마라! 이런 선물은 직장만이 준다. 산타도 절대 주지 않는다. 선물의 공급원은 바로 당신의 일터다. 당신이 일하고 있는 일터엔 〈휴맥(休脈)〉이란 게 있다. 그것을 잡아라!

생각 전략(思) — 場(일터)

머리가 나쁘면
손발이 고생한다

'머리가 나쁘면 손발이 고생한다'. 필자 어머니가 학창 시절에 늘 해주신 말씀이다. 나는 이것을 좌우명처럼 생각하고 산다. 다만 여기서 머리는 학력이 아니라 돌아가는 판이나 트렌드 또는 큰 흐름을 읽는 능력을 말한다.

간단한 넌센스 문제를 내보겠다. 다음 식 〈18 = 1〉에 한 획을 써서 등식이 성립하도록 해보아라. 어떤 분들은 "음, 아주 쉽네" 하면서 〈18 = 1〉의 〈=〉에다 한 획을 그어 〈18 ≠ 1〉로 만들면 된다고 할 것이다. 그렇게 간단한 문제를 내겠는가? 〈18 = 1〉에서 〈18〉의 가운데를 나누면 〈10/10〉이 되어 〈1〉이 된다.

문제를 틀린 독자를 위해 난이도가 쉬운 것으로 하나 더 내겠다. 0, 1, 2 세 개의 숫자가 있다. 이 숫자를 전부 사용해서 100을 만들려면 어떻게 해야 할까? 10 위에 2을 놓아 10의 자승을 만들면 된다. 이와 같은 문제를 술술 풀어내면 당신의 머리는 굳어 있지 않고 시쳇말로 살아 있는 셈이다.

지난해 S그룹 사보에 '이내화의 상담소'라는 가게를 열고 직장인들의 애환이나 고충을 같이 고민해보고 나름 전문가로서의 처방전을 주곤 했다. 대개 상사와 부하, 동료 간의 소통, 직장 내 에티켓 등이 주된 것들이었다. 그때 필자가 주로 내리는 처방전엔 이런 말이 실려 있었다. '머리가 나쁘면 손발이 고생합니다!'

당신에게 질문을 하나 던지겠다. 당신 앞에 문이 하나 놓여 있다. 이 문을 열기만 하면 성공이고 행복이고 당신이 원하는 것을 모두 가질 수 있다고 하자. 그런데 이 문이 잠겨 있다. 이것을 여는 데 무엇이 필요할까? 너무 쉬운 질문이다. 열쇠가 있어야 하거나 그 문이 디지털 도어라면 비밀번호를 알아야 한다. 이것이 없거나 모르면 당신은 몸으로 문을 부수거나 어떤 도구를 사용해서 강제적으로 열어야 할 것이다.

'머리가 나쁘면 육신이 피곤하다!'는 말에서 머리는 학력이라고 생각하기 쉬울 것이다. 그러나 아니다. 앞서 말했다시피 여기서 머리는 돌아가는 판이나 흐름 등을 읽는 능력이다. 필자는 이것을 〈세상력世上力〉이라고 한다. 대개 창업을 하거나 사업을 하는 이들이 초반에 실패로 나가떨어지는 경우가 허다한데 그건 그 분야에서 돌아가는 흐름, 즉 판세를 제대로 파악하지 않고 그냥 들이댔기 때문이다. 세상력이 약했기 때문이다.

기업에는 업종에 따라 보이지 않는 흐름이나 분위기, 가풍家風 같은 문화가 있다. 말하자면 사풍社風이다. 이런 탓에 신입사원을 채용하면 일정 기간 입문교육을 시키는 것이다. 입문교육은 보기에 따라서 아무것도 아닌 것처럼 느낄 수도 있지만 이런 측면에서 보면 아주 중요한 작업이고 준비나 다름없다. 이는 초보 운전자가 도로에 널려 있는 안내판을 숙지하는 것과 유사하다.

가령 당신이 초행인 시골길을 따라 한밤중에 운전을 한다고 치자. 이때 차량에 네비게이션이 장착되어 있으면 사실 문제될 것이 없다. 그러나 이것이 없다면 방향 감각이 없어서 아주 고생을 많이 한다. 아마 그런 경험이 한두 번 정도 있을 것이다. 여기서 머리라는 것은 바로 직장생활을 위한 네비게이션을 말한다. 이것을 〈직職비게이션〉이라고 한다. 〈직비게이션〉엔 여러 가지 모드가 있는데 대략 이런 것들이다. 상사의 지도, 기업문화, 부서 분위기, 상사가 자주 쓰는 용어, 업종 트렌드 등등 여러 가지가 있을 수 있다. 이런 것들을 장착하지 않으면 직장생활을 운영하기가 무척 어렵다.

〈기업 인사담당자는 회사가 규정한 승진 요건을 충족했음에도 진급에서 계속 누락되는 직장인의 공통점으로 주어진 일만 처리한다는 점을 꼽았다. 30일 취업포털 인크루트가 현재 자사에서 승진·진급제도를 시행하고 있다고 답한 인사담당자 216명을 대상으로 승진·진급제도에 관한 설문조사를 실시한 결과, 10명 중 3명 꼴인 29.6%의 인사담당자가 진급에서 계속 누락되는 직장인의 가장 큰 공통점으로 '주어진 일만 처리한다'고 답한 것.

이어 '본인의 성과를 부각하지 못한다'(23.1%) '실무자로는 뛰어나지만 관리자의 역량이 부족하다'(21.8%) '상사와의 관계 등 인간관계가 좋지 않다'(17.6%) '지나치게 승진에 집착한다'(1.4%) 순으로 응답했다.〉 (파이낸셜뉴스 발췌)

직장인들의 꿈은 사실 일터에서의 승진이다. 인터넷에 떠도는 이야기가 있다. "남자들에게 있어 가장 황당한 게 무엇이냐?" 3위가 차 뒷바퀴에 소변을 보는데 차가 출발하는 것. 2위는 호주머니에 천 원밖에 없는 것. 그렇다면 1위는 무엇일까? 다들 승진하는데 나만 누락되는 것이다.

〈자동차가 발명됐을 때 모든 사람은 자동차 관련 산업에 열광했다. 자동차 부품, 타이어부터 석유에 이르는 모든 가치 사슬value chain이 유망 사업의 대상이었다. 당연히 돈이 몰렸고, 많은 기회가 만들어졌다. 그런데 칼 피셔라는 미국인은 도로와 부동산을 생각했다. 자동차가 많아지면 도로가 필요할 것이고, 도로는 사람의 이동을 확장시키면서 그동안 소외됐던 오지奧地가 개발될 수 있음에 착안한 것이다. 실제 그는 플

로리다주의 부동산 개발을 통해 거대한 부를 축적했다. 누구나 알고 있는 정보를 다른 관점으로 해석해 새로운 비즈니스 기회를 만들어낸 것이다.〉(조선일보 발췌)

회사와 샐러리맨 사이엔 오로지 거래가 있을 뿐이다. 그렇다면 21세기가 필요로 하는 샐러리맨은 어떤 사람인가. 한마디로 자기 스스로를 부단히 채찍질하는 사람이다. 회사에 봉사하라는 말이 아니다. 불시에 해고통지를 받더라도 밖에 나와 성공할 수 있는 토대를 회사에 있을 때 만들란 얘기다. 하지만 사실 이런 사람은 회사에서 놓아주지도 않는다. 21세기 샐러리맨의 성공은 바로 이것이거나 또는 이것에서 출발한다. 다시 말해 언제든지 나갈 수 있기 위해 철저히 준비한 사람이 오히려 회사에서 쫓겨나지 않고 오래 살아남을 수 있는 것이다.

좌절과 무기력증으로 점철된 하루하루를 사는 이 땅의 모든 직장인들이여, 더 이상 "이놈의 직장, 때려쳐버릴까?" 고민하지 말고 직장에 있을 때 성공하라! 그래도 성공은 직장인일 때가 가장 쉽다. 다시 말하지만 머리가 나쁘면 육신이 피곤해질 뿐이다. 당신의 진로에선 당신이 드라이버다. 그 어느 누구도 당신의 차를 운전해주지 않는다. 대리운전이 없다는 것이다. 이 점을 빨리 깨우쳐야 한다.

세상에는 네 종류의 사람이 있다. 첫째, '지부형'으로 지혜롭고 부지런한 사람이다. 둘째, '지계형'으로 지혜는 있으나 게으른 사람이다. 셋째,

'어부형'으로 어리석고 부지런한 사람이다. 넷째, '어게형'으로 어리석고 게으른 사람이다. 중요한 것은 성공을 만드는 사람은 대부분 지부형이고, 실패를 만드는 사람은 백이면 백 어부형이라는 점이다. 단, 부지런하다고 다 좋은 건 아니다. 잘못된 부지런함은 게으름만도 못하다. 특히 어리석은 사람이 부지런을 떨면 그건 정말이지 짜증나는 일이다.

〈네 잎 클로버의 꽃말은 '행운'이다. 사람들은 네 잎 클로버 한 장을 얻기 위해 수많은 세 잎 클로버를 짓밟는다. 발밑에 짓밟힌 세 잎 클로버의 꽃말은 무엇인가. '행복'이다. 행운을 얻기 위해 행복을 유린하고 있는 셈이다. 오늘의 많은 현대인들이 행운을 좇아 행복을 짓밟는 우를 범하고 있지는 않은지 모르겠다.〉 (국민일보 발췌)

머리가 나쁘면 손발이 분명히 고생한다.

생각 전략(思) ― 場(일터)

생존을 위한 빅뱅을 하라

"생존하려면 당신의 직장을 경영하라!" 아마 이런 말을 던지면 "자기경영이란 말은 들었어도 직장을 경영하라니, 이건 중역이나 사장들이 하는 게 아닌가?" 하는 말을 할 수도 있을 것이다.

오해를 풀고 당신의 이해를 돕기 위해 이런 말을 하고 싶다. 박지성 선수 이야기다. 박지성이 유럽 챔피언스 리그 결승전을 앞두고 맨유의 선발로 확정된 적이 있었다. 그쯤 해서 한 언론사 기자가 박 선수와 인터뷰를 했다. 그 기자가 박 선수에게 던진 질문 중 이런 게 있었다. "박지성 선수, 당신은 프로선수로 성공을 했는데 프로선수로서 가장 듣기 좋은 소리가 무엇입니까?" 이런 질문을 받은 박지성이 뭐라고 답을 했을까?

"지성 박! 선발이야!"

프로 축구선수에게 선발 출전처럼 듣기 좋은 소리는 없을 것이다. 그렇다면 박지성이 선발 명령을 받고 그날 저녁 술을 먹었을까? 한번 생각을 해보라! 앞서서 왜 〈자기경영〉이 아니라 〈직장경영〉이라는 말을 했을까? 프로선수에게 있어 〈자기경영〉은 스스로 하는 것이다. 그건 기본이라는 말이다. 자신이 알아서 해야 하는 것이다. 만약에 박 선수가 출전을 앞두고 매일 밤 소주를 마셨다면, 출전 당일 전반전에서 힘들어 지친 모습을 보인다면, 이것을 본 퍼거슨 감독은 어떤 행동을 취할까? 당연히 선수 교체이다.

그렇다면 왜 〈자기경영〉이 아니라 〈직장경영〉일까? 프로선수가 늘 마음에 두고 자신의 안테나를 세우는 것은 무엇일까? 바로 감독의 일거수일투족일 것이다. 감독이 선발권을 갖고 있기 때문이다. 감독 한 사람이 한 프로선수의 현재뿐 아니라 미래를 결정한다. 박지성은 이것을 잘 알고 있었다. 이런 것이 〈직장경영〉이다. 물론 말처럼 쉬운 일만은 아니다.

한 기업 사보에 이런 글을 기고한 적이 있다. '이 세상에서 가장 멍청한 직장인 No. 3는 누구일까? ①상사와 싸우는 직장인 ②자기 회사를 욕하는 직장인 ③자기 일을 싫어하는 직장인' 답은 바로 ①번 상사와 싸우는 직장인이다.

경기도 죽전에 있는 한 보험회사 연수원에 들어서면 'CEO 메시지'라는 포스터가 늘 필자의 눈길을 끌곤 한다. 주기적으로 그 회사 CEO가 직원들에게 들려주는 짧은 글이다. 지난해 가슴에 와닿은 글귀가 하나 있었다. 그 메시지는 이렇다. '직장의 상사는 아버지와 같다!'

과연 우리나라 직장인들이 자신의 상사를 아버지처럼 여기고 존경하고 보좌를 할까? 그렇다면 박지성 선수는 어떨까? 그가 동계 올림픽 유치전 인터뷰에서 이런 말을 한 적이 있다. "나는 프로선수가 될 줄 몰랐다. 오늘날 나를 있게 한 것은 히딩크 감독이다". 자신의 상사에 대한 고마움을 표현한 셈이다.

필자가 늘 말하는 게 있다. 아마추어는 〈자기경영〉을 하고, 프로는 〈직장경영〉을 한다. 자신이 관리하는 대상과 목표가 다르다는 뜻이다. 그렇다면 직장인인 당신이 경영해야 할 직장은 무엇일까? 바로 상사, 동료, 부하이다. 생존을 위한 〈3종 세트〉다. 이것을 경영하는 노하우를 소개한다.

첫째, 상사를 공부하라

'협상의 최고 달인'으로 불리는 스튜어트 다이아몬드 교수는 상대방에게서 자신이 원하는 것을 많이 받아내려면, 그만큼 상대방을 더 연구해야 한다고 강조한다. "협상의 가장 중요한 과제는 무엇보다 상대방 입장이 돼 그의 머릿속에 들어가봐야 한다는 것이다. 협상은 그들의 생각과 감성, 니즈needs, 원하는 것를 파악하는 작업이다. 상대방이 예전에 했던 말도 찾아내 곱씹어야 그가 지금 원하는 걸 알 수 있다. 내가 볼 때는 별 의미 없는 것인데, 상대방이 이를 절실히 원한다면 비용 부담 없이 들어줄 수 있다. 그러면 내가 원하는 것을 상대방으로부터 얻을 수 있다." 당신이 가장 먼저 해야 할 일은 무엇일까? 상사의 스타일을 연구하는 것이다. 지피지기면 백전백승이다.

둘째, 동료는 파트너다

충남의 한 초등학교에서 있었던 일이다. 3월 초에 선생님이 "여러분! 얼음이 녹으면 어떻게 되지요?"라는 질문을 했다. 이 질문에 아이들은 "물이 됩니다!" 하고 이구동성으로 답을 했다. 그런데 한 아이가 이렇게 답했다. "선생님! 얼음이 녹으면 봄이 옵니다." 교실은 이내 웃음바다로 변했다. 이렇듯 사람들은 저마다 생각이 다르다. 아마 당신의 미운 오리 새끼가 이런 형국을 보일 것이다. 그러나 성공하려면 상대의 다름을 인정해야 한다. 사람과의 갈등은 바로 차이에서 발단이 되는데 그 차이를 '틀리다Wrong'로 여기지 않고 '다르다Different'로 여겨야 한다.

셋째, 부하를 챙겨라

리더는 싫든 좋든 부하를 안고 가야 한다. 맘에 들지 않는다고 내칠 수는 없는 노릇이다. 그냥 내치면 인사부서에서 충원을 안 해주기 때문이다. 탁구공이 당신에게 넘어온 셈이다. 당신이 안고 가려면 그를 이해해야 한다. 이해라는 단어를 영어로 표기하면 'Understand'이다. 이것을 분해해보면 'Under'와 'Stand'가 된다. 상대의 아래에 서 있다는 뜻이다. 과연 그렇게까지 해야 하나 싶겠지만 조직의 외곽에서 서성대는 〈찰러리맨〉를 조직의 중심으로 몰고 오는 것도 능력이다.

당신의 일과 일터를 재구성하고 꼼꼼히 챙겨라. 그리고 생존을 위한 빅뱅을 하라. 더불어 당신만의 성공 스토리를 만들어라. 그러자면 당신의 풋워크Footwork를 더욱더 민첩하고 정교하게 밟아나가야 한다. 왼발 오른발, 왼발 오른발… 이렇게 흘린 땀방울이 생존을 위한 큰 밑거름이 된다.

이런 자세를 지닌 직장인은 조직이 반드시 챙기고, 나아가 생존을 위한 3종 세트, 즉 상사, 동료, 후배가 트리플로 성원을 해줄 것이다. 이젠 성장보다 생존이다. 당신의 우직함으로 승부해나가야 한다.

생각 전략(思) — 場(일터)

휴가를 안 가면 죽을까

직장인의 꿈은 누가 뭐라고 해도 중역, 즉 경영자의 반열에 오르는 것이다. 헤드헌팅업체 유니코 써어치에 따르면 2011년 100대 기업 전체 임직원 70만 2,903명 중 임원은 6,619명이다. 단순계산으로 임원이 될 확률은 1퍼센트에 못 미친다고 한다. 대략 1퍼센트 정도가 이 영광의 자리에 오르는 셈이다. 물론 기업 사정에 따라 다를 수도 있지만 필자는 이것을 〈3퍼센트의 법칙〉 또는 〈성공클럽〉이라고 말한다.

이건 모든 분야에서 성공이란 열매를 따는 이들은 약 3퍼센트 정도 된다는 뜻이다. 그러니까 당신이 회사를 뛰쳐나와 음식점을 하든지, 커피숍을 하든지 어느 분야든 약 3퍼센트 정도만 성공한다는 이야기다.

그렇다면 직장 내 성공한 이들 3퍼센트에 대해 이야기를 해보자. 이들에겐 어떤 DNA가 있을까? 필자가 자주 접하는 중역들을 대상으로 공통점을 찾아낸 적이 있다. 물론 필자가 경험상으로 느낀 것이다. ①휴가를 안 간다. ②밥을 빨리 먹는다. ③결근을 안 한다. 언뜻 듣기엔 참 거북스러운 일이고 나아가 불편한 진실일 수도 있다.

흔히 직장인들이 가장 볼멘소리를 하는 건 일과 삶의 밸런스, 즉 균형을 잡기가 힘들다는 것이다. 그런데 성공자들은 이런 균형 잡기를 잘 못하는 이들이다. 당신 주변의 친인척이나 지인들 중 성공했거나 돈 좀 벌었다는 이들은 이것을 분명히 못할 것이다.

노무현 정권 때 일이다. 당시 노 정권 장관 중 가장 장수한 이가 있었다. 바로 삼성그룹 CEO 출신인 진대제 장관이었다. 그가 큰 야망을 갖고 정치에 손을 댄 적이 있다. 경기도 도지사 선거에 출마한 것이다. 대개 지자체 선거철이 되면 언론사들이 출마자들의 부인들을 조명하면서 재미거리를 찾아낸다. 그때 한 방송사가 진대제 장관 집을 찾아가 진 장관 부인과 인터뷰를 했다. 한 기자가 이렇게 물었다. "진 장관을 남편으로서 점수를 매긴다면 몇 점을 주실 수 있나요?" 그러자 부인이 말했다. "0점입니다." 왜 이렇게 답을 했을까? 이유인즉 이렇다. 진 장관이 삼성 재직 시절에 휴가를 간 적이 없었기 때문이다.

여기에 답이 있다. 성공한 사람들은 대개 휴가를 가지 않는다. 아니 휴가를 갈 줄 모른다. 너무 비약한 것 같겠지만 이들은 정말 안 간다. 놀 줄 몰라서 안갈 수도 있겠지만 이유는 다른 데 있다. 주인이 찾으면 바로 나타나기 위해서이다. 그 사이 만약 휴가를 갔으면 어떻게 될까? 지난해 9월부터 S그룹은 비상경영에 대비해 중역들이 6시 반 출근을 시작했다고 한다. 그 이유를 한번 생각해보라.

다음은 필자의 후배인 박종하 박사의 글이다. 가슴에 와닿는 대목이 많아서 글의 일부을 인용한다.

각 인물들 옆에 있는 숫자는 무엇을 의미하는 것일까?

모차르트 600	아인슈타인 248	슬로우 165	다윈 119	프로이드 650
램브란트 650/2,000	피카소 20,000	셰익스피어 154	에디슨 1,093	

〈이 숫자들은 그들이 남긴 작품 수다. 모차르트는 600곡을 작곡했고, 아인슈타인은 248편의 논문을 남겼다. 프로이드는 650편의 논문을 남겼고, 램브란트는 650점의 유화와 2,000장의 스케치를 남겼다고 한다. 위대한 작품을 만드는 비결은 더 많은 작품을 만드는 것이다. 더 많은 작품을 만들어봐야 더 위대한 작품도 남길 수 있다.

피카소가 남긴 작품은 20,000점이 넘는다. '내가 죽은 후에 1,000억 원 정도에 거래가 되는 불후의 명작을 남기기 위해서 나는 작품 하나를 위해 일생일대를 바치겠다'는 생각으로 일평생 하나의 작품만 만드는 것은 비현실적이다. 왜냐하면, 더 많은 작품을 만들어봐야 위대한 작품을 만들 수 있기 때문이다.

고흐는 10년간 그림을 그렸다. 27살 때 처음으로 그림을 배우고 그리기 시작하여 37살에 권총으로 자살할 때까지의 기간이 10년이다. 그런데 고흐가 남긴 작품은 1,000점 정도 된다. 10년간 1,000점의 그림을 그렸다면 1년에 평균 100개의 그림을 그린 것이다. 1년이 52주인 것을 고려하면 일주일에 평균 2개씩 그린 셈이다. 여행 가고 병원에 입원했던 시간들을 고려하면 그는 2~3일에 한 편씩 그림을 그린 셈이다.〉 (한경닷컴 발췌)

우리는 대개 성공한 이들의 결과만 보려는 경향이 있다. 그러나 진정한 성공 이야기는 결과에 있지 않고 이들이 밟아온 보이지 않는 과정에 면면히 채색되어 있다는 것을 알아야 한다. 이런 말이 있다. "게으른 강자는 없다!" 한 성직자 이야기다. 그에겐 하나의 습관이 있다. 매주 금요일엔 개인적인 약속을 안 한다. 점심시간을 내는 게 아까워서 점심을 도시락으로 때운다. 옆에서 보기에 측은할 정도라고 한다. 그 시간을 아껴 무엇을 할까? 일요일에 있을 설교 준비를 한다. 그래서 금요일은 만사 제쳐놓고 설교 준비에 몰입을 해온 지 어언 10년이 넘었다고 한다.

그렇다면 이 성직자는 왜 설교에 온 힘을 쏟을까? 성직자에게 있어서 설교는 시작이자 끝이다. 그만큼 중요하다는 이야기다. 그런데 이 성직자는 설교 준비를 하는 데 '그냥 준비'가 아니라 '철저한 준비'를 한다. 이렇다 보니 설교가 늘 우선순위에 있다. 이런 탓에 이 성직자가 속해 있는 종교 단체엔 많은 사람이 몰린다. 바로 그의 설교를 듣기 위함이다.

이 성직자는 세상을 살아가는 데 있어 성공코드를 하나 꼽으라면 단연코 '준비'를 앞에 세운다. 성공인생을 꾸리는 데 이만한 게 없다고 강조한다. 당신은 무엇인가를 도모할 때 철저한 준비를 하는가? 이런 말이 있다. "인생에는 연습이 없다!" 맞는 이야기다. 연습이 없는 인생을 잘 꾸리려면 철저한 준비밖에 없다. 그러자면 휴가가 대수가 아니다. 휴가 좀 안 간다고 죽지 않는다. 휴가는 일을 열심히 한 이들이 누리는 멈춤인 것이다.

조직 내 대리급 정도인 30대 직장인들에게 이런 말을 자주 한다. "대리라는 직급은 가장 일을 많이 할 때다!" 왜냐하면 이 시기에 자신의 보직, 즉 직장인으로서 자신의 정체성이 결정되기 때문이다. 재미있는 건 가장 일을 많이 할 시기에 우리는 가장 많이 놀려고 하는 경향이 있다는 것이다. 왜 그럴까? 젊기 때문이다. 그런데 젊어서 놀 것 다 놀면서 성공한 이들을 보았는가?

주변을 보아라. 특히 당신의 상사를 봐라. 그 사람이 휴가를 가는지! 직장인도 마찬가지다. 할 것 다하면서 성공자의 길을 가는 이들은 없다. 휴가를 가거나 안 가거나 그건 선택이다. 그러나 당신의 주인은 그것을 안다!

생각 전략(思) — 場(일터)

〈난 사람〉보다
〈된 사람〉이 오래간다

우리나라 모 공기업 연수원이나 사업장에 들어가면 입구에서 비전 체계나 미션 시스템을 한눈에 볼 수 있다. 그중 눈을 붙잡는 게 있는데 'Right People'이란 단어다. 이 기업에서 어떤 의미로 쓰지는 모르겠지만 나름 정의를 내리자면 '올바른 직원' 아니면 '정신이 제대로 박힌 구성원' 정도가 될 것이다. 우리나라 출판계를 강타한 『정의란 무엇인가』라는 책도 매한가지다. 부패지수가 높은 우리나라 국민들에게 아마도 그런 메시지를 주지 않았나 싶다.

일본에서 요즘 주목받고 있는 '교세라'라는 기업이 있다. 이 기업은 일본 경영의 신이라고 불리는 이나모리 가즈오 회장이 1959년 창업한 회사이다. 이 회사는 창업 당시 28명으로 시작해 지금은 6만 명이 넘는 다국적 기업으로 성장했다. 50년 연속 흑자를 내고 연 매출 15조 원에 달하는 것으로 유명하다. 그래서 수천 명 경영자들이 벤치마킹을 하고 있다.

교세라 창업자인 이나모리 가즈오 회장은 자신의 저서 『왜 일하는가?』 후기에 재미있는 성공 방정식을 공개한다. 그는 팔십 평생 경영자로 일해 오면서 인생이든 일이든 성공을 낳는 비방을 역설한다. "경영자로서 인생이든 일이든 성공을 하는 데는 세 가지 요인이 있다. 바로 사고방식, 열정, 능력이다."

그의 성공 방정식은 바로 〈성공 = 사고방식 × 능력 × 열정〉이다. 이 공식에는 조건이 하나 있다. 능력이나 열정은 그 스펙트럼이 0에서 100인데 반해 사고방식은 −100에서 +100까지 넓다는 것이다. 좀더 쉽게 설명하자면 이렇다. 능력이나 열정이 가장 적은 사람은 0, 가장 많은 사람은 100이지만 사고방식이 가장 나쁜 사람은 −100이고 가장 높은 사람은 +100이라는 것이다. 그러니까 아무리 능력과 열정이 좋더라도 사고방식이 −100이라면 인생이나 일의 결과는 +가 아니라 늘 −가 된다는 이야기다.

흔히 전문가들이 일본을 이야기할 때 '모노 즈쿠리'라는 말을 내세운다. 이는 혼신을 다해 제품을 만드는 일본인들의 자세를 말한다. 그들의 장인정신을 높이 평가하는 것이다. 그런데 이나모리 가즈오 회장은 교세라를 만든 것은 그런 모노 즈쿠리(기술력)가 아니라 히토 즈쿠리(올바른 정신)라고 한다. 여기서 히토 즈쿠리는 올바른 사람이란 뜻인데 올바른 사람이 성공을 한다는 말이다. 앞서 언급한 'Right People'도 이런 면에서 일맥상통하는 점이 있다. 결국 앞으로 세상을 주도할 사람은 '정신이 제대로 박힌 올바른 사람'이어야 한다는 것이다. 21세기를 주도하는 것은 올바른 사람이란 말에 주목할 필요가 있다.

산악인 고상돈 대원이 1977년 국내 최초로 에베레스트 등정에 성공한 당시 원정대장이었던 김영도 씨의 말이다. 삶에 대한 태도와 자세를 잘 지적해주고 있다.

〈"결국 등반이란 고소高所를 지향하는 열정이고, 미지의 세계에 대한 도전이야. '초등初登'이란 말… 듣기만 해도 가슴이 뛰지 않아? 위대한 등반가들은 '어떻게' 오르는가가 아니라 '왜' 올라야 하는가를 고민했지. 높이altitude보다 산을 만나는 태도attitude가 중요한 거야. 건강 챙기러 그냥 산에 다닌다는 말이 나는 싫어."

"장비가 발전하는 게 꼭 좋은 것만은 아니야. 고어텍스가 없던 시절, 산악인들은 혹독한 추위와 싸우고 그걸 극복하면서 등반의 진짜 의미를 찾았지. 도전 끝에 오는 진한 감격, 인생은 그런 순간이 있기 때문에 살 만한 거야. 정복한 봉우리가 몇 개인지, 얼마나 빨리 올랐는지가 뭐 그리 중요해."

"등반에는 심판도 룰도 관중도 없어. 스스로 양심에 따라 진실하게 하면 되는 거지. 등반이 먼저냐 구조가 먼저냐를 놓고도 따지지만, 원래 산악인은 외롭게 죽는 거야. 도움을 필요로 하는 자는 히말라야에 도전할 자격이 없다는 말도 있어. 스스로 자신을 책임지는 것. 그게 8000m 고지의 윤리야."〉 (조선일보 발췌)

필자는 사람을 네 가지로 구분한다. 바로 〈빈 사람〉 〈든 사람〉 〈난 사람〉 〈된 사람〉이다. 첫째, 〈빈 사람〉이다. 보통 사람들 중 80퍼센트가 여기에 해당한다. 딱히 배운 것도 없고 인생에 대한 비전이 없어 소리만 요란한 사람이다. 둘째, 〈든 사람〉은 공부깨나 한 사람들이다. 가령 교수라든가 전문가 집단을 말한다. 이들은 나름 무게를 잡고 잔뜩 아는 체를 한다. 물론 여기에도 잘난 체하는, 멍청한, 무례한, 무늬만 전문가인 이들이 있다. 셋째, 〈난 사람〉이다. 쉽게 말해 성공하거나 출세를 한 사람이다. 이들은 거만하기 십상이다. 넷째, 〈된 사람〉이다. 가진 것은 없지만 인생의 방향이나 철학이 명확한 이들로, 세상에 영향력Influence을 끼치는 이들이다. 올바른 사고방식을 가진 이란 바로 〈된 사람〉을 말한다.

"기업은 사람이다"란 말을 자주 한다. 이 말을 한자로 표현하면 '인질人質'이 된다. 그렇다면 왜 이렇게 기업에서 사람이 중요할까? 사람의 질, 즉 인질이 바로 '품질品質'로 이어지고, 그 품질이 한 기업의 '기질企質'을 결정하기 때문이다. 그래서 기업의 3인방으로 세 가지 질質을 자주 언급한다. 〈人質＝品質＝企質〉은 사람이 곧 기업이라는 것인데, 사람이라고 해서 다 사람이 아니라 〈된 사람〉이어야 한다. 그래서 모든 기업들이 인재전쟁을 치르고 있는지 모른다.

그렇다면 〈된 사람〉은 어떤 사람인가? 다음을 통해 정의를 내려보자. "만일 지금 성실하게 일하는 것밖에 내세울 것이 없다고 한탄하고 있다면 그 우직함이야말로 가장 감사해야 할 능력이라고 말하고 싶습니다. 지속의 힘! 지루한 일이라도 열심히 계속해가는 일이야말로 인생을 보다 가치 있게 만드는 진정한 능력입니다." 일본 경영의 신이라고 불리는 이나모리 가즈오 교세라 명예 회장의 말이다.

다음은 정진홍 씨의 '소프트 파워' 중에서 인용한 글이다.

〈김연아는 '잠자는 시간을 빼놓고는 연습'이라 할 만큼 지독한 연습벌레다. 그 덕분에 열아홉 살 어린 나이에 은반의 여제가 됐다. 프로골퍼 최경주는 하루 8시간씩 4,000번 이상 공을 쳐내는 피나는 연습 끝에 세계무대에 우뚝 섰다. '슈투트가르트의 강철나비'라 불리는 발레리나 강수진은 올해 마흔두 살이란 나이에도 아랑곳하지 않고 한 시즌에 토슈즈를 수십 켤레씩 버릴 만큼 연습에 연습을 거듭하며 무대에 오른다. 그녀는 말한다. "더 못한다고, 이 정도면 됐다고 생각할 때 그 사람의 예술 인생은 거기서 끝나는 것"이라고.

예술과 운동만이 아니다. 천재로 불린 레오나르도 다빈치도 말했다. "세상에는 고군분투 대신 나태와 오만함에 몸을 맡겨버리는 천재들로

넘쳐난다. 그들은 한때 면도날이었을지 모르지만 결국 번쩍임과 예리함을 잃어버린 채 아무 의미도 소용도 없는 쇠붙이로만 살아가야 하리라." 그렇다. 타고난 재능만 믿고 게으른 자는 결국 쇠붙이로 녹슨다. 하지만 끊임없이, 우직하게 연습하고 단련하는 이는 날 선 면도칼이 될 수 있다. 날 선 면도날이 될 것인가, 녹슨 쇠붙이로 남을 것인가? 그 선택과 결단 앞에 우리는 예외 없이 서 있는 것이다.〉 (중앙일보 발췌)

이 글에 나오는 우직함이란 바로 성실성을 말한다. "Stay Hungry, Stay Foolish!(배고픈 채로, 바보같이 살라!)" 애플의 스티브 잡스가 2005년 미국 스탠퍼드 대학 졸업식 축사에서 했던 말이다. 헝그리 정신으로 자신의 일생을 바칠 만한 일을 찾아야 한다는 말과 함께, 미련할 정도로 '우직하게 일하라!'는 충고가 담겨 있다.

이는 일에 대한 자세, 즉 '워크십Workship'이라고 본다. 직업정신, 즉 일에 대한 자신의 자세를 뜻하는 이 워크십이 인생에서 큰 차이를 만든다. 당신 주변을 한번 둘러보아라. 늘 사람들이 따르고 일을 척척 잘해내는 사람은 어떤 이들일까? 조직이 가장 좋아하는 인간은 어떤 사람들일까? 모르긴 몰라도 '워크십'으로 무장된 이들이다. 세상에 영향을 주는 사람, 즉 〈된 사람〉이다.

이런 말이 있다. 세상은 '당신이 무엇을 하는가'가 아니라 '그 일을 어떻게 하는가'를 본다고 말이다. 일에 대한 자세는 'What'이 아닌 'How'인

것이다. 쉽게 말해 인생은 높이altitude가 아니라 그것을 대하는 태도attitude
이다.

생각 전략(思) — 場(일터)

텔레비전Television보다 마이비전My Vision이 재미있다

필자의 집 거실에는 TV가 없다. 이유는 이렇다. 첫째, 온 가족이 함께 TV를 보면서 소일하는 것을 미연에 막기 위함이다. 둘째, 최근에 신상품을 하나 구입했는데 그것은 바로 텔레비전Television이 아니라 마이비전My Vision이라는 상품 때문이다. 물론 3D는 아니지만 좋다. 이것을 보고 있으면 흥이 절로 나고 피곤도 풀리고 기분이 업이 된다. 마이비전을 통해 타인의 비전이 아니라 나의 비전을 볼 수 있다.

다음 글은 작가 한상복의 '남자 이야기' 중의 한 대목이다.

〈남자에게도 그랬던 때가 있었다. '우리 아버지' 혹은 '선배 형'이 자랑의 시작점이었다. 목도리로 남들의 주목을 받았을 때에는 짜릿했다. 하지만 언제부턴가 뒷맛이 개운치 않고, 열패감까지 따라붙는 것을 느낀 뒤로는 벌거벗은 자존심일지라도 그냥 추위를 견뎌내는 것이 낫다는 것을 깨달았다.

목도리가 길면 위험한 것이다. 목에 두른 숄이 자동차 뒷바퀴에 말려들어가는 바람에 허무한 죽음을 맞이했던 이사도라 덩컨처럼. 인간 목도리 역시 자존감에는 치명적일 수도 있는 것이다.

남자는 그러나 바로 몇 분 후에 아내에게 목도리를 내밀고 말았다. 늦은 귀가를 추궁하는 아내에게 친구들의 면면을 주워섬긴 것이다. 판사며 의사, 건축사무소장 등. 아내가 정색을 하고 물었다. "그런데 그 사람들이 당신을 친구로 생각한대? 그냥 '아는 동창'이 아니고?"
남자는 할 말이 없었다. 목도리는 목도리일 뿐 방패가 되어주지는 않는 것이다. 결국 다른 방법이 없다. 추위를 이기기 위해서는 자기 힘으로 뛰어 몸에 열이 나게 하는 것밖에는.〉

모든 남자에게 해당되는 이야기는 아니지만 곰곰이 생각을 해보아라! 내 친구가, 내 아버지가, 내 형이 아무리 잘나가는 사람이더라도 결국은 다 무용지물이다. 결국은 자신의 꼬라지(?)가 문제이다.

필자는 수십여 명에 달하는 멘티를 두고 있다. 이들에게 인생경영에 대한 코칭도 하고, 더러는 커리어에 대한 지침도 전하고 고민도 나눈다. 이럴 때마다 가장 먼저 처방을 해주는 게 있다. 바로 '거실에서 TV를 치우기'다. 퇴근 후 유용하게 쓸 수 있는 시간은 고작 3시간 정도이다. 이 황금 같은 시간을 'TV 보기'로 때울 수는 없지 않은가.

〈불행한 사람들은 행복한 사람들에 비해 30%가량 더 많은 시간 TV를 시청하는 것으로 조사됐다고 '라이브사이언스LiveScience'가 15일 전했다. 국립여론조사기관인 '일반사회여론조사General Social Survey'가 1975～2006년 미국 성인 3만 명을 대상으로 실시한 여론조사 결과 이 같이 나타났다.

조사결과, 행복한 사람들은 일주일에 평균 19시간 텔레비전을 시청하는 것으로 나타난 반면, 불행한 사람은 일주일에 평균 25시간 시청하는 것으로 조사됐다. 이 같은 결과는 교육정도·소득수준·나이·혼인여부 등을 고려한 뒤에도 바뀌지 않았다.

행복한 사람들은 사회적 활동과 신앙생활에 적극적이며, 선거 참여율과 신문 구독률에서 불행한 사람들보다 높은 수준을 보였다. 연구진은 그러나 불행한 사람들의 우울감이 텔레비전을 더욱 많이 시청하는 이유가 됐는지, 텔레비전을 많이 시청하면서 우울해졌는지 여부는 명확히 밝혀내지 못했다.

과거 연구에서 사람들은 TV를 시청하면서 행복을 느끼는 것으로 조사됐지만, 이번 연구에서 0(혐오)~10(매우 행복) 등의 척도로 행복도를 조사한 결과, TV를 시청하는 동안의 행복도는 8 정도인 것으로 나타났다. 그러나 TV를 보면서 느끼는 행복감은 일시적인 것으로 분석됐다.

메릴랜드 대학교 칼리지파크의 존 로빈슨 연구원은 "TV는 단기간 행복감을 주지만, 장기간 시청하는 것은 우울감을 줄 수도 있다는 점을 의미한다"고 지적했다. 한편 연구진은 "앞으로 추가적인 연구를 통해 텔레비전 시청과 행복감에 대해 보다 세부적으로 분석할 필요가 있다"고 조언했다.〉(뉴시스 발췌)

그렇다면 왜 사람들이 마이비전이 아닌 텔레비전에 목숨을 거는 걸까? 비전이 없기 때문이다. 강사 데뷔 초 필자에겐 닉네임이 하나 있었다. 바로 '골 때리는 강사'였다. 여기서 골은 그런 골이 아니라 목표를 뜻하는 골Goal을 의미한다. 이런 별명이 붙은 건 강의를 시작하기 전에 분필을 한 움큼 쥐고 칠판에 그려진 과녁에 강하게 던지기 때문이다. 이런 행동을 하는 건 바로 이 메시지를 전달하기 위해서다. "과녁이 없는 명중은 없다!"

아마 당신은 하루하루가 재미없거나, 일을 하면서도 '왜 이 일을 하지' 하면서 무기력증에 빠진 경우가 있을 것이다. 비타민 V가 부족해서 그런 현상이 나타나는 것이다. 여기서 비타민 V란 바로 'Vision'이다. 비전이 없다 보니 삶이 느슨해지고 팽팽하지 않아 여러 잡념도 들어오고 생기가 없어지는 것이다.

필자의 멘티 중 30대 후반인 한 기업 임원이 있다. 이 멘티가 30대 임원의 반열에 오르는 데 큰 영향을 미친 남다른 습관이 하나 있는데 '새벽 4시 기상'이 바로 그것이다. 그가 이런 습관을 가진 지는 벌써 10년이 넘었다. 이 습관을 유지하는 가장 큰 원동력은 명확한 비전이다. 그는 그 비전을 달성하기 위해 오늘도 새벽 4시에 일어나서 자기계발을 한다. 아마 당신은 믿기지 않을 수도 있을 것이다. 그런데 진실이다. 이런 사람이 성공이란 열매를 수확하는 것은 당연한 결과다.

'과녁이 없는 명중은 없다'. 직장인인 당신에게 소중한 것은 텔레비전인가 마이비전인가? 만약 아직도 소중한 것이 텔레비전이라면 당신의 〈인생마일리지〉는 초등학교 수준에 불과한 셈이다. 이런 당신에게 성공이란 단어가 자리 잡을 일은 결코 없을 것이다.

지금은 평생 경쟁하고, 순위가 매겨지는 시대다. 능력을 계발하고 평가받는 세상이다. 당신의 선택은 자유다. 당신은 무엇을 선택할 것인가? 당신에게 주어진 하루는 바로 그 선택의 연장선상에 있다. 잡힐 것인가 잡을 것인가? 아니면 먹힐 것인가 먹을 것인가? 잘 생각해보아라. '습관은 내가 만들지만, 습관이 결국 나를 만든다'. 성공은 습관을 바꾸는 작업이다. 당신의 습관은 당신의 선택을 기다리고 있을 뿐이다. 인생은 바로 선택의 산물이다.

생각 전략(思) — 場(일터)

최소한 트리플30을 익혀라

직장인을 대상으로 '인생토크'라는 강의를 할 때 꼭 짚고 넘어가는 게 있다. 바로 100이란 숫자이다. 여기서 100이란 '100년 인생'을 말한다. 사람들은 인생을 마라톤 경기에 자주 비유하곤 한다. 마라톤 선수들은 42.195킬로를 달릴 때 그냥 달리지 않는다고 한다. 그들은 철저한 전략을 짜는데, 그 옆엔 전담 코치가 붙어서 구간별 전술을 펼쳐간다고 한다. 가령 출발해서 10킬로 구간, 20킬로 구간, 반환점을 돌아서 오는 30킬로 구간, 35킬로 구간 등 결승선까지 구간별 전략과 전술을 갖고 달리는 것이다.

그러나 인생은 이렇지 못한 게 태반이다. 전략 없이 100년이란 긴 인생 터널을 달리는 셈이다. 이렇다 보니 곳곳에서 예상치 못한 돌발 사태를 맞이하게 된다. 물론 각 상황에 따라 적절한 대응전략이나 전술이 있어 슬기롭게 해결할 수 있다면 모르겠지만 그렇지 못한 게 현실이다. 더욱이 100년 인생을 달리는 주자가 보통 직장인이라면 그 현실이 더욱더 난감하지 않을 수 없다. 이런 점에선 필자도 매한가지다.

그렇다면 어떤 전략과 전술이 필요할까? 필자는 강의를 할 때 직장인들에게 〈트리플30〉을 구성하라고 말한다. 그것은 〈30-30-30〉, 인생을 세 가지 구간으로 나누어 달리자는 뜻이다. 성공인생 달리기 〈3업業〉을 소개한다.

첫째, First 30

'학업學業'이다. 이때는 좌우지간 공부하든지 아니면 '배우는 시기'이다. 누구나 사회로 나가기 위해 나름의 전략을 갖고 가는 때다. 이것이 잘되지 않은 사람들은 가면서 허덕이기 마련이다. 이때 대개 쓰는 전략이 바로 '진도'를 나가는 것이다. 이렇다 보니 전략이나 전술을 쓰지 못한 이들은 경기 도중 포기하거나 자연스럽게 레이스에서 도태된다. 그렇다고 인생이 망가지는 건 아니다. 패자 부활전이 있기 때문이다. 다만 본선에서 진 사람이 패자부활전을 통해 결승전에 오르는 길이 만만치 않다. 이렇다 보니 '학업學業'이 부실한 이들은 인생을 '業'으로 'Up'하기가 남들보다 힘이 든다.

'취업就業'이다. 이때는 '돈을 버는 시기'이다. 인생에서 가장 중요한 시기가 아닐 수 없다. 직장도 구하고, 가정도 꾸리고, 자식도 낳고, 집도 사고, 차도 사고 등등 경제적인 활동이 가장 활발한 시기이다. 이 구간에서 쓰는 전략은 '속도'다. 속도를 내기 위한 연료는 '누구보다'다. 그러니까 남보다 먼저 승진하고, 남보다 먼저 차를 사고, 남보다 큰 집을 사고, 남보다 더 좋은 차를 사고, 남보다 더 좋은 데 놀러 가고 이런 식이다.

이 시기는 또다른 중요한 기능을 한다. 이때 벌어놓은 돈으로 'Third 30'을 살아야 한다는 것이다. 대다수 직장인들이 이 점을 모르고, 더러는 놓치고 간다. 안타까운 현실이 아닐 수 없다. 〈트리플 30〉이란 하나의 30이 또다른 30을 낳고, 그 30이 마지막 30을 낳는다. 인생은 연장선에서 이루어지는 것이다. 결국 첫 출발이 좋으면 마무리도 좋기 마련이다.

셋째, Third 30

'본업本業'이다. 이 시기는 앞서 벌어놓은 경제적 자산을 소비하면서 자신만의 인생을 '살아가는 시기'이다. 어떻게 보면 지금까지 달려온 인생 마라톤의 성공 여부를 평가하는 시기라고 볼 수 있다. 그래서 이 구간에 필요한 전략은 진도도 속도도 아닌 '밀도'이다. 한 육십 평생을 살아온 터라 인생을 움직이는 축과 코드를 알 만한 시기이다. 이 시기는 얼마나 나의 삶을 밀도 있게 살아갈 것이냐, 그러니까 어떤 의미를 갖고 삶을 마감할 것이냐 하는 점이 중요하게 작용한다. 최근 들어 웰다잉이란 것과 엔딩노트 등의 코드가 나오는 것도 다 이런 이유에서다.

당신은 이 세 구간별 주행 전략을 갖고 있는가? 만약 없다면 이것을 함께 고민할 수 있는 주행 멘토를 갖고 있는가? '인생은 짧고 예술은 길다'라는 말은 이제 먹히질 않는다. 인생은 길어도 너무나 길다. 마라톤 초보자에게 마라톤 전 구간 42.195킬로미터는 멀고도 먼 여정이다. 인생 역시 마찬가지이다. 만만하게 달릴 거리가 아닌 것이다. 기나긴 삶을 힐링이나 위로나 공감 등의 감성코드로만 풀 수는 없다. 인생은 철학이 아니라 현실이기 때문이다.

그렇다면 당신이 〈트리플30〉이란 전략을 구사하기 위해선 무엇을 해야 할까? 필자는 세 가지 구간 중 이미 지나가 버린 〈첫 번째 30〉은 잊어버리라고 말하고 싶다. 과거지사過去之事인 셈이다. 이것을 갖고 갑론을박해서는 안 될 일이다. 그리고 다가올 〈세 번째 30〉은 조금만 밀어놓자. 여력이 있다면 이젠 〈두 번째 30〉, 즉 당신이 달리고 있는 그 구간을 조목조목 따져보자. 100년 인생 중 당신이 밟고 있는 것은 3박자 중 두 번째이기 때문이다.

그렇다면 당신이 달리고 있는 두 번째 무대는 어디에 있을까? 바로 당신이 근무하고 있는 일터. 앞서 언급한 하나의 30이 또다른 30을 낳고, 그 30이 마지막 30을 낳는다는 것을 인지했으면, 지금의 30을 어떻게 준비해야 하는지는 굳이 말할 필요가 없을 것 같다. 인생은 연습경기도 아니고 바캉스도 아니고 회식도 아니고 MT나 야유회도 아니다. 당신의 로드맵을 재구성하라!

첫째, 당신의 일을 사수하라

인생이란 무대에서 일이 없으면 당신의 존재는 무의미하다. 가령 어떤 가수가 노래를 잘 부르는데, 정작 노래 부를 무대가 없는 격이다. 지금 하는 일을 꼭 붙잡고 그 일로 모든 것을 풀어가고, 당신의 스토리 잡스를 구성해야 한다. 이런 점에선 필자도 같다. 필자에게 일이란 무엇일까? 글을 쓰고, 강의를 하고, 방송을 하는 것이 일이다. 필자가 강의를 할 때 가슴속에 품는 생각이 있다. '여기서 강의하다가 죽어도 좋다!'. 이만큼 일을 소중하게 진정성을 갖고 대한다고 보면 된다. 이런 자세와 태도는 김연아나 손연재, 박태환, 박지성 선수도 같을 것이다.

둘째, 자영업자처럼 납품하라

대개 대기업엔 협력업체라는 게 있다. 대기업이 모든 것을 턴키방식으로 하지 않기 때문에 역할 분담을 하는 셈이다. 그런데 협력업체가 공급계약이나 서비스 계약을 하면 평생 그 관계를 유지하는 게 아니다. 일정 기간이 끝나면 어김없이 공개 입찰 방식으로 재계약을 해야 한다. 한번 생각을 해보자. 일정기간 계약이 만료된 협력업체가 대기업으로부터 새로운 계약을 따내기 위해선 어떤 자세로 준비를 할까? 그건 설명을 안 해도 알 것이다.

필자도 그렇다. 한 번 강의를 간 기업에 매번 가는 것은 아니다. 나름 평가 기준에 맞춰 평가를 받고 평가가 좋으면 지속적으로 간다. 그런데 직장인들이나 공무원들은 그렇지 않은 것 같다. 늘 하는 일이라서 자영업자처럼 긴장감 속에서 일을 하지 않을 것이다. 말하자면 매너리즘에 빠져 있는 것이다. 직장은 더이상 종신 고용제가 아니다. 이 점을 안다면 당신도 자영업자처럼 일을 해보아라!

셋째, 일터를 존중하라

여기서 일터라는 것은 회사를 말한다. 이런 이야기를 하면 젊은이들은 언짢게 생각한다. 일터는 당신에게 일을 주고, 일은 당신에게 경제적 이익을 준다. 그 일터를 우습게 보지 마라! 정 하기 싫다면 하지 마라! 그것을 대체할 인력은 도처에 널려 있다. 지금은 수요보다 공급이 넘쳐나는 세상이다. 이런 세상에서 어린아이처럼 반찬 투정을 하는 건 어리석은 짓이다. 이런 행동을 반복하는 이들은 조직이 쓰질 않는다. 우는 아이 사탕 하나 더 준다는 건 옛말이다.

앞서 소개한 학업, 취업, 본업, 즉 〈인생의 3박자〉는 누가 뭐라고 해도 밟아가야 할 코스다. 서울에서 부산으로 가는 길을 인생의 여정에 비유한다면 어떤 이는 새마을호로 가고, 어떤 이는 KTX로 가고, 그중 어떤 이는 KTX 특실로 가고, 어떤 이는 비행기로 가고, 어떤 이는 자가용 헬리콥터나 전용비행기로 간다. 목적지는 같지만 가는 방식은 각기 다르다. 그것을 결정하는 것이 〈두 번째 30〉이다.

생각 전략(思) ― 場(일터)

누구를 위해 일하는가

성공인생을 가꾸는 데 없어서는 안 될 감초 같은 약재를 하나 소개하겠다. 요즘 들어 각 기업으로부터 강의 요청이 들어오는 주제를 보면 대개 한 가지로 요약이 된다. 바로 '주인의식' 함양이다. 그러니까 각 기업들이 구성원들에게 전달하고 싶은 이야기가 일터와 자신이 하는 일에 대한 자세를 바꿔달라는 것이다. 그게 바로 주인의식이다.

따라서 위에서 말한 약재란 바로 주인의식이다. 이런 주제로 강의를 하면서 직장인들에게 던지는 질문이 꼭 하나 있다. "당신은 누구를 위해 일을 하십니까?"이다. 이런 질문을 받으면 당신은 뭐라고 답을 하겠는가? 대부분 직장인들은 회사를 위해서 일을 한다고 답을 한다. 과연 그럴까?

나이가 들어 은퇴를 준비하는 목공이 있었다. 사장은 오랫동안 열심히 일한 것에 대한 감사를 표시하며 마지막으로 한 채의 집을 더 지어줄 수 있겠느냐고 물었다. 그러나 목공의 마음은 이미 일을 떠나 있었기 때문에, 성의 없이 좋지 않은 재료를 가지고 대충대충 집을 지었다. 집이 완성되자 사장은 수고했다고 하면서 "이 집은 자네 것일세. 그동안 정말 고마웠네. 자네 수고에 비하면 아무것도 아니지만 이 집은 내가 자네에게 주는 마지막 감사의 선물일세"라고 했다. 아뿔싸! 목공은 말을 잇지 못했다. 많은 직장인들이 이 같은 실수를 저지르고 있다고 생각한다. 당신도 이 부분에선 부정을 못할 것이다.

그런데 왜 누구는 주인의식이 있고, 누구는 없을까? 여러 가지 이유가 있겠지만 자신이 하는 일에 대한 자세 탓이라고 생각한다. 그러니까 자신이 하는 일에 목표가 있으면 주인의식이 생기고, 없으면 안 생긴다는 것이다. 이런 말이 있다. "연극이 끝나면 관객은 외투부터 챙기고, 주인은 빗자루를 찾는다". 당신도 한번 생각해보아라!

역사가 120년이나 되는 일본의 한 호텔 이야기다. 이 호텔에 차가 들어오면 여느 호텔처럼 도어맨이 승용차 문을 열어준다. 경력 7년차인 이 호텔의 도어맨은 주요 손님을 맞이할 때 "김철수 사장님! 어서 오십시오!"라면서 이름과 직함을 함께 부른다. 이 도어맨이 기억하는 손님은 무려 300여 명이 넘는다고 한다. 심지어 이 호텔엔 손님 1만 명의 얼굴을 기억하는 도어맨도 있다고 한다.

이뿐만이 아니다. 이곳의 서비스 역시 남다르다. 손님이 체크아웃한 뒤에도 객실에서 나온 쓰레기를 하루 이상 보관한다. 혹시라도 손님이 실수로 버린 메모지를 다시 찾을 경우에 대비해서다. 호텔 바에서 일하는 바텐더는 술잔을 리필할 때 고객이 원래 놓았던 글라스의 위치를 정확히 기억해 똑같은 자리에 놓을 정도로 고객을 배려한다. 사소한 것이지만 거기에 진심을 담아 서비스를 하면 이야기가 달라지는 것이다.

서비스 정신의 본질은 진심에서 우러나오는 친절이라고 생각한다. 이것은 주인의식이 없으면 불가능하다. 결국 주인의식의 본질은 사소한 것이라도 남다르게 여기는 자세, 나아가 자신이 하는 일에 집중하는 힘, 즉 집중력이라고 생각한다. "지금 누구를 위해서 일하십니까?"라는 질문에 대한 대답을 한번 마음속 깊이 생각해보았으면 한다.

필자가 만난 '성공하는 리더들'을 보면 세 가지 공통점이 있었다. 첫째, 자신의 '문구'를 가지고 있다. 인생의 목표라든가 꿈을 글로 써서 갖고 있는 것이다. 둘째, 자신을 '상품'이라고 말한다. 피터 드러커의 말처럼 자신을 브랜드로 생각하고 1인 기업을 운영하는 것이다. 셋째, '간판'을 경영한다. 자신을 함부로 다루지 않고 부단히 자기계발을 하는 것이다. 이들의 특징을 한마디로 말하면 자신의 '속살'을 과감히 드러낸다는 것이다. 빛이 아무리 환하다고 해도 무언가로 가리면 아무것도 비출 수가 없다. 제품역시 마찬가지다. 아무리 우수하다 해도 세상에서 인정받지 못하면 아무 소용이 없다.

조직에서 성공하는 리더들이 자신을 상품으로 생각하고 또 부지런히 간판을 경영해가는 이유도 이 때문이다. 이들은 자신을 가꾸고 세상을 상대로 적극적인 스파링을 한다. 아무리 다른 사람보다 뛰어나다 해도 겉으로 드러나지 않으면 영원히 발견되지 못하는 '진주' 신세가 되고 말기 때문이다. 아름다운 진주라 해도 세상에 나와야 제값을 발휘하는 것이지, 평생 조개 속에 있으면 무슨 소용이 있겠는가?

속살을 드러내라는 것은 자신을 상품으로 생각하고 적극적인 브랜드 마케팅을 하라는 것이다. 속살을 드러내는 일은 바로 〈I=What〉이라는 정체성 공식을 세상에 알리는 작업이다. 즉, 자신의 '아름다움 만들기'다. 만약 자신을 세상에 알리고자 마음먹었다면 그 순간부터 모든 곳은 시장이 되는 것이다. 사내든 사외든 주위의 모든 사람은 당신을 사줄 소비자가 되는 셈이다. 그리고 당신은 잘 포장된, 잘 팔리는 〈Made in You〉라는 상품인 것이다.

이를 위해 어떤 자세를 가져야 할까? 우선 소비자가 자신을 선택하지 않는다고 불평으로 일관하는 '폐쇄형 사고'는 버려야 한다. 대신, 소비자가 자신을 알아줄 때까지 계속 노력하는 '노출형 사고'로 무장해야 한다. 그리고 자신을 상품화하려고 결정했다면 철저히 자신을 팔아야 한다. 가능한 한 남들보다 튀어야 하고, 무엇을 잘하는지 떠들고 다녀야 한다. 물론 유치할 정도의 뻔뻔함까지 감수해야 한다.

내가 알고 있는 한 경영 컨설턴트는 사람을 처음 만날 때 자신에 대한 각종 자료를 담은 두툼한 'X파일'을 보여준다. 여기에는 자신을 알릴 수 있는 사소한 것들이 아주 잘 정리되어 있다.

그렇다면 주인의식을 배양할 수 있는 노하우는 없을까? 물론 있다. 〈3-I〉전략이다. 이름 하여 〈나! 나! 나!〉이다.

첫째, 〈I=Job〉이라는 생각을 하라. 나 자신이 곧 그 직업이라는 것이다. 그런데 보통 사람들은 이런 생각을 하지 않고 그 일을 마지못해 하기 십상이다. 이렇다 보니 일에서 흥을 만들어낼 수 없다. 더군다나 일에 주인의식이 생길 리도 없다. 주인의식은 누가 만들어주는 게 아니라 자신이 만들어가는 것이다.

둘째, 〈I=First〉이다. 지금 하는 일은 '내가 국내 최초, 나아가 아시아 최초, 세계 최초'로 한다는 자세. 이렇게 되면 일에 대한 자세나 생각이 업Up이 될 수밖에 없을 것이다. 자신이 하는 일, 즉 업業을 업Up으로 만드는 사람만이 성공이란 열매를 만들어간다고 보면 된다. 자부심은 이런 자세에서 자발적으로 자라난다.

셋째, 〈I=Best〉다. 이왕 하는 일이라면 최고는 아니더라도 최선을 다하는 자세가 필요하다. 우리 속담에 '지성이면 감천이다'란 말처럼 자신이 하는 일에 최선을 담으면 그것이 나중엔 최고가 되기 때문이다. 최선 없이 최고가 되는 일은 없다.

유목민은 흙벽돌을 쌓지 않기 위한 생존 전략으로 '서바이벌 키트 Survival Kits'를 가지고 있다. 살아남기 위한 목표 의식이 투철하며 어떠한 환경에서도 살아남을 수 있도록 어릴 때부터 단련을 시켜나간다. 앞으로 직장에서도 이와 같은 룰이 적용된다. 조직의 미션에 따라 목표를 달성하기 위해 노력하는 사람들이 있다. 허울 좋은 직급이나 직책과는 상관없이 오로지 생존력과 경쟁력으로 업무를 찾아 스스로 이동하며 직무 성과를 올린다.

"지금 당신은 누구를 위해서 일하는가?" 자문을 해보아라. 일이 힘들때 소주나 담배에 기대지 말고 스스로에게 기대라! 이럴 땐 만사 제쳐두고 이것을 생각해보아라! 한 스님의 말처럼 멈추면 보이기 마련이다. 당신은 일하는 일꾼이다. 그래서 회사에 다니는 것이다. 당신은 직장인이다. 다가올 혹독한 생존의 빙하기를 견뎌낼 당신을 위한 〈세븐 업〉을 소개한다.

빙하기 생존을 위한 세븐 업(7-UP)

첫째, Clean Up
당신의 주변을 깨끗하게 정리하라. 책상은 물론 헤어스타일, 수염, 구두, 손톱, 구취 등 지저분한 모습을 보이지 마라! 멋진 사람이 되라는 것이 아니라 깔끔한 사람이 되자.

둘째, Dress Up
비싼 옷은 아니더라도 옷을 정갈하게 입어라. 산뜻하게 입으면 그 누구도 함부로 대하질 않는다. 산뜻하면 이성에게도 인기를 얻는다. 하나를 보면 다른 것도 알 수가 있다. 그렇다고 멋을 부리라는 게 아니다.

셋째, Shut Up

말하기보다는 듣기를 많이 하라! 말 대신 박수를 많이 쳐주는 것이 환영받는 비결이다. 들어주는 자가 되면 사람들이 모인다. 소통보다는 경청자가 되라는 뜻이다.

넷째, Show Up

각종 모임이나 회의 등에 적극적으로 참석하라. 살아 있음을 조직에 알려야 한다. 특히 조직 내 경조사를 놓쳐서는 안 된다. 경조사 참석은 되로 주고 말로 받는 고리대금업이다. 좌우지간 당신을 드러내라.

다섯째, Cheer Up

늘 밝고 웃는 모습을 유지하라. 치어리더처럼 하면 주변에서 찾는 사람이 된다. 그러자면 유머는 생존을 위한 비타민과 같다. 유머로 무장하라! 유머력도 이젠 생존이다.

여섯째, Pay Up

이 세상에서 가장 힘든 일은 남의 지갑에서 돈을 빼내는 일이다. 이런 말이 있다. "지갑은 열수록, 입은 닫을수록 대접을 받는다". 무엇이든지 아낌없이 주는 나무가 돼라. 그 나무 밑에 생존의 그늘막이 생기기 마련이다. 다 퍼주어 손해보는 일은 없다. 당신의 지갑을 활짝 열어라!

일곱째, Give Up

세상만사 뜻대로 안 되는 일이 다반사다. 무엇을 하다가 안 되면 과감하게 포기하라. 승진이나 성공이나 부 축적이나 '뱁새가 황새를 따라가다간 가랑이 찢어지기 마련이다'. 포기도 때론 전략이다. 그렇다고 바로 꼬리를 내리라는 것은 아니다.

행동 전략(固) ── 動(행동)

행동 전략(固) — 動(행동)

샐러리맨 이 대리 vs. 전문가 김 대리

2013년 A사의 '샐러리맨' 이 대리는 업무를 하며 생각에 잠겨 있다. 도 대체 이 팀장이 준 업무에 대해 해결책을 찾지 못하고 시간만 허비하고 있다. 이 팀장의 질책은 물론 주위 동료들조차 자신을 신뢰하지 않고 있 다는 현실에 내심 화가 난다. 샐러리맨 이 대리는 명문 대학을 나와 그 어 렵다는 채용 관문을 쉽게 통과했다. 그도 그럴 것이 입사 전 개인 역량은 타의 추종을 불허했다. 직장인의 기본 역량인 어학 자격 1등급 두 개, 정 보화 자격증도 여러 개 등 무궁무진한 가능성을 가지고 입사한 지 3년째 대리로 승진했다. 그런데 실제 업무에 부딪히면 자신도 모르게 소극적이 되고 마는 것이다. 회사의 인맥도 제대로 활용하지 못하고 회의도 제대로 못한다. 오늘도 이 대리는 무엇이 문제인지도 모른 채 시간을 허비하고 업무 효율도 내지 못하고 이 부장에게 궁색한 변명만 하며 속앓이를 하고 있다. 이 대리가 바로 전형적인 '샐러리맨'이다. '발전소가 큰 직장인'인 것이다. 잠재된 역량은 좋으나 효율을 못내는 전형적인 샐러리맨형 직장인이다.

한편 '전문가Expert' 김 대리는 고졸 학력이지만 특유의 열정과 노력으로 야간 대학을 마치고 현재는 대학원에 다니고 있다. 말하자면 샐러던트 Saladent, Salaryman+Student이다. 또한 김 대리는 직장생활을 하며 쌓은 돈독한 인간관계를 통해 언제라도 도와주는 문제 해결사가 주변에 많으며 그들과의 교제도 원만히 해나간다. 한 주에 책을 서너 권씩 읽으며 전문 분야에 대한 경향을 파악하고 책도 출간하고 있다. 문제가 있는 곳에는 그가 항상 있고 대책을 내세울 수 있는 아이디어도 풍부하다. 한마디로 다방면의 교류를 통해 콘텐츠와 가치를 창출하는 업무 방식, 인간관계, 기획 능력 등을 갖추고 있다. 그는 항상 일찍 출근하고 많은 사람과의 미팅도 논리적으로 잘 처리한다. 상사가 주는 업무를 그 이상으로 소화하여 대외적으로 인정도 받고 부서의 조직 역량에도 큰 영향력을 행사한다. 자연히 업무 평가도 3년째 A를 받았다. 김 대리는 전형적인 '변전소가 큰 직장인'이다. '21세기 디지털형 지식 기술자Knowledge Worker'인 것이다.

이처럼 21세기 직장인은 자생적이고 자율적인 생존력과 경쟁력으로 업무를 찾아 스스로 움직이며, 직무 성과를 내는 '업무 유목민'으로 대변될 수 있다. 이제 직장에서 이러한 움직임은 실제 직장인의 현실이다. 들어온 자원보다 현재 내가 가지고 있는 역량이 현실적으로 중요하며, 경력

사원을 채용하는 이유도 그가 가지고 있는 경험과 인간관계, 역량을 우선으로 하는 사회로 바뀌었기 때문이다.

'발전소가 큰 직장인' 이 대리와 '변전소가 큰 직장인' 김 대리 중 어느 사원이 일을 잘해내고, 미래 지향적인 발전이 있겠는가? 샐러리맨 이 대리는 요즈음 회사생활에 불안을 느끼며 점점 재미를 잃어간다. 그러나 전문가 김 대리는 오늘도 새로운 세상을 찾아 자기의 역량을 마음껏 발휘하며, 출근하는 길이 밝기만 하다. 김 대리와 이 대리의 차이점은 무엇일까? 거기에는 '직장인의 생존 법칙'이 숨어 있다. 발전소에서 강한 전기를 보내는 것만으로 각 가정에서 효율적인 제 기능과 역할을 할 수 없다. 반드시 변전소가 연결이 되고, 이것이 다시 각 가정으로 연결되었을 때 가장 효율적으로 기능과 역할을 할 수 있는 것이다.

'발전소가 큰 직장場인'은 개인이 가지고 있는 역량은 크나 그 역할과 기능을 발휘하지 못하는, 그저 일하는 '직장인'에 불과하다. 그러나 '변전소가 큰 직장長인'은 기능과 역할 면에서 탄력적인 대응을 해나갈 수 있다.
조직에서 핵심인력으로 채용되었지만 면서기 역할을 하는 '직장場인'이 아니라 조직에서 기능과 역할을 잘하는 직장長인으로서 살아남을 수 있는 방법은 무엇일까? 기업에서는 핵심인력을 찾는다. 그러나 핵심인력이 곧 기업이 추구하는 이윤과 성과를 다 해결해줄 수 있는 만능 인간일까?

'아폴로 신드롬'이라는 것이 있다. 〈1+1+1+1=?〉, 즉 핵심인력이라고 모아놓은 조직에서 반대로 딜레마에 빠지는 현상을 뜻한다. '발전 기능'보다는 '변전 기능'을 높여 대내적인 환경에 탄력적으로 대응하는 것이 이 사회를 살아나가는 수단과 방법이 아닐까? 매일매일 출근하고 퇴근하는 직장場인의 모습에서 생존력과 경쟁력을 가지고 진정한 변전 역할을 하는 '직장長인'으로 변모할 수 있다. 조직의 인간관계에서 변전 역할을 잘하는 사람이 조직의 윤활유 역할을 하고, 더 나아가 조직의 시너지 효과를 극대화할 수 있는 것이다.

'직장場인'과 '직장長인'은 미래 지식 사회에서의 지식 근로자, 기술자가 갖추어야 할 경영 마인드이며, 또한 앞으로 치고 나갈 수 있는 1인 자기 성공 경영론이다. '직장場인'의 방향성과 근로 의식을 불안하게 하는 것이 지금의 현실이다. 현실이 어려우면 어려울수록 진정한 '직장長인'이 되기 위해서 이제는 자기만의 차별화 전략이 필요하다.

지난 2003년 10월 모 통신 회사의 명퇴 쇼크 5,505명, 오륙도, 사오정, 삼팔선, 이태백, 이구백 등 샐러리맨의 반란이 시작되었다. 이와는 대조적으로 이제는 회사가 버리기 전에 내가 회사를 버린다는 샐러리맨의 자발적 이직 신드롬이 발생한 것이다. 비자발적 퇴직은 〈80−50〉, 즉 80세 평균 수명, 50세 퇴직으로 볼 수 있지만, 자발적 퇴직 쇼크 신드롬은 〈60+20〉 〈50+30〉 〈40+40〉의 이모작, 다모작의 자유로운 인생 2막의 서막을 알리는 동시에 내 인생은 내가 개척해나간다는 적극적인 도전으로의 X파일이다. 이러한 X파일은 일명 〈인생의 2막 신드롬=60+20,

50+30, 40+40〉을 만들어냈다.

이제 당신은 인생 2막을 위해서라도 자기로부터의 혁명이 있어야 한다. 직장인이라고 해서 다 같은 직장인이 아니다. 다음 도표는 필자가 만든 〈생존하는 직장인은 진화를 한다〉라는 의미의 〈직장인 진화도〉이다. 직장인은 3단계로 진화를 하는데 바로 〈職場人→職長人→職짱人〉으로 진화를 한다. 지구상 생존하는 모든 것은 다 진화를 한다. 당신은 지금 어디쯤 가고 있는가? 체크해보아라! 당신은 〈샐러리맨〉인가? 아니면 〈Expert〉인가?

직장인 진화도

구분	0	1	2
호칭	직장인職場人	직장인職長人	職짱人
형태	표로	포로	프로
방식	Worker	Hard worker	Value worker
유형	노예형	자유형	창조형
결과	A → A	A → A'	A → B
자산	엔진	발전소	변전소
모습	스치로폼 형	건전지 형	핵심부품 형
스타일	폐품	짝퉁	명품
작업	Work	Fun	MYTC
목표	생존生存	성공成功	명가名家
성과	Best one	Only one	Best only
쓰임	Human Resource	Human Resource	Human Capital

행동 전략(固) — 動(행동)

당신의 성공 1번지는
어디인가

"음악 하는 데 눈이 안 보이는 건 큰 문제가 아니죠." 시각장애인 첫 버클리음대 김치국 교수의 말이다. 그는 어느 신문사와의 인터뷰에서 "저는 학생이면서 동시에 선생님이었어요. 앞이 보이지 않는 저에게 아무도 음악을 가르쳐줄 수 없었지만 음악에 대한 열망만큼은 누구보다 컸거든요. 눈이 보이지 않는 대신 청력이 발달한 것은 음악을 더 사랑하라고 주어진 선물인 것 같습니다"라고 말을 했다.

"음악가를 꿈꾸는 시각장애 학생들에게 독립심을 기르라고 말하고 싶어요. 과거에는 머릿속에 악상이 떠오르면 앞이 보이는 누군가가 도와줘야 했지만, 이젠 혼자서도 충분히 작곡부터 녹음까지 할 수 있을 정도로 기술이 앞서 가고 있어요. 도전정신과 열정만 있다면 보이지 않는 건 아무엇도 아니죠."

혹시 '쇼핑 1번지'라는 말을 들어본 적이 있는가? 서울 명동 입구에 있는 롯데백화점을 두고 하는 말이다. 그곳이 쇼핑의 첫 장소라는 뜻을 담고 있다. 강의를 하면서 이런 문제를 낸다. "당신의 성공 1번지는 어디입니까?" 이 질문에 자신이 속해 있는 부서나 회사라고 답하는 사람은 거의 없다. 대개 젊은 직장인들은 〈회사 = 성공〉라는 명제(?)에 일단 부정하는 자세를 취한다. 그렇다면 우리나라 직장인들의 〈성공 1번지〉는 어디일까? 전문가로서, 아니 인생 선배로서 궁금하지 않을 수 없다.

필자가 〈직장이 성공 1번지〉라고 주장하는 데는 여러 가지 이유가 있다. 가령 가수라는 직업을 한번 보자. 가수가 성공하려면 두 가지 성공 요인을 갖고 있어야 한다. 하나는 노래 실력이고, 또 하나는 그 가수가 오를 수 있는 무대다. 물론 이 밖에 얼굴이나 체형, 성품 등 여러 가지 요인들이 있을 수 있으나, 이 중 가장 중요한 것은 가창력, 즉 실력이라고 본다. 가수 김범수는 '얼굴 없는 가수'로 오랜 시간을 보냈다고 한다. 그런데 그 가수가 제대로 평가를 받은 건 얼굴이 아니라 어느 누구도 따라잡을 수 없는 호소력 짙은 가창력, 즉 실력이었다.

물론 가수가 가창력만 좋다고 해서 성공하는 건 아니다. 그 가수의 노래를 들어줄 관객이 많아야 한다. 그러자면 가수는 어떤 수를 쓰더라도 관객과 직접 만날 수 있는 무대에 서야만 한다. 그렇다면 성공하고자 하는 가수는 자신이 오르는 무대를 어떻게 생각할까? 그들은 그 무대를 자신의 〈성공 1번지〉라고 생각할 것이다. 마치 오디션을 보는 신인 가수나 '나는 가수다'라는 프로그램에 참가하는 가수처럼 열정을 다해 그 무대에 설 것이다. 그리고 그 자리에서 밀려나지 않기 위해 온 힘을 다해 자신만의 소리를 끄집어낼 것이다. 일종의 생존 본능이 분출할 것이다.

이런 이야기를 자주 한다. 우리나라 직장인들이 '나는 가수다'에 출연하는 가수 같은 정신과 자세를 갖춘다면 아마 전 세계 최고의 제품이 생산될 것이라고 말이다. 과연 직장인 중 누가 그런 자세로 출근하고, 업무를 해내고, 제품을 생산해낼까? 직장인들은 놀 때와 술 마실 때, 노래방에서 노래 부를 땐 이런 자세와 태도를 보인다. 스스로에게 물어보자. "나는 어떠한가?"

시계를 돌려 당신의 고등학교 시절로 돌아가서 당신이 고등학교 3학년 학생이라고 가정을 해보자. 그리고 당신 친구 중 반에서 1등을 하는 김철수라는 친구가 있다고 치자.

공부 잘하는 김철수는 두 가지 공부 습관을 갖고 있을 것이다. 우선 그는 수업시간에 몰입할 것이다. 쉬는 시간 내내 놀다가도 수업시간만 되면 집중할 것이다. 자신이 좋아하는 과목이 수학이라면 수학 선생님을 무척 좋아했을 것이다.

앞의 예시는 필자가 강의를 하면서 수없이 물어본 내용인데 대다수가 이 이야기에 공감을 한다. 그러면 김철수라는 친구는 왜 수업시간에 그렇게 몰입을 하는 것일까? 그가 공부의 달인 아니면 공부의 신이라서 그러는 걸까? 아니다. 그는 아주 간단한 '자연의 법칙'을 따랐을 뿐이다. 수업시간에 몰입을 해야 좋은 점수가 나오고, 좋은 점수가 나와야 좋은 대학에 입학할 수 있기 때문이다. 말하자면 수업시간이 자신의 성공을 위한 베이스캠프, 즉 〈성공 1번지〉라고 생각하는 것이다. 콩 심은 데 콩 난다는 단순한 원리를 아는 것이다.

성공학 교수로 늘 강조하는 것이 바로 이 '자연의 법칙'이다. 이런 점에서 본다면 인생도 똑같다. 이런 자연의 법칙에서 벗어나는 법이 없다. 직장에서 성공하는 이들은 지금 하는 일과 일터가 자신의 성공을 위한 베이스캠프라고 생각하고 집중하는 것이다. 이렇다 보니 딴(?) 생각이 자리를 할 수 없고, 인생이란 고속도로에서 샛길로 가려는 마음도 생기질 않는 것이다. 이렇게 되는 데는 생각의 확고함이 있기 때문이다. 남과 달리 이들에겐 이런 생각이 명확한 것이다.

공부를 잘하거나 성공하는 이들의 인생 노하우가 있다면 그건 일에 대한 남다른 자세라고 보면 된다. 당신이 성공하려면 그들처럼 그 사각지대를 보완해서 그들처럼 하면 된다. 다음은 킴벌리 커버거의 「지금 알고 있는 걸 그때도 알았더라면」이라는 시다. 마음을 열고 읽어보자!

지금 알고 있는 걸 그때도 알았더라면

내 가슴이 말하는 것에 더 자주 귀 기울였으리라.

더 즐겁게 살고, 덜 고민했으리라.

금방 학교를 졸업하고 머지않아 직업을 가져야 한다는 걸 깨달았으리라.

아니, 그런 것들은 잊어버렸으리라.

다른 사람이 나에 대해 말하는 것에는

신경 쓰지 않았으리라.

그 대신 내가 가진 생명력과 단단한 피부를 더 가치 있게 여겼으리라.

더 많이 놀고, 덜 초조해했으리라.

진정한 아름다움은 자신의 인생을 사랑하는 데 있음을 기억했으리라.

부모가 날 얼마나 사랑하는가를 알고

또한 그들이 내게 최선을 다하고 있음을 믿었으리라.

사랑에 더 열중하고

그 결말에 대해선 덜 걱정했으리라.

설령 그것이 실패로 끝난다 해도

더 좋은 어떤 것이 기다리고 있음을 믿었으리라.

아, 나는 어린아이처럼 행동하는 걸 두려워하지 않았으리라.

더 많은 용기를 가졌으리라.

모든 사람에게서 좋은 면을 발견하고

그것들을 그들과 함께 나눴으리라.

지금 알고 있는 걸 그때도 알았더라면
나는 분명코 춤추는 법을 배웠으리라.
내 육체를 있는 그대로 좋아했으리라.
내가 만나는 사람을 신뢰하고
나 역시 누군가에게 신뢰할 만한 사람이 되었으리라.

입맞춤을 즐겼으리라.
정말로 자주 입을 맞췄으리라.
분명코 더 감사하고,
더 많이 행복해했으리라.
지금 내가 알고 있는 걸 그때도 알았더라면.

행동 전략(固) ─ 動(행동)

일터를 〈직토리〉로
만들어라

조직생활을 하는 이들 중 가장 다루기 힘들고 말이 먹히지 않는 층이 바로 대리급, 즉 중견사원들이다. 왜 이들에겐 조직의 말이 먹히지 않을까? 직장생활을 한 3년 정도 하면 조직의 쓴맛(?)을 거의 다 알기 때문이다. 쉽게 말해 이젠 조직 내 똘아이(?)가 되었다는 말이다. 그렇다고 이들을 나무라거나 질책하자는 건 아니다.

자영업으로 가게를 운영하는 이들은 누구나 맨 처음엔 장사로 제법 재미를 본다. 신장개업 효과 때문이다. 그런데 가게를 한 지 2~3년이 지나면 수지 타산이 맞질 않아 적자로 하락하기 일쑤다. 보통 젊은 직장인이 회사생활을 하면서 사춘기를 겪고 있는 것도 매한가지다. 그렇다고 조직에서 이런 직장인들을 그냥 방치할 순 없는 노릇이다. 왜냐하면 중견사원들이 조직의 '믿을맨Middle Man'이기 때문이다. 축구 경기로 말하자면 중간 허리인 링커, 즉 조직 내 기성용 선수 같은 것이다.

그렇다면 우울증에 잠시 빠져 있는 당신이 어떻게 하면 사기충천土氣衝天 해서 일에 몰입할 수 있을까? 이름 하여 〈우리의 김 사원 구하기 7〉이다.

첫째, 직비게이션을 달아라

만사가 귀찮아지면서 무기력에 빠졌다는 건 새로움, 즉 재미있는 게 없다는 말이다. 이럴 땐 재부팅을 해야 한다. 사실 직장에서 사원을 재부팅을 하는 데 약발이 받는 건 승진이나 포상이다. 이런 것이 인위적으로 어렵다면 스스로 해야 한다. 내 인생에 〈직職비게이션〉을 달아야 하는 것이다. 여기서 〈직비게이션〉이란 '직장과＋네비게이션'의 합성어로 자신만을 위한 커리어 로드맵을 말한다.

무기력할 땐 자신만의 시간을 내서 A4용지에 자신의 직업 경로를 한번 그려보아라! 아마 이런 간단한 작업만으로도 마음이 한결 편해질 것이다. 그리고 시동을 다시 걸 수 있을 것이다. 그런 다음 〈직비게이션〉이 안내하는 대로 그냥 들이대라! 살다 보면 기계가 사람보다 나을 때가 있다.

둘째, 모드를 바꿔라

성공학 교수로서 이삼십 대 사원들에게 해줄 말이 있다. 힘이 들고 왠지 사춘기에 빠져드는가 싶으면 가장 먼저 해야 할 일이 있다. 당신의 인생을 운영하는 모드를 의도적으로 바꿔보는 것이다. 마치 러닝머신 위를 달리다가 속도 조절이나 높이 조절을 하듯이 말이다. 숨이 막힐 것처럼 답답하면 당신이 스스로 모드를 조절하라.

그 모드 조절은 이렇게 한다. ①이젠 속도가 아니라 방향이다. ②높이가 아니라 깊이다. ③재미가 아니라 의미이다. ④소유가 아니라 향유다. 이렇게 모드를 조절해도 숨통이 트일 것이다. 이런 작업이 인생이란 거친 사막을 건널 수 있는 지혜다.

셋째, 롤모델을 찾아라

혼다 나오유키의 『타임 에셋』에 이런 말이 나온다. '능력 있는 선배가 하는 것을 모방하라. 스포츠의 세계에서도 훌륭한 선수의 기술이나 연습 방법을 체크하고 모방하는 것은 기본 중의 기본이다. 대단한 천재가 아닌 이상 스스로 맨땅에서 시작하는 것과 우수한 선배가 하는 방법을 배워서 그 단계에서 시작하는 것을 비교하면 후자가 압도적으로 시간효율이 높다.'

직장 초년생인 당신에게 줄 가장 큰 선물이 하나 있다. 당신 곁에 있는 당신의 상사다. 그 상사란 부장, 차장, 과장이 아니라 상무 이상의 중역을 말한다. 갈 길이 막연할 때는 눈을 돌려보자. 그런 다음 당신의 이상향을 좇아가라! 그 대상이 바로 'K상무'다. 말하자면 그가 당신의 롤모델이 되는 셈이다.

그렇다면 어떻게 해야 하는가? 그의 일거수일투족을 연구해보아라. 그리고 모방을 해라! 그의 성공 DNA를 이식해보는 것이다. 그들의 행동을 모방해서 따라 하기만 하면 된다. 이 말은 "K상무처럼 생각하고 행동하라는 것"이다. 이렇게 되면 당신은 '청년 중역'이다. 아마 회사 다니는 재미가 쏠쏠할 것이다.

넷째, 일터를 직토리로 만들어라

〈직職토리〉란 '직장'과 'Factory'의 합성어로 '나만의 공작소'를 말한다. 그러니까 당신의 일터를 일터로 보지 말고 재미있는 '나만의 작은 공장'으로 생각하라. 수동적으로 끌려가지 말고, 주도권을 잡고 당신만의 자리를 만들라는 것이다. 오늘부턴 회사를 다니는 게 아니라 나의 가게를 운영한다고 생각하고 출근해라. 그러자면 당신이 근무하는 자리를 가게처럼 만들어야 할 것이다. 문패도 달고 좀 이상한 짓(?)을 해보아라! 하고 싶은 대로 해보아라. "골라골라~ 골라골라~" 하면서 내 안의 흥을 밖으로 뻗어내라! 마치 남대문 시장의 장돌뱅이처럼 흥을 돋우어라!

다섯째, 당신만의 밥을 지어라

이삼십 대 직장인들을 보면 우왕좌왕하는 경우가 많다. 조직 내에서 아직 방향타를 못 잡았기 때문일 것이다. 그렇다고 허송세월할 입장은 아니다. 이럴 땐 당신만의 〈밥〉을 지어라! 여기서 〈밥〉이란 영어 〈B.O.P.〉를 말한다. 〈Brand 사원, Only One 사원, Patent 사원〉이 그것이다.

우선 〈브랜드Brand 사원〉이 되도록 노력하라. 그래서 "김철수" 하면 자신만의 무언가가 딱 떠오르는 그런 사람이 돼라. 다음엔 〈Only One 사원〉이 돼라. 조직 내에서 나만이 할 수 있는 것을 하나 만들어라. 그래서 나만의 스타일을 만들어가라. 그러면 주변이 당신을 함부로 다루지 못한다. 나아가 여력이 있으면 〈특허Patent 사원〉에 도전하라. 이 말은 지적 재산권을 한두 개 정도 만들어두라는 것이다. 이렇게 자신만의 〈밥〉을 만드는 데 주력하다 보면 우울이란 놈이 자리할 틈이 안 생긴다. 당신이 만든 그 밥은 차지고 입 안에서 살살 녹아들어갈 것이다. 이것이 일하는 맛이다.

여섯째, 새로운 기분으로 다시 시작하라

인터넷에서 본 글이다. 오래 전 알프스에서 길을 잃은 사람이 13일간 조난되었다가 구출된 일이 있었다. 이 사람은 매일 12시간씩 걸으며 마을을 찾았다고 했다. 그러나 그가 걸었던 길을 역추적했더니 그는 길을 잃은 장소를 중심으로 불과 6킬로미터 안에서만 왔다 갔다 했다는 것이다. 사람은 눈을 가리면 똑바로 걷지 못한다. 20미터를 걸으면 약 4미터 정도의 간격이 생기며, 100미터를 걷게 된다면 결국 비슷한 거리를 맴돌게 된다는 것이다. 이런 현상을 '윤형방황輪形彷徨'이라 한다.

눈을 가리고 가급적 똑바로 걷기 위한 두 가지 방법이 있다. 하나는 어떤 목표를 떠올리고서 그 목표를 생각하며 과감한 보조로 성큼성큼 걷는 것이며, 또 하나는 약 30보쯤 걸어간 후 잠깐 멈추었다가 새 출발의 기분으로 또다시 30보를 걷는 것이다. 새 출발을 하는 마음으로 다시 시작하라!

일곱째, 주변에서 맴돌지 마라

힘들수록 당신에게로 돌아가자. 당신이 아직도 일(본질)이 아닌 돈(현상) 주변에서 맴돌고 있다면 그건 진짜 〈직職똘이(직장인 바보)〉다. 당신의 모든 것, 즉 인생은 일터로 통한다. 지금 있는 일터를 우습게 보지 마라! 주변에서 맴돌지 말고 성공으로 가는 트랙에 올라타라! 고속도로에 오르면 어느새 목적지에 도달하듯이 직장이란 도로에 올라타면 당신도 과장, 차장, 부장, 중역으로 가는 출구를 만나게 될 것이다.

끝으로 당신에게 들려주고 싶은 이야기가 있다. 이삼십 대들이 가장 좋아하는 '난도 샘'의 이야기다. "학생들은 나에게, 선생님은 슬럼프를 어떻게 극복하느냐고 물어옵니다. 그럴 때마다 나는 이렇게 말합니다. 내 인생에 슬럼프라는 것은 없습니다. 그건 슬럼프가 아니라 바로 게으름입니다." 혹시 게을러진 당신의 모습을 슬럼프로 위장하고 있지는 않은지 생각해보아라.

"스포츠 선수는 슬럼프에 빠지면 자신이 최고의 성적을 거두었을 때의 비디오를 반복해서 보고, 결국 비디오를 보지 않고도 머릿속에 그 장면을 생생하게 떠올리는 방법으로 이를 극복하기도 한다." 『당신의 소중한 꿈을 이루는 보물지도』의 저자 모치즈키 도시타카의 이야기다.

이런 메시지에도 재부팅이 안 된다면 당신에게 해주고 싶은 메시지가 하나 더 있다. "당신이 지금 하는 일이 힘들어서 하기 싫다면 그건 사치나 다름없다."

행동 전략(固) — 動(행동)

우선 〈직데스리가〉에서
살아남아라

요즘 기업 현장에서는 너도나도 힘들다고 입을 모은다. 잘나가는 기업에 종사하건 그렇지 않건 간에 마찬가지이다. 그런데 어려운 건 요즘만이 아니다. 세상이 조금씩 '변이'나 '변형'의 흐름을 탈 때 그 어려움은 어김없이 찾아온다. 이들이 가장 힘들어하는 건 조직에서의 퇴출이다. 이 퇴출의 격랑을 피해 생존하는 게 만만치 않기 때문이다. 이것은 이제 직장인이라면 누구나 갖고 가는 업이나 다름없다.

그런데 사회는 계속 흘러가고 새로운 코드에 접속하려 한다. 그중 가장 숨 가쁘게 다가오는 건 '지식기술 사회'의 도래다. 이런 트렌드에 대처할 코드는 무엇일까? 바로 '진화'다. 우리에겐 그다지 익숙지 않은 단어일지 모른다. 그러나 이것은 그동안 하루에도 수백 번 들어온 '변화'만 가지고

선 이제 당신이 설 곳이 없다는 것을 함축하고 있다.

골퍼라면 누구나 늘 고심하는 게 있다. 어떻게 하면 공을 멀리 쳐낼 수 있느냐이다. 즉, 장타에 대한 고민이다. 직장인도 매한가지다. 어떻게 하면 자신이 일하는 조직에서 자리를 잡고 천수를 누리느냐일 것이다. 다시 말해, 가늘고 길게 버틸 수 있느냐이다. 생존은 누구에게나 중요한 화두가 아닐 수 없다. 당신을 위해 〈직職데스리가(직장+독일 축구 분데스리가)〉에서 오래 살아남을 수 있는 생존 테크를 처방해본다. 다음은 골퍼와 직장인을 비유해서 만든 〈직데스리가 생존의 법칙 10〉이다. 이 열 가지 법칙을 당신의 것으로 만들어가라!

1. 장타를 치려면 정타를 쳐라

골퍼가 거리 손실을 보는 가장 큰 원인은 공을 헤드 중앙에 정확히 맞히지 못하는 데 있다. 직장인이 일터에서 장수를 하려면 일을 제대로 해내야 한다. 그러자면 공을 헤드 중앙에 제대로 맞히는 것처럼 일거수일투족을 상사의 마음에 맞추어야 한다. 직장생활은 상사의 삶을 살아주는 거라고 보면 된다. 마치 대저택의 집사처럼 주인의 마음을 잘 읽어내어 그 주인이 원하는 대로 해주어야 하는 것이다. 그러자면 더욱더 상사의 마음속으로 들어가는 인파이트In Fight 전략을 써야 한다.

2. 힘보다 유연성을 키워라

주말골퍼는 장타와 힘을 같은 개념으로 본다. 물론 틀리지 않지만 이보다 중요한 것은 유연성이다. 직장인도 마찬가지다. 실력만 있다고 해서 그 것만 믿고 들이대서는 안 된다. 생존에선 〈체력〉이 우선인 것처럼 보이지 만 실은 〈체질〉이 우선이다. 말하자면 체력이 아니라 체질인 것이다.

프로선수들이 유연성을 키우듯이 당신의 체질을 조직이 원하는 방향으 로 바꾸어야 한다. 체력이 강한 사람들은 무엇을 할 때 죽을 힘을 다해서 한다. '사력死力'을 다하는 것이다. 그러나 유연성이 강한 사람들은 사력死力 이 아니라 '사력思力'을 다한다. 머리를 쓰는 것이다. 골퍼들 중 유연성이 없 는 사람들은 작은 근육을 이용하는 스윙을 하는 반면, 유연한 골퍼들은 큰 근육을 이용해 장타를 때릴 수 있다. 유연성을 늘리는 가장 효과적인 방법은 스트레칭이다. 여기서 스트레칭이란 생각, 즉 사력思力이다. 이젠 몸이 아니라 생각이다. 당신의 생각력을 배양해야 한다.

3. 팔·어깨 모두 힘을 빼라

영업사원을 대상으로 강의를 할 때 이런 말을 한다. "영업은 '상품'을 파 는 게 아니라 '성품'을 파는 것이다". 이런 메시지를 전하면 다들 의아해 한다. 이 말은 영업의 하수는 물건을 파는 데 집중하는 반면, 고수들은 인간관계를 구축하는 데 전력을 다한다는 뜻이다.

골프나 테니스를 배울 때 코치들은 힘을 빼라는 이야기를 자주 한다. 하지만 초보자들은 힘을 빼는 게 무엇인지, 정확히 어떤 느낌인지 잘 알 지 못한다. 그래서 힘 빼는 데만 10년이 걸린다는 얘기도 있다. 영업을 하 는 데 있어 상품에서 성품으로 가는 데만도 10년이 걸린다. 그러자면 영업이란 활동에서 욕심을 내려놓아야 한다. 직장인도 이런 점에선 마찬가지다. 일터에서 너무 욕심을 내면 적을 만들기가 쉽다. 적이 생기면 그만큼 자신의 영역이 줄기 마련이다.

4. 실수를 하지 마라

골퍼에게는 공이 오른쪽으로 휘어가는 슬라이스가 큰 적이 아닐 수 없다. 더욱이 초보는 슬라이스라는 '골프병'을 누구나 한 번쯤 앓는다. 조직 생활을 하면서 초보자들은 더러 실수를 범하게 된다. 경험 부족에다가 운이 따라주지 않으면 실수를 연발하기 십상이다. 이것이 반복되면 '실수병'에서 헤어나오지 못한다. 실수를 통해 배울 수도 있겠지만 자칫 실수 증후군에서 벗어나지 못하게 되는 악순환이 계속된다. 그러자면 어떻게 해야 할까? 무슨 일을 하든 정확하게 해야 한다. 빨리 일을 해내는 것도 중요하지만 정확하게 해야 하는 것이다. 매뉴얼을 숙지하고 연습을 해야 한다. 연습, 연습, 연습만이 살 길이다.

5. 일단 노력을 하라

무일푼으로 시작해 농산물 야채 브랜드 '총각네 야채가게'를 키운 이영석의 이야기다. 그는 자신의 책 『인생에 변명하지 마라』에서 돌직구를 던진다. "'총각네'에서 장사 배운 사람이 1,000명이 넘는데 잘된 사람은 5퍼센트도 안 된다. 그만둘 때 '제가 못나서 포기합니다' 말하는 사람은 하나도 없다. 몸과 마음이 나약하다는 것을 인정하지 않는 것이다" "많은 직장인이 남보다 열심히 노력하면 임원이 된다는 사실을 알고 있지만 임원이 되는 사람은 극소수다. 왜? 노력을 하지 않았기 때문이다."

'노벨상'은 아니더라도 '노력상'을 받을 정도의 노력을 쏟아내라! 무엇인가 지속적으로 하는 이들에겐 당할 자가 없다. 당신에게 주어진 그 일터에서 우선 당신이 투자해야 할 것은 노력이다. 영어사전에 보면 〈노력〉은 늘 〈성공〉 앞에 나온다.

6. 온몸으로 일해라

골프 고수들은 몸을 중심으로 스윙을 한다고 한다. 그래야 장타가 나오기 때문이다. 직장인들은 대개 자신의 능력을 100퍼센트 일하는 곳에 내놓기를 꺼려 한다. 언제든지 나갈 준비를 하기 때문이다. 그래서 70퍼센트 정도만 열정을 담는다. 나머진 나중에 쓰기 위함이다. 그러나 힘은 언제든지 만들면 된다. 온몸으로 일해라! 그러면 이런 당신의 열정을 상사가 알아차릴 것이다. 머리로 일하는 것도 중요하지만 몸으로 일을 하면 보인다. 꼼수보다는 성실함을 더 알아준다는 것을.

얼마 전 작가 황석영 씨가 TV에 나와서 한 말이다. "글은 엉덩이로 쓰는 것이다". 올해로 문단 데뷔 50주년을 맞는 그도 원고지 10장을 쓰는데 2~3일이 걸릴 때가 있다고 한다. 글이 나올 때까지 인내를 하면서 기다린다는 것이다. 이 세상에는 공짜가 없다.

7. 관계 수로를 터라

조직 내에서 인간관계의 갈등으로 속앓이를 하는 직장인에게 자주 말하는 〈3정〉이란 전략이 있다. 첫째, 인정하라. 우선 상사가 주장하는 결론이나 상황을 '인정'하고 들어가라. 둘째, 일단 상사가 시키는 대로 '열정'을 다 바쳐 일을 해라. 셋째, 당신이 상사의 말을 인정하고 열정적으로 대처하면 언젠가 '긍정'적인 변화가 온다.

이렇게 진심을 다해 들이대면 꼰대(?) 같은 상사도 당신의 편에 설 것이다. 말하자면 조직 내에서 당신의 '이쁨'은 당신이 만드는 것이다. 조직생활은 혼자서 하는 게 아니다. 더욱이 당신이 멀리 가려면 함께할 친구가 있어야 한다. 조직에서 성공하는 이들은 농부가 수로를 만들 듯이 직장 내 사람과 소통을 위한 물길, 즉 관계수로를 만들어놓는다. 그래야 가뭄이 들면 물을 댈 수 있기 때문이다.

8. 끝까지 물고 늘어져라

권투 경기를 보면 1라운드와 마지막 라운드가 아주 중요하다. 1라운드에선 몸을 풀기도 전에 상대의 결정타를 맞고 다운이 될 수도 있고, 마지막 라운드에선 다 이겼다고 방심하다가 상대의 결정적인 한 방에 경기를 되돌려주기도 한다. 운동이든 사업이든 고수들은 항상 긴장 속에서 끝까지 물고 늘어지는 근성이 있다. 골프에서 피니시finish는 말 그대로 끝까지 해야 하는 것이다. 하지만 임팩트만 하거나 체중이 오른발에 그대로 남아 있는 경우가 많다. 체중 이동이 되지 않으면 거리도 그만큼 줄어들게 된다. 피니시가 완벽하지 않고는 장타도 없다는 이야기다.

직장에서도 마지막 '피니시 블로우finish blow'가 중요하다. 대개 직장인들에게 과중한 일이나 좀 난해한 일이 주어지면 도중에 포기하는 경우를 종종 본다. 그러나 결과는 마지막에 나오는 법이다. 끝까지 물고 늘어지는 업무 근성을 보여주어라. 이런 당신의 모습에 상사는 지원군을 보내줄 것이다. 당신은 그 전투에서 승리하는 장군이 된다는 것을 명심하라. 마지막 한 방을 생각하라! 누구나 한 방은 있다!

9. 티를 내면서 일을 하라

동양적인 사고로 보면 일을 하면서 티를 낸다든가 보여주기 식으로 일을 하면 다소 건방진 것처럼 보일 수 있다. 그러나 21세기엔 절대 아니다. 가능한 한 당신이 무엇을 하고 있는지 떠벌리고 다녀야 한다. 지금은 잉여의 사회다. 무엇이든 넘쳐나는 세상이란 뜻이다. 당신 말고도 당신의 일터엔 당신만큼 하는 이들이 있고, 당신보다 더 일을 잘하는 이들이 너무 많다.

떠벌려야 상사가 알아준다. 떠벌리고 다녀야 그 일에 책임감이라는 게 뒤따라 일의 성과도 오르기 마련이다. 가능한 티를 내라! 그것도 전략으로 주기적으로 내라! 상사가 몰라주면 그 강도를 더 올려라! 어느새 당신은 조직의 중원에 자리를 하고 있을 것이다. 말하자면 주전으로 자리를 잡은 것이다. 티를 못 내는 당신이 못난이다.

10. 적성에 맞는 부서를 찾아라

가능하다면 적성에 맞는 부서에서 일을 하라. 30여 년 전 신입사원으로 부서 배치 발령을 받았을 때 일이다. 내성적인 필자가 배치받은 곳은 영업부서였다. 남에게 무엇인가를 파는 게 힘이 들었던 필자에게 2년간의 근무는 일이 아니라 고민의 연속이었다. 하는 일이 적성에 맞지 않다 보니 물론 성과도 낼 수가 없었다. 이런저런 고민 끝에 사표를 내려고 결단을 내리고 주위 선배들의 자문을 구했다. 모든 선배들은 퇴사보다는 업종을 전환하라는 처방을 내렸다.

추후 인사 담당자와 지속적인 면담 끝에 연수원이란 곳으로 이동을 하게 된다. 그 직무는 오늘날 필지기 이렇게 성공학 교수가 되는 데 결정적인 역할을 한다. 혹시 지금 당신이 싫어하는 일을 하고 있다면 고민하지 말고 인사부서의 문을 두드려라. 그러면 열릴 것이다. 왜냐하면 그곳엔 당신을 가이드할 인사업무 전문가가 기다리고 있기 때문이다. 직장은 그냥 다니는 게 아니다. 그곳은 당신의 성공을 위한 그라운드이다. 당신이 공격선수인데 수비선수로 뛰고 있다고 생각을 해보아라! 지금 당장 당신의 후원군을 찾아 나서라!

직장인들 중에서 도태하는, 즉 퇴출당하는 유형을 보면 대개 다음과 같이 세 가지로 형태로 나타난다. 우선 〈부품형〉이다. 이들의 신조는 "그저 내 일만 하면 되겠지". 누가 뭐라든 자기 일만 하면 된다는, 융통성이 없는 우리 곁의 착한 일꾼들이다. 다음엔 〈시계추형〉으로 "상사가 시키는 일만 하는" 노예 근성을 가진 이들이다. 끝으로 〈천수답형〉이다. 무사안일한 사고의 소유자들로 "어떻게 되겠지" 하면서 자신의 인생을 남에게 맡겨놓은 채 생을 살아가는 무사태평 동네의 사람들이다.

"강한 자가 살아남는 게 아니라 살아남는 자가 강한 것이다"라는 말을 명심하라. 당신이 2030이든 아니면 3040이든 5060이든 최우선의 과제는 일단 살아남아야 한다는 것이다.

그러자면 좀더 발을 빨리 굴리고 부단히 몸을 움직여야 하는 건 당연한 이치다. 사람들은 시간이 좀 지나면 나아지겠지 하는 생각을 자주 한다. 직장생활을 해보았겠지만 이런 일은 없었던 것 같다. 지금 당신이 해야 할 것은 치열한 〈직데스리가〉에서 일단 살아남는 일이다. 나머진 생존한 다음에 하자.

행동 전략(固) ― 動(행동)

당신의 워크십은
몇 마일인가

성공자와 실패자, 행복한 자와 불행한 자. 이들의 차이는 무엇일까? 재능, 열정, 자세, 환경 등 여러 가지가 있겠지만 그 차이의 공통분모가 있다. 바로 삶에 대한 태도다. 그러니까 그 차이란 당신이 알고 있는 것처럼 큰 차이가 아니라 작은 차이라는 것이다. 그 사소한 차이는 무엇일까?

당신에게 질문을 하겠다. "당신은 일에 끌려 다니는 포로인가 아니면 일을 주도하는 프로인가? 당신은 삶의 조연인가 아니면 주연인가? 당신은 빛 내는 인생을 사는가 아니면 빛나는 인생을 사는가?" 여기서 '포로와 프로' '조연과 주연' '빛과 빛'은 어떤 차이가 있을까? 그것은 자신이 하는 일에 대한 태도, 즉 주인의식의 차이일 것이다.

앞서 말했다시피 주인의식은 일에 대한 자세, 즉 워크십Workship이라고 본다. 이 워크십이 인생에서 큰 차이를 만드는 것이다. 당신 주변을 한번 둘러보아라. 늘 사람들이 따르고 일을 척척 잘해내는 사람들은 어떤 이들일까? 조직이 가장 좋아하는 인간은 어떤 사람들일까? 모르긴 몰라도 워크십으로 똘똘 무장된 이들이다. 그렇다면 당신의 주인의식은 어느 정도나 될까? 다음 체크리스트로 알아보자.

워크십 체크리스트

1. 내가 하는 일을 사랑한다.	□YES	□NO
2. 내가 하는 일이 회사를 대표한다고 생각한다.	□YES	□NO
3. 일이 많은 것을 좋아하는 편이다.	□YES	□NO
4. 시키는 일만 하지 않고 일을 찾아서 하는 편이다.	□YES	□NO
5. 우리 회사에 다니는 것을 자랑스럽게 생각한다.	□YES	□NO
6. 내가 곧 회사이고 회사가 나라고 생각한다.	□YES	□NO
7. 지금 하는 일에 만족하는 편이다.	□YES	□NO
8. 끊임없이 일을 개선하거나 다른 것을 시도한다.	□YES	□NO
9. 일을 하면서 떠오르는 아이디어를 담기 위한 메모장을 갖고 다닌다.	□YES	□NO
10. 매일 현장일지를 기록한다.	□YES	□NO
11. 집에서도 내가 하는 일을 생각하는 편이다.	□YES	□NO
12. 지금 하는 일을 그 누구보다도 잘할 수 있다.	□YES	□NO
13. 일에서 불량이나 문제가 발생하면 바로 해결하려고 한다.	□YES	□NO
14. 무엇을 하느냐보다 그 일을 어떻게 하느냐가 중요하다고 생각한다.	□YES	□NO
15. 회사에 출근하는 게 무척 좋다.	□YES	□NO

평가 방법
15문항 중 'YES'가 13~15개면 주인의식이 A, 9~12개면 주인의식이 B, 6~8개면 주인의식이 C, 5개 이하이면 주인의식이 D등급이다.

당신의 워크십 수준은 어느 정도인가? 이 체크리스트를 통해 평소 당신의 행동 패턴을 파악해두면 성공적인 삶을 사는 데 큰 도움이 될 것이다.

필자가 기업체 강의장에서 만나는 이들 중엔 한 직장에서 35년 이상 근무한 직장인들이 있다. 이들에게서 읽어낼 수 있는 건 바로 성실함이다. 우직함으로 바꾸어 말할 수도 있다. 한 전문가의 말을 빌리면 "나이가 들수록 꾸준함이 그 어느 것보다 중요한 삶의 가치로 다가온다고 한다. 그런데 꾸준함을 유지하기 위해서는 매사 현재진행형의 태도와 생활로 전환해야 한다. 가령 영어의 '~ing'과 같은 개념이다". 주인의식을 한마디로 압축하면 우직함이다.

〈오늘 당신은 일터에 어떤 마음으로 출근했는가? 삼성경제연구소에서 미국, 프랑스, 일본, 한국 등 31개국 직장인들에게 "회사를 왜 다닙니까?"라고 물어보았다. 이 질문에 영미권 직장인들은 '자기실현'을 위해서라고 답했다. 이들은 성공을 위해 회사를 다닌다. 그래서 그 어느 나라보다 일을 열심히 한다. 정상에 오르면 그에 상응하는 천문학적인 보수가 따라오기 때문이다. 프랑스 등 유럽권의 직장인들은 '자기보람'을 위해서라고 답했다. 돈을 얼마 버느냐는 두 번째이다. 일에 대한 보람이 있으면 인생을 바친다. 소위 명품이란 명품이 다 유럽에서 나오는 이유는 그 때문이 아닐까. 일에 대한 자세가 가져오는 프리미엄이다.

우리와 비슷한 일본 직장인들은 '인간관계 확대'를 위해서 다닌다고 답했다. 그렇다면 한국의 직장인들은 뭐라고 답했을까? '먹고살기' 위해서라고 답했다고 한다. 우리나라 직장인들은 직장이나 일을 호구지책, 즉 생계수단으로 여긴다는 것이다. 이렇다 보니 일에 대한 자세가 선진국에 비해 떨어질 수밖에 없고 가난할 수밖에 없는 노릇이다.〉 (이내화의 『웰레스트』 발췌)

지난해 여름 부산 해운대에 자리하고 있는 모 생명보험회사의 연수원에서 있었던 일이다. 아침 일찍부터 시작하는 강의라서 연수원 식당에서 아침을 먹어야 했다. 막 배식을 받으려는 참이었다. 그런데 배식을 해주는 오십 대 초반의 여직원이 연신 행복하게 웃는 것이었다. 넌지시 질문을 던졌다. "아니, 오늘 무슨 좋은 일이 있으신 모양입니다."

그 직원은 이렇게 답을 하는 것이었다. "아니! 하루가 시작되는데 행복하지 않으세요?" 그녀의 행복한 경상도 어투에 필자는 이내 부끄러워졌다. 이런 마음으로 만드는 아침 식사야말로 영양분이 가득할 거라는 생각이 절로 들었다. 성공 인생은 태도의 산물이다. 그 직원은 자신이 하는 일에 주인의식이 강한 사람이었다.

당신에게 '일'은 무엇인가? 강의를 하면서 직장인들에게 "일이란 무엇입니까?" 하는 질문을 던지면 대다수가 '노동'이란 말을 한다. 과연 그럴까? 필자는 일은 '노동'이 아니라 '축복'이라고 생각한다. 일에 목표가 있으면 축복이고, 일에 목표가 없으면 그것은 노동으로 전락하고 만다. 일과 일터에 대한 생각을 송두리째 바꿔야 한다. 이제 일은 꿈이고, 밥이고, 나아가 보약이다. 그 일을 하는 일터는 당신의 성공무대이다.

행동 전략(固) — 動(행동)

아직도 근무시간에
주식투자를 하는가

지난해 1년 동안 국내 굴지의 자동차 회사 생산담당 사원들을 대상으로 특강을 했다. 그러다 보니 그 회사 생산담당 직원들을 많이 접하게 됐다. 그런데 재미있는 것은 강의장에서 이들이 공통적으로 하는 행동이 하나 있다는 것이었다. 바로 스마트폰과 함께하는 놀이(?)였다. 물론 모든 직원들이 그런 것은 아니지만 강의 내내 이들은 필자의 강의 내용에 집중하는 게 아니라 자신의 손에 집중을 하고 있다. 도대체 스마트폰 놀이는 무엇이었을까? 놀랍게도 그것은 주식 매매였다. 휴대폰으로 단타 매매를 하는 것이었다.

공식적인 통계는 아니지만 우리나라 직장인 중 절반이 넘는 사람들이 근무 중 주식 투자를 한다고 한다. 이는 운전 중에 문자 메시지를 보내는 격이다. 도로교통법상으로는 있을 수 없는 일이다. 근무시간에 주식투자를 하는 것도 주인의 입장에서 보면 어처구니없는 일이 아닐 수 없다. 가령 당신이 보잉 747 비행기를 타고 미국으로 가고 있다고 치자. 그런데 비행기 조종사가 자동항법장치를 한 뒤 스마트폰으로 주식 매매를 한다고 생각해보아라. 승객인 당신은 얼마나 불안하고 화가 나겠는가?

도대체 왜 이런 현상이 발생하는 것일까? 우리나라 직장인들의 삶에 대한 태도 때문이 아닐까 한다. 특히 젊은 직장인들은 자신이 하는 일에 의미를 두기보다는 더 많이 벌어서 남 보란 듯이 소비를 하는 데 더 큰 의미를 둔다. 물론 이런 현상은 우리나라에만 국한되는 것은 아닐 것이다.

지난해 국내 한 언론사가 먹고살 만한 나라를 대상으로 이런 조사를 했다. "이 세상에서 누가 가장 행복할까?" 이 질문에 우리나라 사람들은 10명 중 9명이 '빌 게이츠'라고 답을 했다. 반면 네덜란드나 덴마크 등 유럽 사람들은 10명 중 9명이 '자신'이라고 답을 했다.

이 이야기는 우리나라 국민이 성공의 기준을 돈에 두는 반면 유럽 사람들은 의미에 두고 있음을 시사해주고 있다. 우리네 직장인들은 회사를 다니는 데보다는 경제적인 것에 의미를 두는 셈이다. 이렇다 보니 우리나라 직장인들은 자신이 매월 받는 월급만으로 성이 차질 않는 것이다.

그렇다면 그 월급이 과연 적은 것일까? 필자 생각으론 "아니다!"라고 말하고 싶다. 그러면 왜 월급에 만족하지 않고 또다른 돈벌이에 눈을 돌리는 것일까? 그것은 우리나라 국민의 소비성향에서 비롯된다고 본다. 대학을 갓 졸업하고 회사에 취직한 젊은이가 있다고 치자. 아마 이 젊은 직장인은 '자가용 장만하기'부터 생각할 것이다. 차를 사려면 목돈이 있어야 하는데 일단 할부로 구입해서 일을 저지르고 만다. 이렇다 보니 적은 월급에 할부금을 내고 나면 쪼들리기 마련이다.

이런 외적인 욕구가 강하다 보니 나름 대안을 생각하는 것이 바로 주식투자이다. 이곳에 전력투구를 하다 보니 근무시간에도 딴짓을 하는 것이다. 만약에 당신이 이런 부류라면 그 인생에서 별다른 비전이라든가 꿈 같은 건 없다고 보면 된다. 늘 쪼들리는 생활을 하면서 본업에 전력투구를 한다는 건 어렵기 때문이다.

신입사원들을 대상으로 특강을 할 때 꼭 당부하는 게 있다. 바로 〈90퍼센트 이론〉이다. 내가 번 돈의 90퍼센트를 닥치고 저축하라는 주문이다. 너무나 고지식하고 경우에 따라 어처구니가 없는 것처럼 보이겠지만 '인생엔 연습경기라는 것이 없다'는 것을 명심해야 하고, '인생은 대타가 없다'는 것도 명심해야 한다. '인생은 현찰이지, 외상 같은 건 없다'는 것도 상기해야 할 대목이다.

다음은 신동일 KB국민은행 대치PB센터 PB팀장의 '슈퍼리치가 되는 첫 발'이란 제목의 글 일부다. 사소하지만 강력한 슈퍼리치의 생활 습관을 보여주고 있다.

〈종잣돈은 사업 자금이나 추가 수입 창출의 마중물이 된다. 종잣돈을
모으는 방법을 예로 들면 매일 습관처럼 마시는 두세 잔의 커피를 줄여
도 매년 100~150만 원의 적지 않은 종잣돈을 마련할 수 있다. 샐러리
맨이 월급이라는 단일한 수입원을 가지고 있다면, 슈퍼리치는 자신을
대신해 돈을 벌어줄 다양한 수입처(임대료, 배당소득, 금융소득 등)를 갖고
있다. 이들도 첫 출발은 단돈 100만 원에서 시작한 경우를 많이 봤다.

'수입-지출'을 무조건 1원 이상 만드는 습관을 들이면 이는 매우 강력
한 습관이 될 수 있다. A4 한 장을 준비해서 반을 접고 왼쪽에는 수입,
오른쪽에는 지출을 꼼꼼하게 적고 하단에 합계금액을 적어보자. 수입
보다 지출이 많으면 마이너스이다. 지출 항목을 다시 한번 살펴서 불필
요하게 낭비되는 부분을 조금씩 줄여나가면 몇 달 지나지 않아 '수입-
지출'이 플러스가 된다. 드디어 '적자 인생'에서 벗어나게 되는 것이다.
새해에는 슈퍼리치의 습관과 투자스타일을 따라해보면 어떨까. 시작만
으로도 이미 슈퍼리치가 되는 길에 오른 셈이다.〉 (동아일보 발췌)

이 이야기는 당신이 가난하게 사는 건 적은 월급 때문이 아니라 소비 습
관이 문제라는 것이다. 필자는 가끔 젊은이들에게 이런 부탁을 한다. 이
젠 '주식투자'가 아니라 '지식투자'의 시대다. 당신 같은 젊은이들이 투자
종목으로 생각할 것은 '블루칩'이 아니라 '블루오션'이다. 주식투자의 고수

가 되지 말고 지식투자의 고수에 도전하라. 당신이 돈을 쫓아갈 것이 아니라, 돈이 당신을 따라오게 만들어야 한다. 다음은 '돈이 보낸 편지'라는 글의 일부이다.

〈당신은 언제나 나를 움켜쥐고는 나를 당신의 것이라고 말합니다. 그러나 당신이 나의 것이지요. 나는 아주 쉽게 당신을 지배할 수 있어요. 내 이름이 무엇이냐고요. 내 이름은 돈입니다. 우선 당신은 나를 위해서라면 죽는 것 말고는 무엇이든지 하려고 합니다. 나는 사람들에게 있어 무한히 값지며 보배로운 존재입니다.

물이 없으면 한 포기 풀도 살 수 없듯이 내가 없으면 사람은 물론 이 세상의 모든 것들이 죽고 말 것입니다. 회사도 정부도 학교도 은행도….

그렇다고 내게 신비의 능력이 있는 것도 아닙니다. 나는 내 힘으로는 아무 데도 갈 수가 없지만 이상한 사람들과 수없이 만납니다. 그들은 나 때문에 서로 인격을 무시하기도 하고 사랑하기도 하고 싸우기도 합니다. 순전히 나 때문에 말이죠.

사람에게 욕망이 없다면 난 어쩌면 아무 쓸모가 없는 존재일는지 모릅니다. 그렇지만 나는 거룩한 일을 하는 사람들이나 가난하고 굶주린 이들을 돕는 선한 사람들이나 환자들의 고통을 줄이려는 이들과도 만납니다.

나의 힘은 사실 무한하답니다. 부디 나의 노예가 되지 않도록 조심스럽고 현명하게 나를 다루십시오.〉

오늘 이 편지를 읽고 스스로 답장을 한번 해보자. 과연 당신이 보낸 편지를 읽고 돈은 또 무슨 말을 해줄지 한번 기다려보자. 중국 속담에 이런 말이 있다! '돈이면 귀신에게 맷돌을 돌리게 할 수 있다有錢能使鬼推磨'. 돈이 있으면 안 되는 일이 없다는 뜻이다. 과연 돈은 정말 그런 능력이 있을까?

행동 전략(固) — 動(행동)

당신의 우선순위를 정하라

필자가 좋아해서 서재에 비치해둔 폴 마이어의 『백만 불짜리 성공 계획』이라는 책이 있다. 그 책에는 이런 내용이 있다.

백만 불짜리 성공 계획

1. 생각을 명료하게 하라.
2. 목표 달성을 위한 계획을 세우고, 최종 시한을 정하라.
3. 인생에서 원하는 것들을 중심으로 구하라.
4. 자기 자신과 자기의 능력에 대한 최상의 확신을 키워라.
5. 장애와 비난 그리고 여건이 어떻든 또 남들이 어떻게 말하고, 생각하고, 행동하든 자신의 계획을 관철시키겠다는 집요한 결의를 품어라.

성공학 특강을 하면서 수많은 사람을 만난다. 그들이 한결같이 필자에게 하는 말이 있다. "선생님 강의를 들으면 세상을 바꿀 정도의 무엇인가가 가슴팍에 파고듭니다. 당장 성공할 수 있을 것 같은 자신감도 생깁니다. 그런데 작심삼일로 끝나는 이유는 무엇일까요?" 이럴 때마다 필자가 해주는 유일한 처방이 있다. 그 처방전에는 이런 글귀가 들어가 있다. 바로 '우선순위'이다.

이 우선순위란 무엇일까? 당신에게 간단한 문제를 내겠다. 당신이 만약 암 환자라면 다음 중 아침에 일어나서 가장 먼저 해야 할 일은 무엇인가? ①TV 보기. ②신문 읽기. ③친구에게 전화하기. ④암 치료하기. ⑤목욕하기. 답은 ④번 암 치료하기다.

우선순위란 바로 이런 원리이다. 하루는 24시간이다. 이 24시간은 누구에게나 공평하게 주어진다. 우선순위란 하루 24시간 중 당신이 가장 먼저 해야 할 일을 말한다. 그 다음에 나머지를 하면 되는 것이다. 가령 ④→①→③→②→⑤ 이런 식으로 인생에서 해야 할 목록을 순서대로 매기는 작업이 우선순위를 정하는 것이다. 대개 사람들이 인생을 살아가면서 우왕좌왕하고, 더러는 하는 일이 재미없어서 맥이 빠지는 것은 인생의 우선순위가 없기 때문이다. 그러니까 우선순위를 정하라는 것은 자신이 가장 소중하게 생각하는 것을 찾아내라는 이야기나 다름없다.

그렇다면 왜 당신은 이런 작업이 안 될까? 공짜심리 때문에 그렇다. "언젠가는 되겠지?" 하는 식으로 삶을 막연하게 대하기 때문이다. 분명히 말하지만 성공은 의도적이면서 계획적인 치밀한 도발의 결과이지, 하다가 보면 되는 것이 아니다. 가령 김연아 선수가 하루 중 가장 우선순위에 놓는 일은 피겨 스케이팅 연습일 것이다. 이 연습이 끝난 뒤에야 자신이 하고 싶은 다른 일을 할 것이다. 성공한 사람들은 시간 관리를 잘하는데 그 시간 관리의 본질이 인생의 우선순위를 정하는 일이다.

그럼 어떻게 하면 우선순위를 잘 정할 수 있을까? 〈중－순－선－집〉이라는 과정을 밟으면 된다.

첫째, 중요한 것을 찾아라

사람들이 무엇인가 행동을 도모할 때 대다수는 긴급한 것부터 하기 마련이다. 긴급한 것은 당장 하지 않으면 곤란해지기 때문에 모든 행동이 이것에 집중되어 있다. 그러나 성공적인 인생을 만드는 데는 긴급한 것보다 정말 중요한 것부터 해야 한다. 중요한 것과 긴급한 것의 차이는 여러 가지가 있지만 당장 해야 하는 건 '긴급한 것'이고, 당장 하지 않아도 되는 것은 '중요한 것'이다.

우선순위를 정할 때 가장 먼저 고려해야 하는 것은 바로 '중요함'이다. "내 인생에서 가장 중요한 것이 무엇인가?"라는 질문을 갖고 고민해야 하는 것이다. 가령 건강을 잃은 사람들은 중요한 것을 '건강 찾기'로, 회사 시험에 낙방한 사람들은 '회사 들어가기'로 말이다.

둘째, 순서를 매겨라

그런데 중요한 것을 찾다보면 여러 가지가 나올 수 있다. 신이 아닌 이상 "딱 이것이다"라고 정하는 게 무척 어렵다. 이럴 땐 전문 용어로 '넘버링Numbering'을 해보면 용이하다. 당신이 중요하다고 생각하는 것을 약 10가지 정도 리스트업을 해라. 그 다음엔 중요함의 정도를 정해 순서를 매겨라. 이렇게 해서 7가지 정도의 순서를 매겨라.

셋째, 선택하라

선택은 버리는 작업이다. 가령 당신 앞에 얼짱 아가씨와 몸짱 아가씨가 있다고 치자. 그런데 그중 한 사람만 골라야 하는 상황이다. 이럴 땐 과감히 한 사람만 골라야 한다. 대개 모든 사람이 이 대목에서 고민을 많이 한다. 그러나 요즘 스마트폰 광고처럼 "하면서" "하면서" "하면서" 동시다발적으로 선택할 수는 없다. 바로 이것이 선택이 주는 매력이다.

넷째, 집중하라

이렇게 해서 인생에서 가장 소중한 한 가지를 정했다. 그 다음에 해야 할 일이 있다. 그것에 집중하는 것이다. 〈중요성→순서→선택〉이란 검증 과정을 거쳤기 때문에 당신이 그것에 집중하는 데 무리가 없을 것이다.

〈그렇다면 우리는 어떻게 해야 할까. 세계적인 동기부여 전문가 대니얼 핑크는 남이 아니라 '어제의 나'와 자신을 비교하라고 충고한다. 남보다 잘하려 하지 말고 전보다 잘하려 노력하란 뜻이다. 비교의 대상을 내

안에 둘 경우 자신의 재능을 찾아 비전으로 다가가는 삶을 살 수 있다. 행복한 삶은 나를 신나게 하는 일을 찾아 그것을 재미있게 하면서 살아가는 것이다. 그렇게 하다 보면 로빈슨이 이야기한 대로 재미와 열정이 만나는 교차점에서 위대한 반전과 도약의 기회를 찾을 수 있다.〉(동아일보 발췌)

"당신이 '지금'만 생각하고 살면 만사가 편하다. 하지만 20년, 30년 후를 생각하며 살면 미래 역시 편안해진다. 당신이 미래에 어떤 모습으로 살고 싶은지를 생각한 다음 그 목표를 이루기 위해 오늘 할 수 있는 일을 구체적으로 설정하자." 야마모토 노리아키의 이야기다.

'인생은 속도가 아니라 방향이다.' 아직도 인생의 방향타를 잡지 못하였으면 여유를 갖고 심사숙고해야 한다. 인생은 그냥 가는 것이 아니라 전략과 전술을 갖고 가야만 하는 것이기 때문이다. 오늘 〈중 – 순 – 선 – 집〉이란 네 박자를 밟아보자.

행동 전략(固) ─ 動(행동)

당신에게 명함을 뺏으면
무엇이 남는가

필자는 가방에 명함을 많이 넣고 다닌다. 강의장 아니면 사람을 만나는 곳에서 가능한 한 명함을 많이 전달하기 위해서이다. 명함으로 고객과 소통을 하고, 필자가 강사라는 것을 알릴 수 있고, 나아가 이를 통해 지금 하는 일을 확장할 수 있기 때문이다. 그런데 보통 직장인들은 명함을 그렇게까지 소중히 여기지 않는 것 같다.

대개 직장인들이 착각을 하는 게 하나 있다. 자기 명함에 찍힌 부서명이라든가 직책 등이 영원할 거라는 것이다. 가령 당신 명함에 '인사부장 김철수'라고 찍혀 있다고 치자. 그런데 그 직함이 영원히 가는 것일까? 절대로 그렇지 않다. 당신이 누구를 만나서 가장 먼저 내미는 건 명함이다. 그 명함에 상무보다 전무, 전무보다 사장이라고 적혀 있으면 그 명함의 값어치는 훨씬 더 나아간다. "나는 이런 회사에 다닌다!"라는 문장을 다르게 해석하면 이렇다. "나는 약발이 먹히는 명함이 있다!"이다. 그런데 직장인들은 명함이 주는 파워라든가 후광, 부가가치에 대해 잘 이해를 못하는 것 같다. 이렇게 생각을 해보자.

당신이 지금 다니는 회사를 퇴직했거나 아니면 그 회사에서 퇴출을 당했다고 치자. 그러면 그동안 갖고 있던 명함을 계속 쓸 수 있을까? 물론 그럴 수 없다. 이 이야기를 좀더 확장해보자. 당신한테서 명함 말고 당신을 나타낼 수 있는 아이템이 있는가? 아마 없을 것이다. 그런데 그 명함을 누가 만들어주는가? 바로 당신이 다니는 회사다. 얼마나 고마운 일인가? 그것도 공짜로 만들어준다.

당신이 일하는 부서가 실적 부진으로 조직 개편이 되어 회사 조직도에서 없어졌다고 치자. 그렇다면 당신이 갖고 있는 명함은 그 명분을 유지할까? 물론 할 수 없다. 이런 식으로 이야기를 확장해가면 명함이라는 것은 그냥 종이가 아니라 이 세상에서 나를 유일하게 알릴 수 있는, 즉 "나는 무엇이다"라고 정체성을 보여주는 유일한 수단이다.

결국 이 이야기는 당신이 뭐 대단한 존재 같지만 아니라는 것이다. 당신의 '정체성'은 당신이 다니는 회사가 있어야 하고, 당신이 하고 있는 일이 있어야 한다는 말이다. 그런데 그 일과 일터는 누가 만들어주는가? 당신이 다니는 회사 CEO가 해주는 것이다. 이 말을 아주 심하게 풀어서 말하면 당신한테서 그 명함을 뺏으면 당신은 아무것도 아닌 존재가 된다는 것이다. 당신의 정체성이 없어지는 셈이다.

그렇다면 당신이 명함을 유지하고, 그 명함에 적혀 있는 직책을 지속적으로 바꾸어가려면 어떻게 해야 할까? 일차적으로는 당신이 다니는 회사가 생존해야 한다. 그러려면 당신이 그 회사에 기여를 해야 한다. 다음엔 당신이 하는 일을 꼭 잡고 있어야 한다. 그러자면 그 일을 그 누구보다도 잘해내야 할 것이다. 만약에 당신이 하는 일에 대한 대체재가 있다면 그건 큰일이 아닐 수 없다. 명함은 이런 속성을 갖고 있다.

지금 체크해보자. 당신은 그 명함을 갖고 있을 만한 '부가가치'를 내는지 말이다. 그렇지 못하다면 미안하다는 생각을 해야 한다. 명함에 쓰여 있는 회사 이름에 누를 끼치면 안 된다. 그 명함은 아무나 갖고 있는 게 아니다. 다시 말하지만 당신한테서 명함을 뺏으면 당신은 아무것도 아니다. 물론 당신은 이런 것을 인정하지 않으려 할 것이다. 그러나 김철수란 정체성은 그냥 만들어지는 게 아니라 '○○○ 회사' 첨부 사항이 따라주지 않으면 당신은 아무것도 아니다.

당신의 명함을 신주단지 모시듯 해라! 그리고 그 명함을 빼앗기지 마라! 명함은 한갓 종이가 아니라 바로 당신 자신이다.

행동 전략(固) — 動(행동)

당신의 일의 양을 체크하라

강의장에서 참가자들에게 자주 던지는 질문이 있다. 다소 엉뚱한 질문인데 이렇다. "여러분! 일이 많으면 좋습니까? 아니면 적으면 좋습니까?" 이 질문을 던지면 이삼십 대 직장인들은 "일이 적었으면 한다!"고 답하고, 사오십 대 직장인들은 그래도 "일이 많았으면 한다"고 답을 한다. 인생의 가치관에 따라 다르게 이야기하겠지만, 대개 직장인들은 일이 많은 것을 싫어한다. 일에 대한 생각이 '일=노동'으로 고착되어 있기 때문이다.

그렇다면 필자는 이 중 어느 쪽일까? 거두절미하고 '일이 많은 쪽'이다. 이렇게 생각하는 건 일을 해서 돈을 벌기 때문이다. 여기서 일이란 강의를 말하는데 이것으로 돈을 벌어서 가족을 부양하기 때문이다. 이렇게 이야기를 하면 사람들은 "그건 당신 사정이고 난 달라!"라면서 반박을 할 수도 있을 것이다. 그런데 그건 철(?)없는 생각이다.

10여 년 전 IMF가 막 터져서 각 기업들에 구조조정 바람이 강하게 불 때이다. 이때 모든 직장인에게 가장 소중했던 것이 무엇이었을까? 바로 일이었다. 그런데 아이러니하게도 요즘의 직장인들은 일을 싫어한다는 것이다. 왜 이런 현상이 일어나는 것일까?

직장인에게 일이 많은 것보다 더 힘든 게 하나 있다. 자신이 하던 일을 남에게 빼앗기는 것이다. 대개 바로 보직을 받지 못하거나 능력이 없어 자신의 일을 남이 하는 경우다. 프로축구 선수로 따지면 자신만의 고정된 포지션이 없는 것이다. 벤치에 앉아 있는 프로선수를 보면 이해가 될 것이다.

필자도 구조조정을 당해 1년 동안 보직 없이 회사를 다닌 적이 있다. 물론 처음엔 일이 없어서 편했지만 그건 보름을 넘기기가 어려웠다. 일이 없으면 과제도 없고 고민도 없어서 천국 같겠지만 그것도 하루 이틀이다. 일이 없으면 하루 종일 멍 때리고 있어야 한다. 컴퓨터를 만지작거리는 것도 한계가 있다. 매일 그런 식으로 산다고 생각해보아라. 실제로 필자는 일 없이 1년을 버틴 적이 있다. 정말 기가 막히는 시간이었다. 일이 적으면 좋겠다고 생각한 이들은 자신의 일을 빼앗겨보면 안다. 일이 얼마나 소중한지를 말이다.

필자의 한 후배 K는 요즘 볼멘소리를 자주 한다. 자신이 다니던 회사가 제법 큰 대기업으로 병합이 되었다. 그런데 큰 회사가 되어서 좋기는 한데 문제가 있었다. 야근을 밥 먹듯이 하는 것이다. 이 기간이 무려 6개월이나 지속되었다. 어느 날 후배가 이런 이야기를 했다. "회사를 옮겨야 할 것 같아요. 이건 사는 게 사는 게 아닙니다. 죽을 것 같아요."

그 후배의 사정과 여건을 모르는 것은 아니지만 이렇게 답을 했다. "김 팀장! 자네 회사가 왜 합병을 당한 것으로 생각하나? 회사에 일이 없기 때문이지. 회사에 일이 없다 보니 매출이 줄었을 것이고, 매출이 줄면 수익은 당연히 없었을 것이다. 수익이 없으면 회사는 문을 닫아야 하는 것 아니냐!" 후배가 다니던 그 회사는 동종업계에서 하위권에 머물던 회사였다. 이렇다 보니 정시 출근, 정시 퇴근이 보장되었던 것이다. 이런 회사 풍토에 익숙해져 있다가 앞서 가는 조직의 문화를 받아들여야 하는 게 너무 힘이 들었던 것이다.

이 말은 들은 후배는 고개를 끄덕이면서 아무 말도 하지 못했다. 이런 논리는 당신에게도 적용이 된다. 당신은 일을 좋아하는 편인가 아니면 일을 좋아하지 않는 편인가? 일을 좋아하지 않는 편이라면 그건 큰 문제가 아닐 수 없다. 이건 축구 선수가 축구공을 좋아하지 않는 격이고, 음식점 홀에서 음식을 서빙하는 이가 손님을 보면 지긋지긋해하는 격이다. 어쩌면 성공자와 실패자의 간극엔 이런 것이 있는지도 모를 일이다.

〈슈워츠먼 회장은 월가의 소문난 일벌레다. 만 65세인데도 그는 기자를 만나자마자 "지금도 나는 매일 최소 14시간은 일한다. 오전 5시 30분에 일어나 밤 12~1시에 취침한다"고 했다. 그는 인터뷰 도중 "성공에 대한 강한 열정powerful drive for success과 추진력, 행운이 중요하다. 덕분에 지금 자리에 설 수 있었다"고 여러 번 강조했다. 4~5년 전까지 그의 기상 시간은 오전 4시 30분~5시였다. 이런 노력과 근성은 예일대와 하버드대 비즈니스스쿨을 거쳐 리먼브라더스에 입사한 그가 6년 만인 1978년 파트너로 승진하고, 1985년 대선배인 피터 피터슨과 40만 달러(약 4억 5,000만 원)의 종잣돈을 갖고 블랙스톤을 창업해 세계적 거물이 된 '비결'이다.〉 (조선일보 발췌)

하루 중 다소 한가한 시간을 내어 냉정하게 당신의 일의 양을 체크해보아라! 수행해내는 일이 적다면 그건 당신이 조직의 '주전'이 아니라 '후보' 아니면 '보조'라고 보면 된다. 또한 당신이 일하는 부서가 일찍 퇴근하는 부서면 핵심부서가 아니라고 생각하면 된다. 반면에 해야 할 일이 산더미처럼 많고 집에까지 갖고 가서 할 정도로 일이 많다면 당신은 팀의 주전이라고 생각하라! 더욱이 부서가 야근을 자주 하면 당신은 쾌재를 불러야 하고 그 리더에게 감사해야 한다. 그 부서는 핵심부서이고 그 부서장은 언젠가는 중역의 반열에 오를 것이다. 결국 당신의 부서는 스타를 양성하는 '스타군단'이라고 보면 된다.

〈"개처럼 일한다"고 불평하는 소리를 많이 들어봤을 것이다. 혹은 직장에서 출세하려면 "개처럼 일해야 한다"는 말을 들어봤을 것이다. 이 말은, 출세하려면 열심히 장시간 동안 일할 각오가 되어 있어야 한다는 뜻이다. 개처럼 일한다는 것은 웃음이나 재미라고는 전혀 없이 지루할 만큼 그저 열심히 일만 하라는 뜻으로 보인다.

그러나 지금부터는 "개처럼 일한다"는 말을 하기 전에 당신의 개가 실제로 하루를 어떻게 보내는지 잠시 생각해보라. 그들은 헌신적인 정신, 충성심과 자제심, 감수성, 애정으로 일할 뿐 아니라 즐거움과 열정, 행복감으로 일을 한다. 개에게는 주변의 풍경, 냄새, 사소한 움직임까지 모든 것이 흥미롭다. 개에게는 따분한 것이 없다. 개에게는 다른 생물과의 상호작용이 모두 그 나름대로 재미있다. 개는 너무도 많은 것들에게서 재미를 느낀다. 당신이 직장에서 개처럼 일한다면, 다른 사람들이 당신의 존재에서 바로 그렇게 느낄 것이다.〉(매트 웨인스타인, 『개처럼 일하라』 발췌)

오늘도 야근하고 있는 당신! 당신이야말로 회사의 주전이고, 미래의 〈직職뚝이〉다. 일하는 당신! 나아가 야근하는 당신! 당신을 사랑하라! 당신의 일이 당신을 만든다.

행동 전략(固) — 動(행동)

이젠 놀아도
일터에서 놀아라

대학을 졸업하고 직장에 들어선 필자는 큰 고민에 빠진 적이 있었다. '다니고 있는 회사를 때려치우고 다른 길을 갈 것인가?' 이런 고민이 한 1년 남짓 지속되었는데 가장 큰 이유는 회사의 문화, 즉 사풍 때문이었다.

아주 보수적인 일터문화를 보유한 그 회사는 정시 퇴근이라는 것이 거의 없었다. 뿐만 아니라 일요일에도 출근하는 그런 회사였다. 회사라는 곳이 일하는 곳이라는 걸 모른 것은 아니지만 형식적으로 상사 눈치를 보면서 야근을 하고, 쓸데없이 일요일에도 출근하는 것이 너무나 못마땅했다. 더욱이 1박 2일 출장을 다녀올 때도 가능한 한 회사에 들어왔다가 퇴근을 하는 건 도저히 용납이 안 됐다. 지금으로부터 30여 전 일이니까 웬만한 회사는 다 그랬던 것 같다.

고민 끝에 내린 결론은 "그래! 절이 싫으면 중이 떠나는 수밖에…"였다. 그런데 당시 더욱 힘들게 하는 것이 하나 더 있었다. 같이 입사한 동기가 90여 명에 달했는데 그 친구들은 이런 문화적 충격을 나름 잘 소화해서 자기화하거나 아니면 잘 이겨내는 것 같았다. "왜 나만 이럴까?" 하는 자괴감에 더 힘이 들었다. "나는 조직생활이 맞질 않는가?" 할 정도로 심한 자책에 빠지기도 했다.

입사 동기 중에 K라는 동기가 무척이나 부러웠다. K는 동기들 중에서 이런 조직 문화에 가장 잘 적응해갔다. 때론 그 친구의 행동거지가 너무나 얄밉기도 했다. 그는 정시에 퇴근하는 법이 없었다. 심지어 예비군 훈련을 마치고도 사무실에 들어와서 밀린 업무를 마치고 퇴근하거나 동료들과 회식을 하는 식으로 잘 어울려갔다. 물론 필자는 그 동기와는 완전 딴판으로 조직생활을 했다. 말하자면 그는 놀아도 회사에서 놀고, 필자는 노는 건 밖에서 놀았던 것이다.

입사해서 3년쯤 지나자 그 차이는 확연히 드러났다. 대개 대기업은 다음과 같은 승진 체계를 갖고 있다. 신입사원→중견사원→대리→과장→차장→부장→상무이사→전무→부사장→사장. 각 계층별 승진연한은 보통 3~5년이다. 필자가 일터를 무시하고 밖을 동경하고, 일터보다는 가정을 챙기는 것을 좋아하게 될 즈음 첫 승진인사가 발표됐다. 큰 충격이 아닐 수 없었다.

필자가 미워하고 질투하던 K가 입사동기 90여 명 중 유일하게 먼저 대리로 승진한 것이다. 나머지 동기들은 그를 부러워하게 되었고, 그 친구는 승승장구하며 가장 먼저 중역의 자리에 골인해 지금도 당당하게 일을 하고 있다. 물론 그를 질투하거나 무시했던 다른 동기들은 자의 반 타의 반으로 퇴사했다.

강의 중 만난 한 국책연구원 원장의 이야기다.

〈저희 연구원에 외국에서 근무하다 초빙되어 온 교포연구원들이 더러 있습니다. 이들은 하나같이 정시 출근과 정시 퇴근을 합니다. 그런데 이들이 간혹 밤 10시까지 일을 하다 갈 때가 있습니다. 모처럼 야근을 하고 가는데 그때까지도 주차장의 차가 하나도 빠져나가지 않았다는 걸 보고는 놀라움을 금치 못합니다. 미국에서는 있을 수 없는 일이라면서 말이죠. 우리나라가 세계적인 나라로 성장하는 데 바로 이런 풍토가 큰 영향을 미치지 않았나 합니다. 저희로선 좀 부끄럽기도 하고 뿌듯하기도 합니다.〉

지금 되돌아보면 필자는 당시 큰 실수(?)를 한 셈이었다. 이런 큰 홍역을 치른 뒤 일터에 대한 생각과 태도는 180도 변했다. 그 뒤로는 정신을 차리고 가능하면 일터에서 잔류시간을 늘리려고 안간힘을 다했다. 당신은 듣기에 따라 거북할 수도 있을 것이다. 그러나 이런 현실적인 이야기는 교과서에 나오질 않는다.

그 뒤 조직에서 성공하는 이들의 공통점 하나를 알게 되었다. 약 10년 전 교육장에서 알게 된 교육담당자는 대기업에서 중역의 반열에 오른 이들은 한결같이 회사를 운동장으로 생각하고 놀았다는 이야기를 들려주었다. 물론 그들이 꼭 회사에서만 논 것은 아니지만 회사를 놀이터로 생각한 것은 분명한 것 같다.

〈인생은 '하루들의 집합'이다. 하루를 장악하지 못하면 인생이 날아간다는 뜻이다. 하루를 결정하는 것은 바로 습관이다. 좋은 습관이 몇 분, 몇 시간만 잡아주어도 하루는 아주 건강해진다. 무엇이든 매일 하면 위대해질 수 있다.〉 (오오하시 에츠오, 『계속모드』 발췌)

이젠 놀아도 당신의 일터에서 놀아라!

행동 전략(固) — 動(행동)

사는 대로 생각한다

새해를 맞이하면 누구나 비전을 정립하고 희망 가득한 무엇인가를 도모한다. 그런데 한 열흘만 지나면 어김없이 성공을 가로막는 사자성어가 나타난다. 바로 '작심삼일'이다. 아마 젊은 직장인들이 가장 싫어하는 단어일 것이다. 필자가 이 작심삼일을 타파하는 운동을 하나 소개하겠다. 그 이름은 〈새마음 운동〉이다. 〈새마을 운동〉이 아니다.

고故 이주일 씨가 폐암으로 투병을 할 때의 일이다. 이주일 씨는 이미 사망선고를 받은 후 국립암센터에서 인생의 막바지를 힘들게 보내고 있었다. 모처럼 후배 개그맨들이 병상에 있는 그를 병문안 왔다. 후배들은 암으로 고통받고 있는 그를 진심으로 위로하고 말동무도 해주었다.

그러던 중 한 후배가 그에게 이렇게 물었다. "선배님, 지금 가장 하고 싶은 게 무엇이세요?" 그는 한참 동안 머뭇거리더니 이렇게 답했다. "사실은 좀더 살고 싶어!" 이 말에 병실 안은 이내 눈물바다가 되고 말았다. 그에게 가장 절실한 것, 그것은 '더 살아야겠다'는 생존에 대한 의지였다.

인생이란 게 이런 것 같다. 누구나 새해가 되면 다짐을 한다. 금연을 해야지, 금주를 해야지, 운동을 해야지, 저축을 해야지, 다이어트를 해야지 하면서 의지를 불사르지만 이런 막연한 목표들은 이내 물거품이 되고 만다. 그래서 결국 매년 똑같은 것을 반복하게 되는 것이다. 이주일 씨 역시 똑같은 생각을 했을 것이다.

다음은 중앙일보 노재현 논설위원의 글이다.

〈'생각하는 대로 살지 않으면 사는 대로 생각하게 된다'. 프랑스 시인 폴 발레리의 말을 새삼 되새기게 되는 연말이다. 새해 달력을 챙기고, 내년치 수첩도 새로 구해 식구들 생일이나 각종 아이디·비밀번호, 은행 계좌번호 따위를 틈틈이 옮겨 적고 있다. 나는 과연 생각하는 대로 살아왔는가. 아니면 사는 대로 생각해왔는가. 연초부터 지금까지 온갖 메모로 빽빽해진 올해 수첩을 보면 그저 휘둘리며 살았을 뿐 나 스스로의 생각대로 신선하게 지낸 날은 얼마 되지 않는 것 같다.

대학 시절 성경을 읽다가 눈에 꽂혀 자계自戒의 문구로 삼은 구절이 있다. '개가 그 토한 것을 도로 먹는 것같이 어리석은 자는 그 어리석은 짓을 거듭 행하느니라'(잠언 26장 11절). 무언가 목표를 세워도 대부분 작심삼일作心三日로 끝나고, 나쁜 습관은 반대로 고칠 줄을 모르는 자신에 대한 경계였다. 그러나 수십 년 세월이 흘렀어도 '토한 것을 도로 먹는' 한심한 행태는 개선될 기미가 없다. 이제는 성경 구절의 효용이 자계인지 자조自嘲에 있는지 헷갈릴 지경이다. 흡연 습관만 해도 그렇다. 매년 1월 1일 금연 결심을 했다가 곧 무너지고, 이어서 설날, 내 생일, 무슨 기념일 하는 식으로 퇴각만 거듭하다 한 해가 저문다. 어쩌다 석 달간 금연한 적이 있지만 100일을 못 채우고 동굴에서 뛰쳐나간 의지 약한 호랑이 꼬락서니이긴 마찬가지다.〉

그렇다면 새해 아침에 옹골차게 의지를 다졌는데도 왜 자꾸 작심삼일의 길을 가는 것일까? 구체적인 목표가 없기 때문이다. 목표부재다. 구체적이고 실현 가능한 목표가 설정되지 않았기 때문이다.

가령 재테크를 예로 들어보겠다. "올해엔 목돈을 만들어야지"라고 생각만 할 뿐 세부 계획이 없다 보니 자꾸 실천을 미루게 되고, 결국 돈이 여기저기 새어나가기 마련이다. 설정한 목표가 너무 높거나 큰 것도 문제이다. 목표가 아주 작아도 문제가 될 수 있지만 실현 불가능한 목표가 가장 큰 문제가 아닐 수 없다.

그렇다면 작심을 실천으로 바꿀 수 있는 작심삼일 타파법은 없을까?

물론 있다. 이름 하여 〈작심 고정법〉이다. 지금부터 〈작심 고정법〉 5박자를 소개하겠다.

첫째, 들이대라

어느 TV 방송에 한 의대 교수가 나와 특강을 한 적이 있다. 이 교수는 50대에 들어 외국어 공부를 시작해서 4개 국어 달인이 되었는데 그 비결을 재미있게 설명했다. 그 교수는 '작심삼일'을 '작심고정'으로 만드는 왕도는 바로 꾸준함이라고 강조했다. 주변에서 누가 뭐라고 하든 큰 부담을 갖지 말고 자기 페이스대로 매일 꾸준히 하라는 조언이었다. 꾸준함을 지키기 위해선 '일단 들이대!'라는 것이었다.

둘째, 절실함으로 무장하라

당신의 마음을 옹골찬 행동으로 바꾸는 길은 절실함에 있다. 가령 당신이 지난 연말 신체검사를 받은 뒤 지방간이란 판정을 받았다고 치자. 그런데 당신은 매일 소주 한 병에 담배 한 갑을 피우는 애주가이자 애연가이다. 과연 당신은 어떤 행동을 취할까? 바로 금주와 금연에 들어갈 것이다. 왜 이런 행동의 변화가 따를까? 그러지 않으면 얼마 안 있어 간암으로 변할 수 있기 때문이다. 사람은 누구나 절실할 때 행동을 바꾸기 마련이다. 당신이 생각대로 못하는 건 절실함이 없어서지 못난(?) 사람이라서가 아니다.

셋째, 〈3다〉를 해보라

〈3다〉는 〈본다→한다→된다〉의 3박자를 말한다. 이 〈3다〉를 영업사원에게 강연할 때 주문처럼 외우라고 강조한다. 이렇게 말이다. "본다!! 한다!! 된다!!!" 가령 다이어트를 하고 싶으면 날씬한 몸매를 가진 여배우나, 복부에 식스팩이 새겨진 남자 연예인 사진을 붙여두어라. 사람은 이렇게 무엇인가 보면 자극을 받아 무엇인가 하게 되고, 무엇인가 하게 되면 그것은 꼭 이루어진다. 이 〈3다〉 전략은 마치 미신처럼 믿는 성공 노하우 중하나이다. 지금 당장 샤우팅 〈3다〉를 해봐라.

넷째, 〈열-노-인〉은 기본이다

〈열-노-인〉은 열정, 노력 그리고 인내를 말한다. 세계 최고의 기업 GE의 CEO였던 잭 웰치의 말이다. "이 세상에 노력과 인내 그리고 열정 없이 이루어지는 건 아무것도 없다!" 필자는 열, 노, 인을 성취를 위한 등록금이라고 말한다. 당신 인생에 이것을 지불하지 않고 성취를 얻을 수 없다. 빠른 성공이나 성취를 원한다면 등록금을 제때 지불해야 한다. 세상은 지불한 만큼 결실을 준다.

다섯째, 수치화를 해라

수치화란 무엇인가를 성취했을 때 그것을 기록화하는 것이다. A4 용지도 좋고 작은 수첩도 좋다. 자신이 이룬 작은 성취를 수치로 나타내보라. 필자는 출강이나 방송 출연 등을 수치화한다. 수치화된 기록은 자신감을 주고 좀더 나아갈 수 있는 원동력을 마련해주기 때문이다. 어떤 이들은 이런 말을 하면 자신은 수치화할 것이 없다고 말하는데 이건 변명에 불과하다. 무엇이든지 수치화해가라!

후루이치 유키오의 『1일 30분』에 이런 말이 나온다. "수첩에 목표를 기록하여 가지고 다니면 목표의 실현 속도가 빨라진다. 목표를 매일 반복해서 읽으면 무의식에 변화가 생기고, 무의식이 변하면 행동이 바뀐다. 그리고 행동이 바뀌면 결과가 달라진다."

지금 작심삼일의 길을 걷고 있다면 〈작심고정〉 5박자를 밟아보아라! 물론 힘이 들 것이다. "대나무의 일종인 모죽은 씨를 뿌린 지 5년 동안 싹을 틔우지 않지만 죽순이 나오기 시작하면 하루에 최대 70~80센티씩 자라 1년 만에 거대한 나무가 된다." 바로 모죽론이다. 성공은 이렇게 힘이 드는 작업이다. 이런 노력 없이 성공을 거저 먹으려면 그건 아주 어리석은 사람이다.

행동 전략(固) — 動(행동)

베이스캠프를
단단히 구축하라

이 세상에서 가장 높은 산은 에베레스트다. 그래서 에베레스트는 정상이란 의미의 대명사로 자주 쓰인다. 에베레스트를 처음 정복한 이는 힐러리 경이다. 그가 8,848미터에 달하는 정상에 오른 건 1953년이었다. 그가 정상에 오르는 데는 약 40여 명의 셀파와 700명에 달하는 포터의 도움을 받았다고 한다. 아마 산악장비 등이 열악한 상태다 보니 사람의 도움이 많이 필요했던 모양이다.

필자의 지인이 해준 이야기다. 그런데 최근 들어 에베레스트 등정에 성공하는 확률이 훨씬 높아졌다고 한다. 왜 그럴까? 등정에 필요한 첨단장비라든가 등정에 오른 이들의 경험이나 지식 등 정보가 잘 축적되었을 수도 있을 것이다. 그동안 과학 문명의 발달로 정상 도전 여건이 좋아져서 성공률이 높아졌다는 것이다. 그러나 결정적인 요인은 베이스캠프의 위치가 6,000미터까지 올라갔기 때문이라고 한다.

대개 알피니스트들이 에베레스트를 오르기 위해 약 4,000미터 근처에 베이스캠프를 치는데, 이게 첨단 기술 등의 영향으로 6,000미터까지 올라간 것이라고 한다. 쉽게 말해 애시 당초 원정대가 정상 가까이에서 출발하는 셈이다. 결국 정상으로 가는 거리가 짧아진 것이다. 여하튼 에베레스트 등정을 하는 알피니스트는 정상에 도전하기 전에 꼭 베이스캠프를 친다.

당신이 인생이란 산의 정상에 오르려면 꼭 해야 할 것이 있다. 산악인처럼 베이스캠프를 설치하는 일이다. 정상에 노크를 하는 일은 죽음을 부르는 일이나 다름없다. 그렇다면 베이스캠프라는 것은 무엇을 의미하는가? 당신이 직장인이라면 그것은 회사일 것이고, 작게 보면 일하는 부서일 것이다. 이것이 당신에겐 베이스캠프인 것이다.

그런데 이 대목에서 중요한 것이 있다. 베이스캠프엔 원정대장이 있다는 사실이다. 정상을 향해 도전하는 산악인들은 베이스캠프에 있는 원정대장의 말을 철두철미하게 듣고 그가 하라는 대로 한다. 그가 아침저녁으로 한결같이 부르짖는 암호가 있다. 필자는 이것을 〈SSKK〉라고 부른다. 무슨 말일까? "시키면 시키는 대로 하고 까라면 까는 것"이다. 그렇다면 원정대원들은 왜 그의 말을 잘 따르는 것일까? 그가 그 분야의 베테랑이기 때문이다. 그리고 그가 정상으로 가는 모든 상황을 어느 누구보다 잘 알고 있기 때문이다.

당신이 일하는 일터도 마찬가지이다. 인생의 에베레스트에 도전한 당신에게도 베이스캠프가 있고 그곳엔 원정대장이 있다. 그 대장은 바로 당신의 상사다. 정상에 도전하려면 그의 말에 군말 없이 "SSKK!" 해야 한다. 물론 그가 개척한 길을 가지 않고 새로운 루트, 즉 마이 웨이를 갈 수도 있을 것이다. 그건 당신의 선택이다.

대학을 다닐 때 남다른 야망을 가진 친구들이 있었다. 사법고시, 외무고시, 행정고시, 공인회계사 등에 도전하는 이들이다. 이름 하여 고시족. 이들은 야망을 위해 로보트 태권V처럼 철저하게 변신을 도모한다. 이들이 평범한 대학생에서 고시족으로 변하기 위해 가장 먼저 시도하는 건 고시반에 등록을 하는 일이다. 그것도 말처럼 쉬운 일은 아니라서 나름 사력을 다해 들어가려고 노력한다. 왜냐면 그곳엔 원정대장이 있고, 원정대에선 정상 등정에 성공한 이들이 꼭 배출되기 때문이다. 아울러 이들이 닦아놓은 정상 루트들이 여러 개 있어 그것을 따라가려고 하는 것이다. 이런 게 바로 베이스캠프가 주는 큰 이점이자 매력인 것이다.

그렇다면 베이스캠프를 단단하게 구축하려면 무엇을 해야 할까?

첫째, 룰을 지켜라
〈영국왕 찰스2세가 웨스트민스터 스쿨을 방문한 적이 있었다. 교실을 안내하며 다니는 버즈미 교장은 모자를 쓴 채 의젓하게 걸었는데 그 뒤를 따라다니는 폐하께서는 모자를 벗어 겨드랑이에 끼고 공손히 걷고 있었다. 그러다가 폐하가 떠나게 되자 교장은 문가에서 깍듯이 사과하는 것이었다. "폐하, 신의 불경을 용서하옵소서. 하오나 이 나라에 신보다도 위대한 사람이 있다고 학생들이 생각하게 돼서는 그들을 다스려 나갈 수가 없사옵나이다."〉(한국경제 발췌)

가장 중요한 것은 당신이 그 원정대 캠프의 대원이라는 사실을 명심하는 것이다. 대원이 됐으면 우선 그 캠프의 룰을 잘 준수해야 한다. 이것이 싫으면 캠프를 떠나면 된다.

둘째, 손과 발이 되어라

원정대원들의 손과 발이 되어주어야 한다. 원정대장은 원정대원 중에서 성실하고 실력이 있고 도전 당일 컨디션이 좋은 대원을 정상 등정에 보낸다. 그가 최종 도전자를 그냥 감으로 선발하는 건 아니다. 꾸준한 관찰과 데이터를 종합하여 선발대를 보내는 것이다. 그러자면 당신이 '조직 중심형' 대원이란 것을 보여주어야 한다. 요즘 직장에 다니는 젊은이들이 가장 싫어하는 게 이 점이다.

셋째, 리더의 사람이 돼라

원정대장 사람이 돼라! 당장은 선발대에 들지 못하더라도 그의 사람이 되도록 노력을 아끼지 말아야 한다. 그러자면 그의 일거수일투족을 '배움의 장'으로 생각하고 행동하라! 어느덧 당신도 대장 같은 모습으로 성장하게 될 것이다.

이렇게 당신이 캠프에서 3박자를 갖추면 정상으로 가는 베이스캠프는 어머니의 품 같은 곳으로 변해갈 것이다. 이렇게 되면 그곳이 당신의 안방처럼 편해질 것이다. 그러면 언젠가 그 베이스캠프의 도움을 받아 정상에 우뚝 설 것이다. 베이스캠프는 '만드는 것'이지 '만들어지는 것'이 아니다. 만드는 건 바로 당신이 할 일이다.

행동 전략(固) — 動(행동)

회사는 '미친 사람'을 좋아한다

이런 우스갯소리가 있다. "삼성그룹에서 상무가 되면 평생을 먹고살게 되고, 전무가 되면 2대까지, 부사장 이상이 되면 평생을 먹고산다." 다소 과장되고 듣기엔 거북스러울 수도 있지만 직장인에겐 시사하는 점이 있다. 보통 직장인이라면 28세쯤에 직장에 들어와 50세 정도가 되면 회사를 나가게 된다. 경제활동을 하는 기간(경제 수명)이 한 20년 정도밖에 되질 않는다는 얘기다. 즉, 50세 정도가 되면 하나의 터닝 포인트를 잡게 되는데 이는 대략 세 가지의 길로 나뉜다.

첫째, CEO의 길

이 길은 회사에서 중역이 되는 길이다. 만약 당신이 지금 다니는 회사에 20년 전 동기생 100명과 함께 입사를 했다고 치자. 동기생 100명 중

약 3퍼센트 정도가 이 '중역의 길'로 접어들고 나머지 97명은 도중에 퇴사하거나 50세 전후에 정년퇴직을 하게 된다.

그런데 '중역의 길'을 가는 이들은 상무이사→전무이사→부사장→사장, 즉 CEO로 부단히 진화를 하려고 노력을 한다. 물론 다 정상으로 가는 것은 아니다. 이 중에서도 약 0.1퍼센트 정도가 CEO라는 정상에 오르게 된다. 이들은 자신이 하는 일을 천직으로 생각하고 심신을 올인하는 이들이다. 이들은 "과연 나는 이 일로 성공할 수 있을까?"라는 쓸데없는 생각은 안 한다. 자신의 일이 축복이라는 관점으로 삶을 살아간다.

우리는 이런 이들을 일에 미친 놈(?)이라고 부른다. 365일 24시간 내내 자신이 하는 일과 조직이 우선인 사람이다. 이렇다 보니 이들에게 휴가 같은 게 있을 리가 없다. 당신 곁에 있는 이들, 특히 CEO를 존경하고 이들을 삶의 랜드마크로 삼아라. 이들은 존경받아 마땅한 사람이다.

둘째, Expert의 길

명실 공히 전문가의 길이다. 즉, 자신이 하는 일을 확대 재생산해서 파생직업을 만들거나 한 분야의 전문가가 되는 로드맵이다. 이런 점에서 본다면 필자도 이 길을 밟은 사람이다. 이들은 재직 시절에 뭔가 좀 다른 구석이 있다. 자신이 하는 일에 미쳐 있고, 나아가 자신을 상품으로 만들어 팔려는 꼼수가 있다. 이들은 '나=?', 즉 나를 브랜드로 생각하는 경향이 크다.

당신 주변에서 김 박사, 김 프로, 김 대장 하는 식으로 업무 관련 닉네임을 갖고 있는 이들이 이런 성향이 강하다고 보면 된다. '재무' 하면 김 아무개 하는 식인데, 직무 능력도 탁월하면서 다 좋은데 다만 조직에 충실하려는 맘이 다소 적은 편이다. 이렇다 보니 조직 내 아군들이 많지 않다. 이들은 대개 과장 때부터 전문지식으로 무장을 하는 사람들이다. 조직 내에서 투잡Two Jobs을 위한 준비체조를 하는 이들이다. 그러다 보니 이들 역시 정신없이 바쁘다. 일도 잘해야 하고 자신이 꿈꾸는 것도 준비를 해야 하기 때문에 업무를 마치고 1차, 2차, 3차 풀코스를 밟는 술독에 빠질 여력이 없다. 이런 사람을 두고 주변에선 이기주의자라고 부르기도 한다. 과연 이기주의일까? 당신도 나이가 들면 알 수 있는 일이다.

물론 이들도 CEO의 길을 가길 원하지만 자신의 성격이라든가 주변 자산이 변변치 못한 터라 한곳에 몰입을 한다. 바로 업무적 내공을 쌓는 일이다. '일 하나는 김 박사' 하는 식으로 똑! 소리 나게 해낸다. 다만 관심이 조직보다 나에게 있다는 게 안타까운 현실이다. 이들은 50세 정도가 되어 CEO의 길을 못 가게 되면 자발적으로 퇴직을 하면서 자신의 브랜드로 생존을 유지하는 이들이다. 대략 동기생 중 10퍼센트가 여기에 해당한다.

셋째, Out Bound의 길

조직에서 밖으로 내쳐지는 이들이다. 즉, 퇴출되는 사람들이다. 이들은 타의적으로 회사를 나오기 때문에 자신이 20년 동안 몸담아온 친정 쪽으로 오줌도 누지 않을 만큼 그곳과 단절된 삶을 살아간다. 자신이 피해자라는 생각에 도저히 용납이 안 된다. 더러는 왜 내가 나가야 하느냐는 저항의 몸짓을 하지만 부질없는 짓이라는 것을 이내 느끼고 생존을 위한 모색을 한다. 그러나 이들은 "집에서 새는 바가지 나가서도 샌다"라는 것을 인지하지 못한 채 자기 합리화를 하기 위해 무엇인가 도모를 한다. 자신만의 숙원 사업을 하려고 하고, 우리가 앞에서 본 바와 같이 잔혹한 단계를 밟아나간다.

이처럼 남자는 50세가 되면 인생의 변곡점이라 할 수 있는 퇴직이란 '새로운 업'을 갖게 되는데 앞서 소개한 세 가지 사건을 한 단어로 표기하면 〈C.E.O〉로 압축이 된다. 즉, 당신이 퇴직을 할 때쯤이면 ①CEO 되기, ②Expert 되기, ③Out 되기 이 세 가지 길 중 하나를 선택해야 한다는 것이다. 이것은 옵션이 아니다. 가야만 하는 길이다. 더욱이 100년 시대를 살아가는 요즘은 더더욱 그렇다. 일을 하지 않고서는 살 수가 없기 때문이다.

필자는 기업체에서 강의를 하면서 후반전 인생을 무리 없이 보내려면 무조건 〈CEO 되기〉나 〈Expert 되기〉 길을 가야 한다고 말한다. CEO가 된다면 더없이 좋겠지만, Expert만 되어도 충분히 자신의 길을 개척할 수 있다. 만약에 이 두 가지 길 중 한 곳을 잡지 못하면 〈인생 잔혹사殘酷史〉를 밟아갈 수밖에 없다. 당신이 몸담고 있는 조직을 떠난 선배들의 후반전 모습을 보면 내 주장에 수긍이 갈 것이다.

당신이 회사에서 오래 살아남아 자신의 길을 가려면 우선 일에 미쳐야 한다. 회사는 성과를 내는 사람을 제일 좋아하는데, 그 성과를 위한 밑바탕이 일에 대한 태도에서 나온다는 것을 회사가 제일 잘 알기 때문이다. "기업의 언어는 실적이다." 얼마 전 모 그룹 회장에 취임한 P회장이 취임사에서 역설한 말이다. 당신이 귀담아 들을 말이기도 하다. 회사는 일에 미친 놈(?)만 사랑한다. 왜냐고 물으면 "이게 현실이다"라고 답하고 싶다.

다음은 일상 속에서 당신을 바꿀 수 있는 아이템이다. 삶을 바꾸고 싶다면 한번 적용해보자!

퍼스널 시프트(Personal Shift)

1. 자신을 제대로 알아라.
2. 자주 서점에 들러라. 그곳에서 새로 나온 잡지를 한 10권 정도 보아라.
3. 놀려면 온라인상에서 놀아라.
4. 자신을 위해 하루 최소한 두 시간을 확보해라.
5. 주중에 하프 데이를 만들어라.
6. 아이디어 노트를 만들어라.
7. 노트를 한 권 사서 표지에 '트렌드'라고 쓰고, 트렌드를 따라잡는 데 나서보아라.
8. 새로운 습관을 만들려고 하지 말고 습관을 대체하라.
9. 호기심이 많고 색다른 짓을 하는 사람의 소리를 귀담아 들어라.
10. 자신의 명함을 바꿔라.
11. 자신을 적극적으로 마케팅하라.
12. 그러자면 자신을 패키지화해 팔 거리를 찾아보아라.
13. 365일 24시간 리뉴얼 거리만 생각하라.
14. 무엇을 하든지 간에 세 가지 열(열심, 열정, 열애)을 생각하라.
15. 주기적으로 자신의 몸값을 재보아라.
16. 사소한 것이라도 기록하는 버릇을 만들어라.
17. 표지 모델용 사진을 찍어라.

18. 베스트 드레서가 돼라.

19. 가끔 교회나 성당, 사찰에 가보아라.

20. 자신의 나이나 직함 같은 건 잊어버려라.

21. 리딩 메이트를 구하라.

22. 자기계발 교육에 참가하라.

23. 브랜드와 마케팅에 대해 공부를 하라.

24. 끊임없이 네트워킹을 하라.

25. 홈페이지를 만들어라

26. 당신이 주도할 수 있는 커뮤니티를 만들어라

27. 당신의 인생목표를 떠들고 다녀라.

28. 당신의 단점을 보지 말고 여백을 보아라.

29. 잘하는 게 있으면 적극적으로 홍보하라.

30. 80% 정도 준비됐으면 일단 Take Action을 해라!

31. 바꾸고 싶고 닮고 싶은 모델을 선정하라.

32. 당신을 위한 멘토를 구해라.

33. 이력서를 계량화하라.

34. 타임 오거나이저를 사용하라.

35. 마스터 클럽에 가입하라. 성공한 사람들과 놀아라.

36. 노는 방법을 배워라

37. 당신을 브랜딩하는 데 전략하라.

38. 포트폴리오(일, 회사, 사람)를 재구축하라.

39. 자영업 사장 마인드를 가져라.

40. 아이 닷컴을 차려라

41. Distint or Extint 와 Differentiate or Die를 명심하라.

42. 일상 탈출을 하라. 금시초문 (초견 초행 초미, 초각 초취)를 시도해라.

43. 일일신우일신 하라

44. 미래를 자세하게 묘사하라

45. 미션을 갖고 살아라!

46. 작은 성취감을 맛보아라

47. 장점 콘테스트를 실시하라

48. PR 에이전트를 고용하라. 당신을 코디해가라

49. NO. 1보다 Only 1을 사랑하라

50. 주기적으로 리뉴얼(Rcncwal) 플랜을 짜라

소통 전략(熾) ── 人(사람)

───

소통 전략(熾) — 人(사람)

상사의 마음을 훔쳐라

필자는 대기업 간부들을 대상으로 강의를 할 때마다 물어보는 게 하나 있다. "당신은 다음 중 어떤 부하를 선호하십니까? ①사근사근하고 날 잘 따른다. ②늘 부정적이고 나에게 대든다." 이 질문에 그들은 어떻게 답을 할까? 100퍼센트의 상사들이 ①번을 선호한다고 답한다. 이런 현상이 일어나는 덴 이론이고 뭐고 없다. 그도 사람이기 때문이다. 사람은 공격에는 저항할 수 있으나 칭찬에 무력하다.

그렇다면 당신이 상사와 친해지려면 무엇을 해야 할까? 상사의 마음을 훔쳐 그를 나의 평생자산으로 만들어야 한다. 이름 하여 〈상사 내 편 만들기 7가지 습관〉이다. 그러면 지금부터 〈상·내·편 7-Up〉 워크숍에 들어가보자.

첫째, 상사를 철저하게 경영하라

S그룹의 L과장은 자신의 상사를 잘 관리하는 것으로 정평이 나 있다. 그의 상사 관리 비법은 다름 아닌 '상사 격려하기'다. L과장은 상사의 일거수일투족을 관심과 애정으로 관찰한다. 가령 상사가 새 옷을 입고 왔다든가, 이발을 하고 산뜻하게 출근할 경우, 매스컴을 타거나 공적인 자리의 책임자가 될 경우, 사내 외 강사로 출강할 경우 또는 뭔가 새로운 일에 도전할 경우 그는 찬스를 놓치지 않고 격려와 칭찬을 아끼지 않는다.

둘째, 최소한 직맹은 되지 마라

어느 조직이나 조직엔 가장 멍청한 직장인, 즉 〈직맹職盲〉들이 있다. 조직이 돌아가는 판을 못 읽는 〈직맹〉들의 가장 두드러진 특징이 상사와 싸우는 사람, 즉 '상사와 맞짱(?)을 뜨는 사람'이라는 것이다. 이런 사람이 가장 멍청한 직장인이다. 상사의 본질에 대해서 잘 모르기 때문이다. 상사는 '조직의 아버지'이다. 가만히 생각을 해보아라. 가정에서 부모에게 대들어서 잘되는 사람이 있는가? 당신이 맞짱(?)을 뜰 것인가 아니면 뒷짱(?), 즉 그를 따를 것인가? 그건 당신이 선택할 문제다.

셋째, 상사의 주파수에 당신을 맞추어라

당신에게 상사는 누구인가? 우선 이것부터 정립해야 한다. 당신에 대한 인사고과를 하는 사람이다. 어떻게 보면 상사는 곧 돈이라고 해도 과언이 아니다. 당신이 상사의 주파수를 맞추려면 상사의 언행과 철학을 따라야 한다. 그러자면 교류를 활발히 해야 한다. 그중 가장 좋은 건 술을 함께

하는 것, 그리고 식사를 함께하는 것이다. 그런데 대개 젊은 직장인들은 이런 과도한 행동을 하는 것을 싫어한다. 그러나 당신이 명심해야 할 게 있다. 상사도 사람이라는 것이다. 당신이 인파이트 전략으로 다가가면 그도 마음의 문을 열기 마련이다. 당신이 라디오로 팝 음악을 듣고 싶어한다고 치자. 이럴 때 당신이 해야 할 것은 라디오 다이얼을 돌려 방송국 주파수에 맞추는 것이다.

넷째, 좋은 점만 이식하라

당신의 상사가 맘에 들지 않을 수도 있다. 그러나 상사라고 해서 모든 면에서 완벽할 수 없는 노릇이다. 어떻게 보면 그는 조직 내에서 가장 외로운 사람일지도 모른다. 부하 입장에서 보면 부하 노릇 하기가 어렵지만, 상사 입장에서 보면 상사 노릇 하기도 어려운 것이다. 당신의 상사가 영 맘에 안 들면 그의 장점만 보고 그것을 당신의 것으로 이식해가라. 상사라면 누구에게나 장점 한두 가지는 있기 마련이다. 그것을 찾는 데 주력해라! 그리고 나쁜 점은 보지 마라!

다섯째, 당신의 말투부터 바꿔라

〈서울대 심리학과에서 몇 년 전 감정을 드러내는 우리말 430개를 추렸다. '홀가분하다' '기쁘다' '반갑다'처럼 '쾌快'를 나타내는 말이 30퍼센트도 못 됐다. 대신 '역겹다' '억울하다' '비참하다' 같은 '불쾌不快' 표현이 72퍼센트였다. 상명대에서도 한국인이 많이 쓰는 감정 표현 관용구 500개를 살폈다. '가슴 저리다' '맥 빠지다' '끽소리도 못하나' 같은 말을

'마음 가볍다' '신바람 나다' 같은 표현보다 서너 배 많이 썼다.〉 (조선일
보 발췌)

한 건설회사가 사보를 통해 다음과 같은 조사를 한 바 있다. 조직 내에
서 과연 구성원들이 '가장 듣고 싶어 하는 말'과 '가장 듣기 싫어하는 말'
에는 어떤 것들이 있을까? 그중 상사가 부하에게 가장 듣고 싶은 말이다.
• 술 한잔 같이 하시죠 • 역시 선배님이에요 • 수고하셨습니다 • 선배님밖
에 없어요! • 저희와 통해요! 그렇다면 상사에게 가장 듣기 싫은 말로는
무엇이 있을까? • 아무것도 모르세요! • 바쁜데요 • 깜박했습니다 • 혼자
만 잘났어요 • 세대차이가 나요. 말투는 말을 담는 그릇이라고 한다. 당신
의 말 그릇을 재단장을 해라!

여섯째, 보스 데이를 만들어라

이런 말을 하면 "도대체 무슨 소리를 하는 거야!" 할 것이다. 예를 들어
상사의 날Boss Day을 만들어 하루만이라도 감사의 카드, 편지, 꽃다발 등
으로 상사의 사기를 올리는 일을 해보는 것이다. 부하의 마음에서 우러나
오는 격려 한마디가 축 처진 상사의 어깨를 가볍게 할 것이다. 상사의 기
氣를 살려야 한다. 왜냐하면 당신의 상사가 살아야 조직이 살기 때문이다.
이 말은 무슨 말일까? 당신의 상사가 승진을 해야 그 부서도 잘 풀린다는
이야기고, 그가 잘 풀리면 조직 내 든든한 지원 세력을 갖게 되는 것이다.

일곱째, 돌려 보기를 하라

당신은 오늘도 상사 때문에 힘들어하면서 "내 힘들다!" "내 힘들다!"고 푸념을 늘어놓을 수도 있을 것이다. "내 힘들다!"라는 말을 거꾸로 읽어보아라. "다들 힘내!"가 된다. 이런 것을 '돌려 보기'라고 한다. 필자가 힘들어하는 직장인에게 자주 하는 말이 있다. "당신이 상황을 바꿀 수 없으면 당신을 바꿔라!" 당신의 관점을 바꿔보아라. 돋보기처럼 너무 상사라는 사람 자체에 집중하지 말고 일단 '돌려 보기'를 하라. 다른 것이 보일 것이다. 사실 힘드니까 직장인이다.

자연 요리연구가로 잘 알려진 임지호 씨의 이야기다.

〈아버지는 어린 나이에 집을 나갔다 돌아온 내게 삶의 지혜와 방법을 가르쳤다. 첫째, 남의 물건은 티끌 하나도 탐내지 마라. 둘째, 남의 집에서 일을 할 때는 주인이 일어나기 전에 일어나라. 셋째, 조상에게 부끄러운 말과 행동을 하지 마라. 아버지가 일러주신 이 세 가지 가르침을 지금도 삶의 원칙으로 삼고 살아가고 있다.〉 (동아일보 발췌)

임 씨가 언급한 세 가지 원칙 중 '남의 집에서 일을 할 때는 주인이 일어나기 전에 일어나라'라는 말이 가슴에 와 닿는다. 지금 당장 당신의 상사에게로 눈을 돌려라. 그들을 당신의 관리대상 종목에 편입시켜 애정을 듬뿍 쏟아라. 그래서 그를 당신 인생의 평생자산으로 만들어가라! 상사 하나 내 편으로 못 만드는 이가 어떻게 세상을 움직일 수 있겠는가?

당신이 지금 당장 훔칠 것이 하나 있다. 바로 상사의 마음이다. 이것을 잡아라!

소통 전략(熾) — 人(사람)

인맥경화에 걸리지 마라

"이 세상에서 가장 따뜻한 단어는 무엇일까요?" 이런 질문을 하면 대개 '사랑'이란 단어가 앞서 나온다. '가족'도 빠지지 않는다. 그런데 가족이 모인 명절엔 늘 같은 행동이 반복된다. 마시고, 먹고, 자고 등등 딱히 하는 게 없다. 가족이 함께하는 자리에서 할 수 있는 운동을 하나 소개한다. 이름 하여 〈Family First〉 운동이다.

물론 당신이 직장인이라면 당장 써먹을 수 있는 건 아니지만, 가정을 당신이 근무하는 일터라고 생각하면서 읽어가라. 그리고 이 운동을 조직에도 적용해보아라.

첫째, 소통하기

소통의 95퍼센트는 경청이다. '이청득심以聽得心'이란 말이 있다. '들음으로써 마음을 얻는다'는 뜻이다. 상대의 이야기를 잘 들어주어라. 모처럼 이뤄진 소중한 시간에 최소한 한 시간 정도는 소통의 장을 만들어보아라. 원칙이 있다면 부모님이든, 부인이든, 동생이든, 자식이든 상대의 말을 들어주자는 것이다.

둘째, 터치하기

사람이 사람에게 줄 수 있는 가장 따뜻한 선물은 '터치'라고 한다. 한 전문가가 뉴기니의 아라페시족과 문두구머족에 대해 연구를 했다. 그런데 아라페시족은 온순하고 평화를 사랑하는 반면 문두구머족은 거칠고 난폭했다. 그 원인은 엄마들이 아이를 키우는 방법의 차이에 있었다. 아라페시족 엄마들은 아이를 안고 다니면서 계속 접촉한다. 반면 문두구머족은 아이를 넣은 바구니를 등 뒤에 메고 다녀 아이와 엄마가 분리된다.

두 부족의 차이는 한마디로 터치였다. 충분한 터치를 받으면 성품도 온화하고 평화를 만들어내지만, 터치가 부족하면 성품도 거칠고 평화를 파괴한다고 한다. 온 가족이 마구 터치하는 시간을 가져보기 바란다. 손도 잡아보고 얼굴도 쓰다듬어보고 여건이 되면 온 가족이 같은 방에서 모처럼 같이 자보는 것도 좋다.

셋째, 독소 제거하기

부부관계를 연구해온 미국 워싱턴대학의 심리학 교수 존 가트맨John Gottman 박사는 35년간 3,000쌍의 부부를 연구한 결과, 부부 대화 패턴이 부정적인 부부가 이혼으로 가는 확률은 94퍼센트나 되었다고 한다. 상대방을 비판하고 경멸하는 말을 할 때 부부 사이뿐 아니라 누구와도 관계가 깨지고 악화될 수밖에 없다. 가트맨 박사는 이런 파괴적 언어를 없애는 가장 중요한 처방이 '감사하다'는 말이라고 했다.

감사를 말할 때 우리 안에 있는 독소가 제거되고 상대의 마음속에 있는 독소도 제거된다고 한다. 명절에 가장 힘든 이가 있다면 여자들이다. 어머니든, 부인이든 가족행사를 위해 애를 쓴 이들에게 마음의 마사지를 해주어야 한다. 가족행사는 이번만이 아니라 평생 계속되기 때문이다. 그들도 사람이다.

넷째, 감사하기

이 말은 아무리 강조해도 지나치지 않다. 미국 국립건강관리소의 에머슨 박사는 감사와 건강의 상관관계를 알아보는 실험을 했다. 실험에 참여한 사람들을 A, B, C 세 그룹으로 나눠서 A그룹은 기분 나쁜 말과 행동에, B그룹은 감사의 말과 행동에, C그룹은 일상적인 말과 행동에 집중하도록 했다.

일정 기간이 지난 후 각 그룹의 변화를 분석한 결과, B그룹 사람들의 건강상태가 가장 양호했고, 아울러 행복도도 가장 높은 것으로 확인되었다. 에머슨 박사는 감사의 말과 행동에 집중하기만 해도 몸에 면역력이 높아져서 크고 작은 질병을 이겨내고 훨씬 건강하게 살 수 있다는 결론을 내렸다. 탈무드에도 '세상에서 가장 사랑받는 사람은 모든 사람을 칭찬하는 사람이요, 가장 행복한 사람은 감사하는 사람이다'라고 했다. 매사 감사하는 마음으로 가득한 집안은 언제나 행복이 충만할 것이다.

다섯째, 행복 버튼 누르기

"요해랑사! 요해랑사! 요해랑사!" 무슨 말인지 언뜻 다가오지 않을 것이다. 바로 "사랑해요!"라는 말을 거꾸로 해본 것이다. 오늘 이 말을 세 번 외쳐보아라. 아니 여건만 되면 이 소리가 나는 '행복 버튼'을 자주 눌러보아라. 이 소리가 요란한 집구석은 그래도 행복한 집안이다. 그리고 자랑스럽게 생각하라.

데일 카네기 인간관계론에 나오는 이야기다.

〈시어도어 루스벨트를 찾는 사람은 누구나 그의 해박하고 다양한 지식에 놀라게 된다. 어떻게 그럴 수 있었을까? 대답은 간단하다. 손님이 온다는 말을 들으면 루스벨트는 그 전날 밤 늦게까지 손님이 특히 관심을 갖고 있는 주제에 관해 독서를 했다. 상대방의 마음을 여는 열쇠는 상대가 가장 소중하게 여기는 것에 대해 애기하는 것이다.〉

소통의 법칙 가운데 '티타늄법칙'과 '황금법칙'이라는 게 있다. 먼저 티타늄법칙은 상대에 대한 주장이나 지식을 존중해주는 전략이다. 그러면서 자신의 주장이나 방식을 조정하고 수정하여 서로 윈윈을 이끌어내는 방식이다. 황금법칙은 남에게서 자신이 받고 싶어하는 것을 내가 먼저 남에게 베풀어주는 것을 말한다. 즉, 먼저 주기 전략이다. 진정한 소통을 이루길 원한다면 내가 먼저 남에게 친절을 베풀고 존경과 배려와 사랑을 주라는 이야기다.

이젠 소통력도 자산이다. 자산은 무엇을 하는 데 있어 큰 동력 같은 것이다. 이 자산이 크면 클수록 당신의 〈직장력職場力〉은 커질 것이다. 직장을 자신의 가정처럼 여기고 상사, 동료, 부하를 대하는 것과 그저 일하는 곳으로만 생각하고 대하는 건 천양지차다. 사람이 사는 데는 소통이란 도구가 있어야 한다. 이것이 없으면, 피가 돌지 않아 동맥경화動脈硬化에 걸리듯이 〈인맥경화人脈硬化〉에 걸리게 된다. 당신이 이 병에 걸리면 '소통'이란 주사를 맞아야 한다.

소통 전략(熾) — 人(사람)

상사의 언어를 아는가

CEO 관련 전문지인 〈월간 CEO〉가 재미있는 조사를 한 바 있다. 이름하여 '반찬으로 알아본, 싫어하는 CEO 유형'이다. 이를 자세히 소개하면 이렇다. 단무지형(단순하고 업무에 무지한 유형), 깍두기형(결제를 올리면 돈만 깍으려고 하고 두서없는 이유만 늘어놓아 기가 차게 만드는 유형), 시금치형(시시콜콜한 것까지 따지고 금방 짜증내며 부하의 공로를 가로채는 치사한 유형), 오이형(말은 다섯 번하고 듣는 것은 두 번 정도만 하는 유형), 고추형(고압적인 자세로 직원들에게 책임 추궁하는 유형), 생강형(생각 없이 이것저것 말해서 강조 사항이 무엇인지 잘 모르게 하는 유형), 냉이형(냉정하면서 자기만 생각하는 이기적인 유형), 무우형(무조건 자신이 옳다고 여기는 우격다짐 유형).

당신의 상사는 이 중 어떤 유형인가? 필자가 모 기업에서 중견사원으로 근무하던 시절이다. 여기서 중견사원이라 함은 대리를 말한다. 대개 조직 내에서 대리라는 직급은 이사 대리, 사장 대리, 과장 대리 등 뭐든지 대리를 하는 것으로, 권한은 없지만 회사에서 가장 할 일이 많은 이들이다. 필자 역시 할 일이 많은 대리였다. 당시 HRD 업무를 맡은 터라 신입사원 교육체계와 교육 기획업무를 하고 있었다.

당시 최고 경영자의 특명에 따라 신입사원 교육을 3개월간 진행하라는 주문을 받았다. 당시로선 대기업들이 신입사원 입문교육을 대개 일주일 정도 하는 게 다반사였다. 그런데 느닷없이 3개월을 하라고 하니 참 막막하기도 하고 짜증도 났다. 국내 기업 중 신입사원 교육을 3개월 동안 실시한 샘플 모델도 없어서 스스로 3개월짜리 교육기획안을 만들어야만 하는 처지에 내몰린 것이다. 그렇다 보니 야근은 밥 먹듯이 해야 하고 늘 긴장의 연속에서 지내야만 했다. 이렇게 한 6개월 동안 전력투구한 끝에 대망의 '신입사원 교육 기획안'을 만들어냈다.

그런데 결재를 받는 과정에서 해프닝이 발생했다. 아니, 해프닝 정도가 아니라 일대 사건(?)이었다. 그 당시 결재 과정은 담당(또는 대리)→과장→부장→상무→사장→회장이라는 6단계를 밟아야만 했다. 1차적으로 과장 결재를 받고 의기양양하게 부장 결재까지 받고 나니 기분이 날아갈 듯했다.

그런데 방금 결재를 한 부장이 "이 대리, 이 기획안을 말야. 포스트잇 한 상에 요약 좀 해갖고 와라!"라는 너무 기가 막힌 지시를 하는 것이었다. 약 60페이지에 달하는 3개월짜리 기획안을 손바닥만 한 포스트잇에 요약정리를 해오라니… 정말이지 하늘이 무너지는 것 같았다.

필자는 연신 짜증을 내면서 담배만 피워댔다. 6개월 동안 야근을 하면서 만든 기안서가 원망스럽기도 했고, 그것을 줄이라는 게 너무 억울한 생각마저 들었다.

이런 모습을 보고 있던 담당 과장이 "이 대리, 왜 그래? 무슨 일 있냐!"고 물었다. "이게 말이 됩니까?"라며 핏대를 올리자 담당 과장은 픽 웃으면서 이렇게 말을 했다. "이 대리, 그러니까 당신이 대리야! 지금 부장님이 요약해오라는 건 이런 말이다. 내용이 너무 방대하니까 육하원칙으로 메모해달라는 거야. 이런 멍텅구리!"

이 소리를 듣고 한참 동안 멍하니 창 밖만 쳐다보고 있었다. 너무 창피하기도 하고 "아하! 그렇구나!" 하는 생각이 들었다. 그때 필자는 아주 많은 것을 배웠다. 당시 대리라는 직급은 과장을 상대하지, 한참 어른 격인 부장을 대할 기회가 많지 않았다. 이렇다 보니 필자는 상사인 〈부장의 언어〉를 이해하는 폭이 아주 작았던 것이었다.

그런데 '왜 포스트잇인가?' 하는 생각이 떠나지 않다. 부장은 다음 단계인 상무 결재를 득하고 사장 결재를 받는 자리에 필자를 대동시켰다. 워낙 보고 내용이 많은 터라 혹시 몰라서 담당자를 대동한 것이었다. 사장실에 처음 들어선 필자는 부장과 최고 경영자의 대담(?)이 이루어지는 과정을 완전히 습득하는 리얼 학습을 하게 되었다. 그 광경을 좀 생생하게 묘사를 하겠다.

부장: 사장님, 그간 평안하셨습니까?
사장: 그래, 별일 없제!(경상도 회사라서 당시 이 말이 유행)
부장: 네, 31기 대졸신입사원 교육안을 갖고 왔습니다.
사장: 앉아!

그 뒤에도 이들은 곧바로 본론, 즉 대졸신입사원 기획안에 대한 이야기를 하지 않고 바둑이며, 골프며, 주식이며 등등 세상사에 대한 이야기를 무려 30분이나 했다. 언뜻 보아서는 서로가 친구인 것처럼 아주 친하게 대화를 했던 것이다. 이렇게 이들이 대담을 나눌 동안 필자는 소파 귀퉁이에 엉덩이를 슬쩍 걸친 채로 숨을 죽이고 있었다. 이들은 사담을 마친 뒤에야 본격적인 대화를 하기 시작했다.

사장: 그래! 한번 보자!
부장: 네, 사장님. 일전에 말씀드린 것처럼 이번 기수부터는 회장님의 특별 지시로 교육기간이 3개월이나 됩니다. 그래서 예산이 많이 듭니다. (이 순간 부장의 손엔 필자가 건네준 문제의 포스트잇이 쥐어져 있었다. 그리고 부장은 그것만을 읽었다. 아마 사전에 이 건에 대한 조율이 서로 있었던 모양이고, 부장이 메모를 해간 건 사장이 그런 식의 보고를 좋아했기 때문이다.)

사장: 그래, 나도 이야기를 들었네. 기간이 기니까 좀 단도리를 잘하게. (이렇게 사장은 필자가 6개월 동안 만든 기획안은 들여다보지도 않고 그냥 사인을 하는 것이었다. 그때 알았다. 높은 사람은 기획안을 안 보는구나!)

이런 이야기를 하는 건 다음 두 가지 때문이다. •최종 결재를 하는 사람은 기획안을 안 본다. •그 사람은 바쁜 사람이니까 그를 위주로 기획안을 만들어야 한다. 말하자면 〈보고 받는 자를 위한 보고서〉를 만들어야 한다는 것이다. 그러니까 〈상사의 언어〉를 보고서나 기획서에 담지 않으면 결재를 받기란 어렵다는 이야기다. 물론 그 부장은 그해 상무로 승진을 했다. 젊은 직장인들이 보기엔 너무 '불편한 진실' 같지만 그게 현실이다.

이런 상황을 종합적으로 요약하자면 이렇다. '필자의 상사인 부장은 자신의 상사인 사장과 잦은 미팅을 통해 사장이 원하는 보고의 맥을 잘 짚고, 그가 원하는 것을 집중적으로 보고한 셈이다'. 부장은 사장에게 기회가 있을 때마다 〈중간보고〉를 하면서 〈보고의 맥〉을 찾아낸 것이다. 일터에서 상사의 결재를 득하는 데 실패를 자주하는 이들은 바로 이런 맥을 못 찾은 이들이다. 당신이라면 어떻게 하겠는가?

〈최고의 전략은 우리 소비자가 뭘 원하는지 최대한 잘 파악하는 것이다. 전략은 첫째, 빵류와 커피를 최대한 절묘하게 결합시키는 것이다. 둘째, 아주 친근하고 편안한 분위기에서 가격 대비 만족할 만한 가치를 제공하는 것이다. 어쨌든 우리는 지금도 소비자에 초점을 맞추고 열심

히 연구하고 있다.〉(중앙일보 발췌)

나이절 트래비스 던킨 그룹 CEO의 이야기다. 상대가 무엇을 원하는지 파악하는 것이 기업의 성공에도 영향을 끼친다. 기업이 소비자를 생각하듯이 상대가 무엇을 원할까, 뭘 주면 좋아할까를 생각해보아라! 당신이 나아갈 길도 보일 것이다.

이제 당신의 '보고 스타일'을 생각해보아라. 왜 결재가 나지 않는 것일까? 당신은 마이동풍馬耳東風 식으로 〈상사의 언어〉가 아닌 〈당신의 언어〉로 이야기를 했기 때문이다. 비즈니스를 한마디로 말하면 '설득說得 커뮤니케이션'이다. 설득이란 설명해서 득이 되는 것을 말한다. 그런데 당신의 언어로 말하면 설득說得이 설독說毒이 된다는 걸 알아야 한다.

당장은 불편하겠지만 〈상사의 언어〉를 배우는 데 적극적으로 나서야 한다. 안 배우면 당신에게 승진의 사다리는 놓이질 않는다. 〈당신만의 생존〉을 위한 유바이벌 키트YouVival Kit를 입어라! 조직엔 불편한 진실도 많이 있다.

소통 전략(織) — 人(사람)

젊은 기업가가 되라

이 글은 당신도 언젠가는 리더의 길을 가야 한다는 전제 하에 읽어주 길 바란다. 역지사지易地思之 심정으로 보면 더욱 효과가 있을 성싶다. 얼마 전 대기업의 신임 팀장이 된 후배를 만나 점심을 한 적이 있었다. 그는 이런저런 이야기를 하면서 팀장으로서 애로사항을 털어놓았다. 조직 내 〈찰러리맨(Child+Salaryman, 철이 아직 덜 든 직장인)〉에 대한 고충이었다. 말하자면 〈조직 내 천덕꾸러기〉, 세상 물정을 모르는 이들이 직장 내 물을 흐리기 때문이다.

기업의 많은 리더들이 위로 올라갈수록 힘이 드는 건 일이 아니라 사람 관리라고 한다. 필자는 그 후배의 고충을 함께 해결하기 위한 방안으로 후배에게 다음과 같은 문제를 내주었다.

企業=( )業=氣( )=( )業

괄호 안에 단어 하나를 넣어 등식을 성립시키면 된다. 답은 잠시 후 공개하겠다. 그렇다면 도대체 리더란 무엇일까? 〈Leader=?〉 이 문제를 한 번 곰곰이 풀어보아라. 개인에 따라 상황에 따라 답을 달리하겠지만 필자는 누가 뭐라 해도 '리더는 창출자Leader=Performer'라고 말하고 싶다. 이 말은 리더의 가장 큰 소임은 구성원을 한 곳에 응집시켜 조직을 위한 성과를 창출하는 일이라는 것이다. 성과를 내는 이들 중 아주 탁월한 사람을 '스타 퍼포머Star Performer'라 부른다.

김밥 체인을 운영하는 K사社의 사장은 고질적인 문제를 안고 있었다. 종업원 아주머니들의 이직이 너무 심하다는 것이었다. 원인을 분석하니 직원들이 진정으로 원하는 건 돈이 아니라는 것을 알게 됐다. 사장은 고민 끝에 간단한 조치를 취했다. 1년을 근속하면 연말에 부부동반 만찬회를 열었고, 3년 이상 근속자에겐 부부동반 해외여행권을 선물했다. 소문을 듣고 입사대기자들이 줄을 섰고 이직하려던 사람들도 마음을 바꾸었다. K사는 연 100억 원 이상의 매출을 올리는 요식전문회사로 성장하게 되었다. 돈으로 살 수 없는 것이 사람의 마음이다.

이쯤에서 조금 전 낸 문제의 답을 소개한다. 〈企業=(氣)業=氣

Up = 〈起)業〉이다. 이 문제를 해석하면 이렇다. "企業기업은 사람이 일하는 곳인데 氣기를 갖고 자신의 業업을 수행하면, 氣기가 Up 되면서 그 회사의 業업이 起기한다. 즉, 일어난다는 것이다." 말하자면 일터의 분위기가 한 회사의 운명을 좌지우지한다는 뜻이다. 그렇다면 당신이 〈企業家〉가 아니라 〈氣Up家〉가 되려면 무엇을 해야 할까? 〈찰러리맨 길들이기 8계명〉을 소개한다.

첫째, 문을 열어라

커뮤니케이션 주제로 강의를 할 때 가장 강조하는 문™이 하나 있다. 우선 그 문을 열어야 한다. 가령 창문을 열면 바람이 들어온다. 그리고 커튼을 열면 빛이 들어온다. 이렇듯이 당신이 열어야 할 문이 있다. 바로 '마음의 문'이다. 이 마음을 열면 무엇이 들어올까? 당신의 부하, 즉 사람이 들어온다.

둘째, 〈눈치큐〉도 때론 필요하다

세상을 사는 데는 IQ가 좋으면 여러 모로 유리한 점이 많다. 그런데 요즘 같은 감성 시대엔 IQ 하나만으론 생존하기가 어렵다. 그래서 전문가들은 EQ, 즉 감성지수가 높아야 한다고 한다. 그런데 아무리 IQ가 좋고 EQ가 높아도 조직생활 등 사회생활이 맘처럼 되는 건 아니다. 실전에선 다양한 변수들이 있기 때문이다. 이럴 땐 눈치코치 알아서 하는 〈눈치큐〉를 키워야 한다. 찰러리맨들이 예상치 못하게 풀어내는 엉뚱함을 눈치껏 챙겨야 한다. 그게 진짜 리더다. 그러자면 매사에 진심을 담아야 한다.

셋째, 치어리더가 돼라

경기장의 치어리더를 한번 떠올려보아라. 그들은 경기 결과에 상관없이 선수들이 열심히 뛸 수 있도록 신명을 다해 응원한다. 우리 국민에게는 신기神氣가 있다고 한다. 바로 신바람이다. 필자가 기업에서 강의를 할 때 자주 인용하는 〈Leader→Follower→Performance〉라는 리더십 공식이 있다. 이것을 쉽게 풀이하면 리더는 팔로워, 즉 부하를 통해 성과를 내는 사람이라는 것이다. 말하자면 리더의 성패는 부하의 신기에 달려 있는 셈이다. 그런데 이 간단한 원리를 모르는 리더들이 많다는 게 문제다. 특히 신임 리더들은 더욱더 그런 경향이 있다.

넷째, 절대긍정하라

조련사는 고래를 자신이 원하는 대로 움직이게 하기 위해 지속적인 훈련을 한다. 이들은 이를 위해 3단계 훈련 전략을 쓴다. ①신뢰 관계를 구축한다. ②긍정적인 데 초점을 맞춘다. ③잘못이 발생하면 처벌하는 것보다 목적한 방향으로 방향을 전환하는 데 집중한다. 이처럼 인간관계의 키워드는 바로 절대긍정이다. 잘못된 것에 초점을 맞추고 질책하기보다는 좋은 방향으로 격려하고 칭찬하려고 애쓰는 것이다.

다섯째, 우연을 필연으로 만들어라

사람과 사람 사이에는 사소한 오해로 관계가 와해되는 경우가 종종 있다. 그런데 성공하는 리더들은 상대가 누구든지 우연을 인연으로 만들어가고, 나아가 그 인연을 인생의 필연으로 만드는 사람이다. 우연하게 조직에서 만난 당신의 찰러리맨을 필연으로 만들어가라. 그렇게 해서 그를 〈골러리맨(Gold+Salaryman, 인재)〉으로 육성해가라. 그를 당신의 자산으로 만들어가는 것도 능력이다.

여섯째, 먼저 주어라

상사든 부하든 동료든 상대를 내 편으로 만드는 비책이 뭐냐고 물어본다면 이렇게 답한다. •법칙1)먼저 주어라. •법칙2)먼저 주어라. •법칙3)먼저 주어라. 이젠 'Give&Take'가 아니라 'Give&Give'다. 사람을 움직이는 가장 큰 동력은 주는 것Give이다. 그것도 먼저 주어야 한다. 상대가 내 품에 들어올 때까지 주고 또 주어라! 기버Giver가 되라!

일곱째, 겸손도 훌륭한 전략이다

인간적 매력이 대인관계에서 발휘하는 힘에 대해선 굳이 거론할 필요조차 없을 것이다. 그런데 무엇이 '인간적이다' 함은 넘침보다는 모자람에서 비롯된다. 인간은 신이 아니므로 완전할 수 없다. 더군다나 뛰어난 능력은 곧 드러나게 마련이므로 성급하게 과시하지 말아야 한다.

인간적인 매력이 넘치는 사람에겐 두 가지 뚜렷한 특징이 있다. 첫째, 남의 전문분야를 침범하지 않는다. 둘째, 말하기보다는 듣는다. 시쳇말로 '자기 나와바리'를 침범당할 때 사람은 가장 큰 분노와 두려움을 느끼므로 남의 전공과 전문분야에 대해 아는 척을 하지 말아야 한다. 그리고 최소한 두 마디 듣고 한 마디 하는 습관을 기르도록 노력한다. 인간적 매력은 '무엇을 할 때'보다는 차라리 '하지 않을 때' 드러나는 것이다.

배배 꼬인 전화기 줄을 풀어본 적이 있을 것이다. 풀어도 다시 휘리릭하며 꼬여버린다. 이걸 어떻게 해결할까? 꼬인 줄을 계속 손보며 푸는 방법과 아예 꼬이지 않게 하는 방법이 있을 것이다. 인간관계도 마찬가지다. 꼬이지 않게 하는 것이 최선이지만 꼬인 것은 차근차근, 지속적으로 풀어나가는 지혜가 필요하다.

비즈니스를 한마디로 요약하자면 '물H₂O'이라고 말하고 싶다. 이를 하나의 등식으로 만들면 이렇다. 〈Business=H₂O〉. 이것을 풀어서 설명하면 〈Business＝Human×Human×Organize〉, 즉 비즈니스는 사람과 사람을 엮어서 무엇을 해내는 것이라는 뜻이다. 여기서 사람은 당신에게 있어서 부하이다. 성공재인成功在人! 성공은 사람에 달려 있다. 조직 내 성공지수는 당신의 능력이 아니라 사람에 달려 있다. 당신의 부하! 말 안 듣는 천덕꾸러기 〈찰러리맨〉도 당신에겐 밥이고, 약이고, 꿈이나 다름없다.

소통 전략(織) — 人(사람)

당신의 팔로워십도 키워라

자식들과의 입씨름으로 진저리가 난 한 아버지가 있었다. 아버지는 말로는 설득하기가 어렵다는 생각에 자식들에게 싸리나무를 끊어 오게 했다. 그리고 그것을 한 다발로 묶어 한 사람, 한 사람에게 그것을 꺾어보게 했다. 아무도 그것을 꺾을 수 없었다. 그다음엔 그 다발을 풀어 한 가지씩 꺾어보게 했다. 그랬더니 모두가 쉽게 해내고 말았다.

아버지가 자식들에게 말했다. "얘들아, 너희들 형제가 힘을 합해 뭉치는 한, 누구도 너희를 당해낼 사람은 없을 것이다. 하지만 서로 마음이 통하지 않아 따로 떨어지게 되면, 곧 공격을 당해 꺾어지고 말 것이다."

'20퍼센트 리더가 아닌 80퍼센트 팔로어가 조직의 운명을 결정하는 변화의 시대'라는 말이 있다. 조직 발전에 리더가 기여하는 것은 평균적으로 10~20퍼센트에 불과하며, 나머지 80~90퍼센트는 리더를 따르며 보좌하는 팔로어의 힘에 의해 좌우된다는 것이다. 팔로어의 역할과 기능이 그만큼 중요하다는 의미다.

도대체 '팔로어십followership'이란 무엇일까? 리더의 행동에 대해 아랫사람들이 따르는 방식을 말한다. 간단하게 말해 부하직원의 자질을 의미한다. 이는 '리더십leadership'의 반대 개념으로, 리더의 자질 못지않게 이를 뒷받침해주는 팔로어의 역할이 중요하다는 것이 핵심이다. 전문가들은 구글이나 애플, 마이크로소프트, IBM과 같이 불황에도 불구하고 상대적으로 건재한 기업들의 성공 비결도 바로 직원들의 역량 있는 팔로어십에 있다고 입을 모은다.

전문가들은 팔로십의 대표적인 사례로 2002년 월드컵 4강 신화를 이룬 '태극전사'와 1997년 우리 국민이 보여준 '금 모으기 운동'을 꼽는다. 그동안 우리에게는 히딩크 감독의 리더십이 강조됐지만 이는 우리 태극전사, 즉 팔로어들의 강한 팔로어십이 뒷받침되지 않았으면 불가능했을 일이다.

히딩크 감독이 500일 동안에 걸쳐 지시한 혹독한 체력훈련 프로그램을 선수들이 스스로 컨트롤하면서 완성했기 때문이다. 더욱이 경기장 안에서 붕대 투혼을 보이며 헌신한 선수들의 태도는 어쩌면 감독의 능력 밖의 일인지도 모른다. 태극전사들이 승리를 위해 불굴의 투지로 창의적인 움직임을 보여준 팔로어십으로 소위 히딩크의 마법이 마침내 빛을 발할 수 있었음은 누구도 부인하지 못할 것이다.

지난 1997년 우리나라 국민은 위대한 행동으로 일치단결을 보여준다. 나라가 외환위기로 절체절명의 상황에 처하자 너나할 것 없이 장롱 속에서 잠자고 있던 금붙이를 들고 나온 것이다. 외환위기 당시 금 모으기 운동은 능동적 팔로어십의 전형적인 사례가 되었다. 이처럼 한 기업이 일류기업으로 거듭나려면 훌륭한 리더 못지않게 뛰어난 팔로어가 반드시 필요하다.

다음의 그림은 필자가 만든 〈L·F·P〉라는 성과지향 리더십 모형이다. 이 모형은 리더와 팔로어의 복잡한 관계를 쉽게 정리한 것이다. 첫째, 리더는 팔로어F가 있어야 정립이 된다. 둘째, 리더와 팔로어의 관계는 "나를 따르라!"라는 것이 아니라 파트너Partner 관계이다. 셋째, 리더는 팔로어를 통해 성과를 내는 사람이다. 결국 한 조직의 운명은 리더가 아니라 팔로어에게 달려 있다는 것이다. 그렇다면 팔로어에는 어떤 유형들이 있을까?

$$L \rightarrow F \rightarrow P$$

첫째, 모범형

이들은 솔선수범하고 주인의식이 강한 사람들이다. 조직의 이익을 위해 자신의 재능을 유감없이 발휘한다. 팀과 리더에 협력적이고 자기가 맡은 일보다 더 많은 일을 하는 경향이 있다. 말하자면 협동자라고 할 수 있다.

둘째, 소외형

스스로 조직의 양심이라고 생각하고 약자의 편에 선다. 그래서 팀플레이보다는 불만과 침묵으로 일관하는 경향이 강하다. 이러다 보니 조직 내에서 소극적인 역할을 하는 이들이다. 리더의 입장에서 본다면 냉소적이고 부정적이고 나아가 시비조이다. 조직 내에서 약 15~25퍼센트 사람이 여기에 속한다. 강하게 말하면 파괴자라고 할 수 있다.

셋째, 수동형

리더의 판단과 사고에 의존하는 경향이 크다. 지시를 받을 때만 행동한다. 이렇다 보니 자신의 몫을 못한다. 이런 유형이 탄생하는 이유는 리더가 전적으로 목표를 설정해주고 의사결정을 하는 등 사사건건 챙기는 상황에서 비롯된다. 도피자라고 할 수 있다.

넷째, 순응형

긍정적으로 보면 기쁜 마음으로 일을 하는 사람들이고, 리더에 대한 믿음이 강하고 헌신적인 편이다. 부정적 측면에서 보면 독립적 사고나 창의성이 부족하다. 흔히 '예스맨'으로 불리는 층으로 복종과 순응으로 살아간다. 특히 인기 없는 업무는 회피하려는 경향이 크다. 종속자라고 할 수 있다.

다섯째, 실무형

이들은 균형 잡힌 시각을 견지한다. 조직이 극단으로 치닫지 않도록 중용을 견지하는 경향을 보인다. 규칙과 규정을 엄격히 준수한다. 다만 모험을 기피하고 적당한 열정을 보인다. 리더의 결정을 무비판적으로 수용한다. 사리를 위해 흥정하는 모사꾼으로 비칠 수도 있다. 타협자라고 할 수 있다.

한 지방의 영주가 성에서 잔치를 열어 백성들에게 간단한 먹을거리와 포도주를 한 병씩 가져오라고 했다. 백성들이 다 모여 광장에 있는 큰 통에 포도주를 붓고 잔치를 시작했다. 그런데 이상한 일이 벌어졌다. 술통엔 술이 있는 게 아니라 물로 꽉 차 있었던 것이다. 이유인즉, 백성들이 '나 하나쯤이야 괜찮겠지' 생각하고 술병에 술을 담아온 게 아니라 물을 담아온 것이었다.

시너지, 즉 'SYNERGY'는 'SYN＝Together'와 'ERGY＝Energy'를 의미하는 합성어로 모두 함께 해내는 힘, 팀워크Team-work를 뜻한다. 여기서 'Team'이란 단어를 풀어서 이야기하면 이렇다. 'Together Each Attain More'. 조직은 팀워크다. 마음에 맞는 이들이 모여 각자의 능력을 모아

시너지를 낼 때 조직도 발전하고 그 구성원도 보람을 느끼는 것이다.

그래서 조직은 하모니라고들 한다. '나 하나쯤이야' 하는 생각이 조직을 무력하게 만든다. 구성원 모두가 목표를 향해 한 방향으로 정렬Alignment해서 매진할 때 그 시너지가 내는 파워는 무한하기 때문이다. 어떻게 하면 우리 조직에 시너지를 한껏 불어넣을 수 있을까? '베스트 팔로어Best Follower'가 되기 위해선 무엇을 해야 할까? 당신이 쓰지 않는 근육을 써야 한다. 그 근육 네 가지를 소개한다.

첫째, 널뛰기 선수가 되라

널뛰기를 생각해보라. 널뛰기에서 내가 높이 오르려면 먼저 상대를 위해 힘차게 돋움질을 해주어야 자신 또한 높이 오를 수 있다. 물론 상대를 높이 올려 줄수록 자신도 더 높이 오르게 마련이다. 나보다는 상사와 부하를, 나의 이익보다는 상사와 부하의 이익을 생각하는 마음이 필요하다. 당신이 힘과 정성을 다해 상대를 위해 뛰는 만큼의 시너지가 나오는 것이다.

둘째, 여백을 보아라

하얀 종이 위에 큰 동그라미를 그리고, 동그라미 안쪽 적당한 곳에 한 점을 찍어라. 그 점과 여백 중 어느 곳이 많은가? 상사나 동료, 부하든 단점보다는 장점이 훨씬 많다는 이야기다. 바로 그 여백에 포커스를 맞추고 그곳을 키워가라.

셋째, 〈&+〉 파워를 키워라

여기서 〈&+〉란 함께(&)와 플러스(+)가 합성된 기호로, 둘 중 하나를 버리는 대신 함께 어울려 시너지를 높이는 것을 말한다. 아프리카 들개 리카온은 〈&+〉 파워로 생존한다. 이들은 사냥 전 반드시 작전회의를 한다. 10여 마리가 서로 빙글빙글 돌면서 눈빛을 교환한다. 이 눈빛을 통해 지휘자를 포함해 각자 역할이 주어지는데 당일 컨디션이 좋지 않은 리카온은 사냥이란 게임에서 철저하게 배제된다. 회의가 끝나면 찍어놓은 먹잇감을 향해 주저 없이 돌진한다. 주로 타깃은 영양이다.

리카온 떼는 200킬로가 넘는 사자를 공격하는 경우도 심심치 않게 있다. 어렵사리 포획한 영양을 사자가 뺏으려고 할 때다. 아무리 수가 많다고 해도 30킬로 정도에 불과한 리카온이 사자를 당해낼 수는 없는 법. 그러나 리카온 떼는 결코 주눅 드는 법이 없다. 사냥이 불가능할 정도의 큰 상처를 입어도 끝까지 돌봐주는 동료들이 있기 때문이다. 리카온 떼의 조직력은 거친 생존본능이 지배하는 사바나 초원에서 이례적일 정도로 탄탄하다. 하이에나보다 훨씬 작은 몸집을 갖고도 당당한 포식자의 일원으로 살아남은 비결이다. 바로 〈&+〉 파워다.

넷째, 세 가지 공식을 익혀라

여기서 세 가지 공식이란 이렇다. 〈5−3=2〉〈2+2=4〉〈4+4=8〉 법칙을 말한다. 이걸 풀어보면 이렇다. 아무리 큰 오(5)해라도 세(3) 번 이상 생각하면 이(2)해가 되고, 이(2)해를 하고 또 이(2)해를 하면 사(4)랑하게 된다. 그리고 상대를 사(4)랑하고 또 사(4)랑하면 그 조직은 팔(8)팔해진다. 당신 곁의 상사든 부하든 상대를 이해하기 시작하면 갈등이 없어지고 나아가 좋아하게 되고, 사랑을 먹고 자라는 조직은 팔팔하게 성장한다는 이야기다. 당신 경영에 이 법칙을 적용해보아라. 당신의 주가는 매일 상한 가를 기록할 것이다.

〈개발부서에 배치됐다가 협력업체 나가서 부품 검사하고 자재 샘플 구해오라고 했더니 "개발자인 내가 왜 그 일을 하느냐"고 한 직원이 있었다. 장담컨대 10년 지나면 책상에서 개발만 한 사람보다 협력업체 부품 현장 경험하고 샘플도 구해본 사람이 일을 더 잘한다. 그런 사람은 사회가 어떻게 돌아가는지 알고, 자기 것만 잘해서 되는 게 아니고 남의 것도 잘되게 해야 회사가 잘되는구나 하는 것을 몸으로 깨닫는다. '러닝 바이 두잉learning by doing'이다. 자기 발전의 기회를 스스로 놓치는 사람들을 보면 안타깝다.〉 (조선일보 발췌)

자기중심 사고를 하는 직장인들을 꼬집은 우리나라 대표 인사통인 삼성전자 원기찬 부사장의 말이다. 성공하는 기업이란 어떤 기업일까? 바로 이런 팀워크를 통해 시너지를 창출해내는 기업이다. 당신이 어떻게 하느냐에 따라 〈1+1〉는 1도, 2도, 3도 될 수 있고, 나아가 〈1+1=∞〉라는 기적(?) 같은 결과도 낳을 수 있기 때문이다.

성공하는 조직은 시너지라는 비아그라를 먹고 자란다는 사실을 명심하

라. 누가 뭐라 해도 조직은 시너지가 만사萬事다! 〈1+1=?〉이 시너지는 리더십과 팔로워십이 어우러져서 나는 소리다. 상사의 리더십 탓만 하지 말고 당신의 팔로어십도 연마하라. 좋은 팔로워가 좋은 리더가 된다.

소통 전략(熾) — 人(사람)

모든 것은 사람이 답이다

〈미국의 우체국에서 고객 만족도를 조사하기 위해 설문조사를 했다. 봉투에 설문을 넣어 보내던 기존 방식으로는 통상 7퍼센트 정도의 응답이 있었다. 회수율을 높이기 위해 상금을 걸었다. 설문에 응답하면 신분 확인 후 50달러를 주겠다는 증서를 넣어 보냈다. 그 결과 응답률이 23퍼센트로 올랐다. 그런데 한 경제학자가 대안을 하나 제시했는데, 그 방법을 쓰니 응답률이 52퍼센트까지 치솟았다.

어떤 방법을 사용한 것일까. 비결은 설문지와 함께 보낸 현금 5달러에 있었다. 사람들은 설문에 응하면 50달러나 주겠다는 말보다 5달러를 먼저 받은 뒤에 더 적극적인 태도를 보였다. 더욱이 5달러만 챙기고 답변은 하지 않을 수 있었는데도 사람들은 돈을 먼저 받자 더 열심히 설문에 답했다. 그 이유가 뭘까. 사람들은 '나에게 잘해주는 사람에게 어떤 식으로든 보답하려는 심리'가 있다. 『설득의 심리학』의 저자 로버트 치알디니는 이것을 '상호성의 원리'라고 불렀다.〉 (한국경제신문 발췌)

지난해 말 우리나라 최초로 『웰 레스트』라는 인생 후반전에 관한 책을 출간한 적이 있다. 책을 내는 작가들은 그 책이 대박으로 이어지길 은근히 기대를 한다. 그러자면 적극적인 마케팅이 필요하다. 책을 일반대중에게 알리는 데 가장 쉽고 효과가 빠른 것이 미디어 매체인 건 당연하다.

그래서 나름 작정을 하고 그동안 인간관계를 맺어온 언론사 기자들에게 안부인사 겸 부탁 전화를 했다. 반갑게 인사를 건넸지만 상대편에서 오는 반응은 아주 싸늘했다.

왜 이런 현상이 일어나는 것일까? 당신도 아마 이와 유사한 경험이 한두 번 정도 있을 것이다. 필자는 아주 심각하게 원인을 찾아보았다. 그렇게 된 데는 다 이유가 있었다. 모든 것이 필자한테서 비롯된 것이었다. 도대체 그 원인은 무엇이었을까? 필자가 그 기자들에게 한 4년 만에 전화를 한 것이다. 이들과 수년간 쌓아온 인정이라는 것 하나만 믿고 무작정 전화를 걸어서 시쳇말로 청탁(?)을 한 셈이다.

이게 가장 큰 실수였다. 사람과 사람 사이는 그것을 이어주는 작은 다리가 있는데 그 다리가 이미 망가졌던 것이다. 그것은 '신뢰Trust'라는 이름의 다리였다. 사람과 사람을 이어주는 이 다리는 철골구조가 아니라 목조구조라서 수시로 보수와 유지를 하지 않으면 언젠가는 무너지거나 망가지기 때문이다.

필자는 뜻하지 않은 이런 형국을 맞이하면서 이런 생각이 들었다. "인생만사 다 사람이구나!" 인생사 모든 것은 사람이 하고, 사람이 풀어가고, 사람이 해준다는 것이다. 앞으로는 이런 실수를 반복하지 않아야겠다는 다짐을 했다. 그리고 그동안 무너지거나 망가졌던 관계의 다리, 즉 신뢰를 복원하는 작업을 하기 시작해서 지금까지 지속해오고 있다. 이런 노력의 결과로 다리를 잘 건너다니고 있다.

필자는 무너진 신뢰의 다리를 복원하는 이 프로젝트를 〈휴먼류션 Humanlution〉이라고 부른다. 사람을 뜻하는 'Human'과 해결책을 뜻하는 'Solution'을 합친 말이다. 여기엔 '사람이 답이다'라는 뜻을 함축하고 있다. 이름 하여 '성공인생을 부르는 인맥人脈 복원 작업'인 셈이다.

독자들 중엔 무릎을 치면서 "바로 내 이야기네!" 하는 사람도 분명 있을 것이다. 우리가 주변에서 흔히 듣는 신세한탄 중에 이런 푸념이 있다. "에이! 나는 돈도 없고 빽도 없다." 가진 재산도 변변찮은 데다 힘깨나 쓰는 인맥조차 없다는 뜻이다. 엎친 데 덮친 격으로 최악의 상황에 처한 사람들을 묘사하기엔 이 이상 딱 떨어지는 말이 없을 것이다.

그런데 사실상 이 말은 '돈 없다'고 하거나 '빽 없다'는 한마디로도 충분하다. 자본주의 사회에서는 돈 있는 사람 중에 '빽' 없는 사람이 없고, '빽' 있는 사람에겐 자연스레 돈이 따르기 때문이다. 더군다나 사회가 정보화될수록 돈의 유통 라인과 정보의 유통 라인은 점점 더 일치하는 경향을 띤다. 정보의 유통 라인이란 휴먼네트워크, 즉 인맥이기 때문이다. 자본주의 사회에서 가난이 치명적인 까닭은 다른 무엇보다도 자신의 휴먼네트워크를 고립시키거나 심지어 차단하기 때문이다.

미 캠벨을 살린 전설적 CEO 더글러스 코넌트의 말이다.

〈스티븐 코비의 명저 『신뢰의 속도Speed of Trust』에는 '(신뢰는) 모든 것을 바꿀 수 있는 한 가지'라는 부제가 붙어 있다. 진짜 옳은 말이다. 믿을 수 있는 사람과 일을 하면 모든 일이 쉽게 이루어지기 마련이다. 반면 신뢰할 수 없는 사람과 함께할 수 있는 일은 없다.〉 (매일경제 발췌)

지금이라도 늦지 않았다. 당신과 이어졌던 세상 사람들과의 관계다리, 즉 〈Trust교橋〉를 복원하는 데 우선 나서기 바란다. 이 다리를 복원하는 데 돈이든 열정이든 무엇이든지 아끼지 말기 바란다. 이것을 아껴가면서 복원되는 〈Trust교〉는 없다. 그러니까 당신이 망가진 다리를 복원하려면 손품도 발품도 팔아야 한다는 것이다. 이 세상에 공짜 점심은 없다. 인생사! 모든 게 사람이 답이다.

소통 전략(燧) ― 人(사람)

더불어 살면 더 불어난다

간단한 산수 문제를 내보겠다. 99와 1 중 어느 것이 더 클까? 물론 99가 크다. 무슨 쓸데없는 질문이냐고 핀잔을 줄 수도 있지만 이건 인생 살이에 아주 소중한 지혜가 아닐 수 없다. 언젠가 이런 이야기를 한 적이 있다. '동료는 천재의 재능보다 낫다'. 젊은이들은 이런 말을 들으면 고개를 흔들 것이다. '동료는 경쟁자가 아닐까?' 하면서 말이다. 심리학자 매슬로우가 링컨, 루즈벨트, 베토벤, 아인슈타인 등 위인 30명의 공통점 30가지를 꼽은 적이 있다. 그중 '친밀한 인간관계'를 1위로 꼽았다. 결국 사람을 모르는 〈사람 맹盲〉에겐 미래가 없다는 것이다.

혹시 〈사람 치매〉라는 이야기를 들어본 적이 있는가? 〈사람 치매〉란 세상과의 관계, 즉 통通을 할 줄 모르는 것을 말한다. 필자는 행복한 인생을 영위하는 데 있어 보이지 않는 사각지대가 있다면 '사람과의 관계'를 꼽는다.

인간은 사회적 동물이라 혼자서 북 치고 장구 치고 할 수 없는 노릇이다. 결국 이 세상에서 가장 불행한 이는 어느 누구와도 소통을 할 줄 모르는 불통不通형 인간이다. 이런 사람들은 남보다는 나를 챙기기 때문에 나눌 줄도 모르고 받을 줄도 모른다. 이렇다 보니 세상이 돌아가는 것을 모르고 세상과 소통을 못하는 〈인人치매〉라는 병이 자리를 잡게 된다.

흔히들 21세기를 공감의 시대라고 한다. 공감이란 감정을 함께하는 것을 말한다. 그렇기에 혼자가 아니라 함께해야 한다는 것이다. 그런데 인치매〉라는 병은 나이가 들수록 더욱더 심해지는 현상을 보인다. 중요한 것은 자신이 이 병에 걸린 줄 모른다는 것이다.

유럽 최고의 MBA스쿨 인시아드의 디팍 제인 학장이 한 말이다.

〈다른 이들을 존중하는 것이다. 비즈니스는 인간의 얼굴을 하고 있어야 한다. 가치 창출의 근원이 사람이란 것을 믿어야 한다는 뜻이다. 그러려면 지위에 관계없이 모든 이를 존중해야 한다. 화장실을 청소하는 사람이든, 한 나라의 국가원수든 똑같이 한 명의 인간이다. 사람 앞에 겸손해야 한다. 망고가 익으면 망고나무가 고개를 숙이는 것처럼 말이다. 그게 비즈니스의 기본이다.〉 (동아일보 발췌)

잘 알려진 이야기지만 기러기는 비행할 때 V자 형태를 이룬다. 왜 무리를 지어 날까? 단독으로 나는 경우보다 비행 거리가 71퍼센트나 증가하기 때문이다. 한 마리의 기러기가 날갯짓을 할 때마다 뒤따라오는 기러기에게 양력이 생긴다. 기러기가 대열을 이탈하여 혼자 떨어져 날게 되면 갑자기 공기 저항을 느끼기 때문에 곧바로 대열로 돌아와 옆에 있는 새의 양력을 이용한다.

　그런데 대형의 선두에 선 기러기는 대장 기러기가 아니다. 그날 컨디션이 제일 좋은 기러기라고 한다. 선두 기러기가 피곤해지면 대열 중간으로 돌아오고 다른 기러기가 선두에 선다. 또 대열을 짓고 있는 기러기는 뒤에서부터 울음소리를 내어, 앞줄의 기러기를 격려해주고 대열이 속도를 유지하도록 해준다. 서로를 의지하고 격려하며 함께하는 기나긴 행렬은 그 자체가 감동이 아닐 수 없다.

　특히 기러기 한 마리가 병에 걸리거나 상처를 입거나 또는 총에 맞아떨어지면 두 마리의 기러기가 대열에서 나와 뒤를 쫓아 내려가서 도와주고 지켜준다. 두 마리의 기러기는 떨어진 새가 다시 날 수 있을 때까지, 아니면 죽을 때까지 함께 있어 준다고 한다. 만약 그 기러기가 죽게 되면 두 마리는 자기 힘으로 날아올라 다른 대열에 끼든지, 원래의 자기 무리를 쫓아간다. 이 기러기 이야기는 인간에게 많은 것을 시사해준다.

　동료들과 함께하지 않는 외기러기는 멀리 가지 못한다. 우리네 인생도 매한가지다. 단거리 100미터는 혼자서도 얼마든지 달릴 수 있고 기록도 낼 수 있다. 그러나 무려 42.195킬로를 달려야 하는 인생의 마라톤은 결코 혼자 뛰어서는 좋은 기록을 낼 수 없다. 흔히 인생을 마라톤에 비유하곤 한다. 무려 100년을 살아가면서 혼자 가는 길보다는 함께 가는 길이 덜 힘들지 않겠는가. 인생이든, 마라톤이든, 비즈니스든 〈외기러기 전략〉으로는 오래 가지 못한다.

일본에서 '경영의 신'으로 존경받는 고故 마쓰시타 고노스케가 한 말이다. "한 번 넘어졌을 때 원인을 깨닫지 못하면 일곱 번 넘어져도 마찬가지다. 가능하면 한 번만으로 원인을 깨달을 수 있는 사람이 되어야 한다." 명심하라! 세상은 더불어 사는 것이다. 당신이 더불어 살면 무엇이든지 더 불어난다.

소통 전략(熾) — 人(사람)

조직 내 3통 반장이 돼라

강의장이건 일상이건 요즘 만나는 이들마다 공통적으로 하는 말이 있다. 어려워도 너무 어렵다는 이야기다. 그래서 이런 말을 하는 이들을 만날 때마다 필자는 간단한 유머를 던진다. 그중 하나를 소개하면 이렇다.

골퍼가 골프를 칠 때, 고수의 공은 본 대로 가고, 중수의 공은 친 대로 날아간다. 그렇다면 하수의 공은 어떻게 날아갈까? 하수가 친 공은 '걱정하는 대로' 날아간다고 한다.

왜 이런 유머를 할까? 사람이 살면서 마음대로 쓸 수 있는 것이 있다는 것을 독자들에게 말해주고 싶어서이다. 바로 '생각'이란 무한자산이다. 필자가 세상에 처음 낸 책의 제목이 『마음먹은 대로 된다』이다. 생각은 모든 결과물의 시작이다. 모든 일의 결과는 마음, 즉 자신의 생각에서 비롯된다. 그런데 보통 사람들은 어떤 일이 벌어지기도 전에 걱정부터 앞세우는 일이 많다. 이런 것을 〈걱정 가불〉이라고 한다.

월급이 나오기 전에 미리 받아 쓰는 '가불'을 빗대어 만든 〈걱정 가불〉은 걱정을 그렇게 미리 당겨 쓰는 현상을 말한다. 한 조사에 따르면 걱정의 40퍼센트는 절대로 발생하지 않으며, 걱정의 30퍼센트는 이미 일어나 있는 일을 걱정하는 것이고, 걱정의 22퍼센트는 별일 아닌 것을 걱정하는 것이라고 한다. 사람이 이러지도 저러지도 못하는 걱정은 불과 4퍼센트에 지나지 않아 96퍼센트의 걱정은 '쓸데없는 걱정'이라고 한다. 그러니까 이 세상에서 되지 말아야 할 부자는 바로 〈걱정 부자〉다.

무슨 일이 터지면 당황부터 하기 마련이지만, 그럴 때일수록 사물을 다르게 보는 습관을 길러야 한다. 그 습관이란 세상을 다르게 보는 창, 바로 유머다. 미국에서 가장 존경받는 대통령인 링컨 대통령에게 한 야당 의원이 의회에서 '두 얼굴을 가진 이중인격자'라고 비난한 적이 있다. 그러자 링컨은 흥분하기는커녕 침착하게 말했다. "내가 두 얼굴을 가졌다면 하필이면 왜 이 못난 얼굴을 들고 여기 나왔겠습니까?" 촌철살인 같은 유머다.

유머는 삶을 보는 관점을 달리하는 데서 나오는 여유라고 생각한다. 필자는 그런 능력을 〈유머력〉이라고 한다. 〈유머력〉을 키우려면 〈P.D.A〉를 장만해야 한다. 〈P.D.A〉란 흔히 말하는 디지털 기기가 아니라 일종의 습관을 말한다. 〈Positive Different Another〉, 즉 긍정적으로 보고, 다르게 보고, 뒤집어 보는 습관이다. 그렇다면 살아가면서 유머 감각을 키우려면 어떤 노하우가 필요할까?

첫째, 긍정적으로 보라

화엄경에 '일체유심조一切唯心造'라는 말이 나온다. 모든 일은 마음먹기에 달려 있다는 뜻이다.

〈그는 백과사전 외판원이었습니다. 하루는 연탄가게 앞에서 바쁘게 연탄을 나르고 있는 한 남성을 만났습니다. 그가 말을 붙였습니다. "사장님 계세요?" 얼굴에 검은 석탄 가루를 묻힌 남자가 답했습니다. "제가 사장입니다." 사장과 직원의 구분이 없을 정도로 작고 허름한 가게였습니다. 연탄 몇 장을 함께 나르던 그가 다시 말을 건넸습니다. "혹시 집에 백과사전 필요하지 않으세요?" 가격을 들은 주인은 기겁하며 손을 내저었습니다.

하지만 그는 가게 주인의 말 속에 녹아 있는 마음을 읽으려 했습니다. 자녀들이 자기와 다른 삶을 살기 원하는 부정父情을 느낄 수 있었습니다. 설득이 이어졌습니다. "지금 이렇게 고생하시는 것도 전부 자식을 위해서 아닙니까? 자녀분들이 가게를 물려받아 평생 연탄을 나른다고 생각해보세요. 그렇게 안 되려면 아이들이 많이 배워야 합니다. 하고 싶은 일을 하면서 살게 해야죠." 결국 계약서 위로 연탄재 묻은 주인의 손이 올라갔습니다. 이 외판원은 지금 큰 그룹을 운영하고 있는 재벌 총수가 되어 있습니다.〉 〈동아일보 발췌〉

둘째, 다르게 보라

독일의 재상인 비스마르크가 어느 날 친구와 사냥을 나갔다가 친구가 그만 실수로 늪에 빠지게 되었다. 비스마르크가 총을 내밀어도 길이가 닿지 않는 데다 설상가상으로 친구는 움직일 때마다 점점 늪 속으로 빠져들었다. 그야말로 위기 상황이었다. 만약 당신이 이런 상황에 처한다면 어떻게 하겠는가? 과연 비스마르크는 어떻게 했을까?

비스마르크는 총알을 장전해 친구에게 총을 겨누었다. 그러자 친구는 총을 피해 이리저리 안간힘을 쓰며 몸을 움직였고, 그러다 보니 늪 가장자리로 빠져 나올 수가 있었다고 한다. 겨우 늪에서 빠져 나온 친구는 왜 총을 겨누었다고 따졌다. 그러자 비스마르크는 이렇게 말했다. "난 자네에게 총을 겨누는 게 아니네. 좌절하고 체념하는 자네의 나약함에 총을 겨눈 거라네."

셋째, 뒤집어보라

다음 그림을 보자. 이것이 무엇처럼 보이는가? 사람들은 대부분 일본 항공 JAL의 마크다, 물음표다, 불꽃이다 등등 여러 가지 답을 내놓는다. 그런데 이 그림은 그런 의미가 아니다. 바로 물개가 공놀이하고 있는 것을 형상화한 것이다. 그림을 뒤집어보아라! 그러면 보일 것이다.

한 공기업의 CEO는 우리나라에 관광객을 불러 모으려면 다섯 가지 '림'이 있어야 한다고 늘 주장한다. 첫 번째는 항상 떨리고 흥분거리가 있어야 한다는 '떨림', 둘째는 매력을 발산할 수 있는 '끌림', 셋째는 고객과 잘 어울려야 하는 '어울림', 넷째는 공연을 보고 난 뒤 감동을 줄 수 있는 '울림', 마지막으로 현장을 발로 뛰는 '몸부림'이다. 무엇을 하든지 이런 자세로 도전한다면 성공할 수 있다.

  유머는 세상을 밝게 만드는 가로등과 같다. 이 등에 불을 붙여보아라! 팍팍한 일상에 유머를 슬쩍 올려보아라! 힘이 들면 들수록 〈P.D.A〉 가로등을 켜보아라. 이 유머력으로 조직을 '울리는' 직장인, 즉 〈3통通〉 반장이 돼라. 그러면 조직이 웃을 것이다.

소통 전략(熾) — 人(사람)

점심시간은 골든타임이다

시간은 누구에게나 공평한 자산이다. 하루라는 통장에 꼭 24시간이 입금된다. 그런데 똑같은 자산으로 누구는 성공을, 누구는 실패를 만들어 낸다. 그것은 시간에 대한 자세의 차이일 것이다. 그렇다면 이 세상에서 가장 소중한 시간을 어떻게 확대 재생산할 수 있을까? 이 대목에서 필자는 직장인들의 사각지대인 점심시간을 주목하라고 말하고 싶다.

필자가 직장생활을 할 때의 일이다. 그 당시 모든 직장인들의 로망(?)은 구내식당이었다. 기업들이 즐비하게 늘어 서 있는 비즈니스 거리에 먹을 거리가 마땅치 않았기 때문이다. 맛있고 비싼 음식점들이 없다는 게 아니라, 값이 싸고 양도 풍부하면서 맛있는 집이 고작 한두 군데 뿐이었다. 그렇다 보니 점심시간마다 고민이 되는 건 "오늘은 또 뭘 먹지?"였다.

그런데 필자는 생각이 좀 달랐다. 점심시간에 먹을거리를 고민하지 않았다. 행동 반경을 확장시켰기 때문이다. 그래서 나름 원칙을 만들었다. '점심시간은 가능한 한 동료나 상사와 보내지 않는다' '되도록 타 업종 사람들과 점심을 함께한다'는 원칙을 지키다 보니 식사 장소가 회사 근처가 아니라 적어도 20분 정도 거리에 있는 타 지역이 되었다. 더욱이 그 지역 사람들과 식사를 하다 보니 메뉴는 걱정할 필요가 없었다. 그 지인이 알아서 정하고 게다가 공짜 점심을 먹을 수도 있었다.

이런 원칙을 갖고 점심시간을 갖다보니 점심시간은 확대 재생산하는 시간이 되었다. 그러니까 세상을 남다르게 보는 눈을 키우고, 안목을 넓히는 시간으로 바뀐 것이다. 남자인 경우 술자리를 통해 많은 정보를 얻을 수 있지만 술자리는 시간이 많이 소비되는 단점이 있다. 반면에 점심시간은 밀도 있게 세상사를 접하고 듣는 소중한 시간이다. 이런 습관은 퇴사할 때까지 지속되었다. 물론 더러는 주변인들로부터 좋지 않은 소리를 들은 적도 있었지만 무난히 나만의 점심시간을 활용할 수 있었다.

대개 이 시간은 증권가, 언론사, 타 업종, 자영업자 등등 평소 시간 제약으로 만나기 어려웠던 친구나 지인 등을 만날 수 있는 '골든타임Golden Time'이었다.

이렇듯 점심시간은 식사를 하고 동료들과 노닥거리거나 짬을 내서 오수를 즐기는 시간이 아니라, 평소 만나지 못하는 이들을 만나고 그들로부터 살아 있는 정보를 수집하는 황금 같은 시간이라는 것이다. 점심시간을 골든타임으로 만드느냐 아니면 낮잠 시간으로 만드느냐는 당신의 몫이다. 돈을 낭비하는 것을 '머니 이터Money Eater, 돈 벌레'라고 한다. 이처럼 시간을 낭비하는 것을 '타임 이터Time Eater, 시간 벌레'라고 한다. 누구에게나 주어진 24시간이 골든타임이 되는 건 당신의 선택에 달려 있다!

야마모토 노리아키의 『인생을 바꾸는 아침 1시간 노트』에 이런 말이 나온다. 이 글에서 아침을 점심으로 대체해보아라.

〈당신은 '아침 1시간'을 이용해 무엇을 할 생각인가? 이왕이면 가슴이 설레는 일, 생각만 해도 미소가 절로 나오는 일을 하며 즐거운 시간으로 만들어가자. '아침 1시간'은 당신의 것이다. 무엇을 하든 자유다. 아침 1시간 동안 하고 싶은 일을 하며 자신을 향상시키고, 자유롭게 가능성을 넓혀가자는 마음가짐으로 충분하다. 당신의 '아침 1시간'을 힘껏 응원한다!〉

한 경영자가 자주 하는 말에 '거족거이트足트耳'라는 말이 있다. '많이 걷고 많이 듣자'는 뜻이다. 점심시간을 단지 먹고, 마시고, 자는 시간으로 보지 말아라. 오늘부턴 많이 걷고, 세상을 많이 듣고 읽는 시간으로 재가공해가라! '타임 이터'가 되지 마라!

성공하려면 우선 자기 내면에 숨어 있는 역량을 찾아내야 한다. 다음엔 그 역량 파이를 키워가야 한다. 그리고 사명 의식과 열정을 통해 성공의 길을 가야 한다. 자신의 역량 파이를 키워야 한다는 진실한 마인드가 없이는 어떠한 좋은 환경에서도 성공의 문으로 들어갈 수가 없다. 아무리 육중한 큰 문이라도 결국 '작은 열쇠'에 의해 열리는 이치를 생각해보아라. 그 열쇠는 점심시간에 있다!

소통 전략(熾) — 人(사람)

경청과 배려는
성공자의 방향타다

필자의 지인인 한 여성 CEO의 이야기다. 그녀는 연초에 한 모임에 다녀왔다고 한다. 이름깨나 있는 유명인들이 많이 모였는데 이들과 인사를 하고 대화를 나누면서 기분이 아주 상했다고 한다. 그녀가 만난 성공자들, 즉 유명인들의 행동거지에 무척 실망한 것이다. 퉁명스럽게 말하는 투나 거만하게 사람을 대하는 자세와 뻣뻣한 태도, 지나친 자만심 등 평소에 생각했던 것과는 아주 판이한 행동이 눈에 거슬렸으며 이런 것들이 유명세를 뒷받침해주지 못했다고 한다.

사람은 누구나 자신의 행동은 볼 수가 없다. 그것은 남이 평가하는 것이기 때문이다. 더욱이 성공한 사람들은 더더욱 자신의 행동을 객관적으로 보지 못하는 경우가 많다. 아마 당신 주변에도 안하무인으로 구는 성공한 이들이 더러 있을 것이다. 그들이 예의 없이 오만하게 굴고 자기중심적으로 행동하는 것을 보았을 것이다. 아무리 성공한 이들이라도 완벽할 순 없다. 진정 인생에서 승리하는 자들은 내부 나침반을 가진 이들이다. 이들의 나침반에는 겸손, 배려, 경청이라는 방향타가 있다. 이 세 가지를 기준으로 행동하는 게 성공자들의 특징이다.

일터의 생태계가 많이 변하고 있다. 이런 변화는 그 누구도 피해갈 수 없다. 이 중 가장 두드러지는 게 바로 성과주의 중심의 문화다. 이젠 오래 근무를 했다고 해서 승진과 성공이 보장되는 게 아니다. 종신고용은 이제 옛말이 됐다.

그렇다면 조직이 가장 원하는 사람은 어떤 사람일까? 바로 돈 많이 벌어오는 사람, 즉 〈하이 퍼포머High Performer〉다. 이렇다 보니 어느 조직 내에서나 많이 야기되는 화두가 하나 있다. 조직 내 예절 그리고 매너다. 대개 〈하이 퍼포머〉에게 취약점이 하나 있는데 바로 포용성이다. 그도 그럴 것이다. 남을 배려할 것 다 해가면서 성장 가도를 달리는 건 어렵기 때문이다.

조직 내 사람은 대개 두 종류로 나뉜다. 〈일 중심형〉과 〈사람 중심형〉이다. 이 중 〈일 중심형〉이 바로 〈하이 퍼포머〉다. 이들은 사람보다 일이 우선이다. 이런 탓에 주변에서, 특히 나이를 많이 먹은 사람 입장에서 보면 '영!' 밤에 들지 않는다. 말하자면 인간성이 나쁘다는 것이다. 특히 그런 상사가 자신보다 나이가 어린 경우 가장 문제다. 나의 입장과 당하는 사람의 입장이 다르기 때문이다.

필자도 비슷한 경험이 있다. 동료 A씨를 참 못마땅해했는데 그건 바로 그 사람의 말투에서 비롯되었다. A씨는 반말을 하는 게 하나의 트레이드 마크처럼 되어 있는 사람이었다. 필자는 성격상 무례하거나 특히 반말을 하는 이들을 너무 싫어했기 때문에 늘 고민이 아닐 수 없었다. 그래서 고안한 대책이 바로 회피 전략이었다. 물론 좋은 방안이 아닌 임시방편이었다. 자신의 구미에 맞지 않다고 해서 동료나 상사들을 피해서만 될 일은 아니다.

그렇다면 어떤 전략과 전술이 필요할까? 무엇보다 당신의 생각과 태도를 바꿔야 한다. 즉, 나 말고 상대에 대한 생각과 태도를 조율해보자는 이야기다.

• 눈에는 눈이 아니다!

아마 직장생활을 하면서 가장 고민이 되는 건 반말일 것이다.

이때 '눈에는 눈이다'라는 이열치열 전략을 쓰면 낭패다. 더욱이 무례한 상대라면 조심해야 한다. 어떻게 해야 할까? 상대가 반말을 하면 지속적으로 존댓말을 사용하라. 당신만이 할 수 있는 존댓말로 상대의 반말을 희석시켜야 한다. 물론 오장육부가 뒤틀리면서 참을 수 없겠지만 말은 한

번 뱉으면 주워 담을 수 없다. 무조건 존댓말을 써라! 이것으로 무장하면 상대는 결국 손을 들고 말 것이다.

• 하루 종일 내리는 소나기는 없다!

당신에게 큰 변화가 온 적이 있을 것이다. 조직개편 등 어쩔 수 없는 상황으로 새로운 상사가 부임했는데 그 사람이 후배이거나 나이가 어리거나 여성일 수도 있을 것이다.

이때 가장 고민이 되는 건 상대를 어떻게 대하느냐이다. 아마 더러는 이직, 전직을 고려해보거나 부서이동 등을 생각할 수도 있을 것이다. 필자도 이런 경우가 있었다. 회사 내 팀제가 도입되면서 필자보다 나이가 어린 팀장이 부임한 것이다. 그 당시 필자는 상사를 상사로서 대접했다. 조직은 하나의 시스템임을 인정했다. 시스템을 흔들지 않은 건 이런 생각이 들었기 때문이었다. '하루 종일 내리는 소나기는 없다'. 상황은 언제든지 변한다. 기다리는 것도 전술이다. 수비도 때론 최고의 공격이 된다.

• 성동격서법을 배워라!

상대가 전혀 납득이 안 가는 이야기를 한다. 매너도 없고 격식도 없다. 그렇다고 꼬집어서 지적을 해줄 수도 없을 때가 있다.

'모로 가도 서울만 가면 된다'라는 말이 있다. 그런데 대인 관계에선 좋은 방법이 아니다. 임기응변이 부족한 사람은 자신의 힘이 닿지 않는다고 판단되면 포기하거나 변칙적인 방법을 동원한다. 그러나 변칙은 일시적으로 효과가 있을지 모르지만 오래 가지는 않는다. 이때 사용하는 방법이 성동격서城東擊西 법이다. 평소 싫어하는 상사나 상대가 자신의 의견을 받아들이지 않는다고 자존심 상해하지 말고, 시간이 걸리더라도 우회공격을 하라는 것이다. 기분 나쁜 일이 있더라도 상대에게 그냥 들이대면 안 된다. 들이대는 것도 노하우가 있다.

• 영향력을 키워라!

당신이 리더인 경우다. 부하들이 매너가 없고 엉망이라서 큰 고민일 수 있다. 당신이 젊었을 땐 생각지도 못한 일들이다.

상대를 움직이게 하는 힘을 리더십이라고 한다. 그런데 리더들은 자칫 오해를 한다. 리더십이란 거친 행동, 허영이나 과시가 아니라 진실함이다. 당신이 상사라면 부하나 동료를 진실함으로 대해보아라. 그들은 변한다. 아무리 망나니라도 진실함으로 꽉 찬 당신의 영향력 앞엔 무릎을 꿇을 것이다.

• 성형수술이 아니라 성향수술을 하라!

당신이 요즘 잘나가는 리더라면 이렇게 해보아라. 혹시 주변의 소리를 들어본 적은 있는가?

대개 잘나가는 이들의 귀엔 남의 말이 자리를 못 잡는다. 필자가 만나는 연예인 중 박 모 씨가 있다. 이 개그우먼이 요즘 대세다. 이 여성이 이렇게 성공가도를 달리게 된 데는 여러 이유가 있겠지만 필자는 겸손이라고 생각한다. 대개 성공한 연예인들은 다들 겸손이란 방탄조끼를 입고 있다. 어떤 상황에서든 그들은 이 조끼를 입고 나타난다. 이런 자세로 롱런하는 것이다. 대인 관계에서 겸손은 십전대보탕 같은 약발을 보인다. 〈성형成形수술〉을 하는 덴 돈이 들지만 〈성향性向수술〉은 공짜다. 내가 아닌 남에게로 방향을 바꿔라! 무조건 겸손하라! 겸손하면 사람이 모이기 마련이다.

• 〈수고미〉를 남발하라!

혹시 당신은 주변 사람들로부터 종종 네(?) 가지 없다는 소리를 듣는 편인가? 그렇다면 다음 이야기를 귀담아들어라!

조직생활을 하면서 상대가 누구든 남발해야 하는 말이 있다. 바로 "수고하셨습니다!" "고맙습니다!" "미안합니다!" 이 세 가지다. 다소 기분이 언짢더라도 이것을 날려보아라. 당신이 무심코 던진 이 세 박자가 조직을 살리고 힘을 더해주고 당신의 이미지 업을 해준다. 까칠한 당신에게 사람들이 모여들 리가 없다. 한번 해보자. "수고미!"

• 〈구나구나〉를 해보아라!

상사나 부하가 혹시 너무나 터무니없는 이야기를 하거나 자기주장만 해대는 사람인가?

이럴 땐 설득을 하거나 훈계를 하려 들지 마라. 상대방의 말을 잘 들어주기만 해도 공감대가 형성된다. 이때 요긴한 것이 〈구나구나!〉 전술이다. 상대가 말을 하면 거기에 추임새를 넣으면서 경청을 해주어라. 상대의 말 끝에 '~구나'를 넣으면 된다. 오늘 한번 해보아라. 상대의 태도가 달라질 것이다. 이렇게 되면 당신도 매너 짱이 될 수 있다!

• 〈깔때기〉가 되어라!

혹시 당신 상사는 시킨 일을 열심히 보고하면 "다시 해오라!"라는 말을 하지 않는가?

아마 부하들이 가장 싫어하는 말이 "다시 해오라!"일 것이다. 그러나 그 말을 고깝게 듣지 말아야 한다. 그것은 당신을 귀찮게 하는 게 아니라 기회를 다시 준 것이다. 다 당신을 키우기 위함이다. 상사가 하는 말을 평가하지 말고 깔때기처럼 받아들이는 연습을 하라!

당신이 화장실에 갔다. 그 화장실에는 문이 두 개가 있었고 하나는 닫혀 있었다. 닫힌 문을 보고 그냥 닫혔겠거니 생각했는데 알고 보니 열려 있는 문이었다. 다만 닫힌 것처럼 보이니 그런 것으로 단정한 것이다. 그냥 한 번만 밀어보면 열리는데도 말이다. 조직 내 대인 관계도 매한가지다. 우리는 닫혀 있는 문을 보고는 지레짐작으로 두드리지도, 밀어보지도, 열어보지도 않는다. 이렇게 되면 조직은 콩가루가 된다.

오늘부터는 상대의 맘을 두드리고, 밀어보고, 열어보아라! 그렇게 해야 조직이 메주처럼 촘촘해진다. 그러자면 당신의 생각과 태도부터 바꾸어야 한다. 우리 모두 다함께 찬찬찬 해보자.

• 다 함께 찬찬찬!

다음은 국내 굴지의 D건설사가 직원들을 대상으로 한 설문조사 내용 및 결과를 바탕으로 필자가 분석한 글이다.

• 업무와 관련해 본인이 발휘하고 있는 능력 외에 잠재된 능력이 있다고 생각하시나요?

1) 그렇다: 96%

2) 그렇지 않다: 4%

• 업무와 관련해 자신의 능력 중 몇 퍼센트를 발휘하고 있다고 생각하시나요?

1) 100% 이상(나의 모든 능력을 발휘하고 있다): 3%

2) 70% 이상(능력의 2/3 정도를 발휘하고 있으며, 1/3은 잠재되어 있다): 62%

3) 50% 이상(능력의 절반 정도만 발휘하고 있고, 절반은 잠재되어 있다): 19%

4) 50% 이하(겉으로 발휘된 능력보다 아직 발굴되지 않은 잠재능력이 더 크다): 16%

• 잠재능력을 이끌어내는 가장 좋은 방법은 무엇이라고 생각하시나요?

1) 상사나 동료들의 칭찬: 52%

2) 선의의 경쟁: 20%

3) 보너스나 승진 같은 보상: 10%

4) 참선이나 명상: 5%

5) 독서: 4%

6) 여행: 6%

7) 기타: 3%

'업무와 관련해 본인이 발휘하고 있는 능력 외에 잠재된 능력이 있다고 생각하시나요?' 대개 직장인들에게 이런 질문을 던지면 대다수가 그렇다고 하는 경우가 태반이다. D건설인들도 이런 점에서는 매한가지인 것 같다. 누구나 인간은 자신에 대해서는 관대하기 때문이다. 이것을 풀이하면 '나는 능력은 있는데 여건이 따르지 않아 그 잠재능력을 발휘하지 못한다고 생각하는 것이다.'

이번 설문 조사에서 흥미로운 건 '잠재능력을 이끌어내는 가장 좋은 방법은 무엇이라고 생각하시나요?'라는 질문이다. 이 질문에 절반 이상이 칭찬이라고 답했다. 조직문화 측면에서 본다면 D건설인들의 칭찬에 대한 갈증을 극명히 보여주는 것이라고 생각된다.

어떻게 보면 직장인들은 상사의 삶을 대신 산다고 해도 과언이 아닐 성 싶다. 그렇기에 상사가 무심코 던지는 칭찬 한마디가 힘이 되고 보양식이 되고 십전대보탕이 되는 것이다. 직장인들은 칭찬을 먹고산다. 사람을 동기부여시키는 것은 보수가 아니라는 것이다.

이번 설문을 통해 꼭 집고 넘어갈 부문이 있다. '업무와 관련해 본인은 자신의 능력 중 몇 퍼센트를 발휘하고 있다고 생각하시나요?'라는 질문에 약 3분의 1 이상이 '능력을 발휘하지 못하고 있다'고 답했다는 점이다. 이 문제를 푸는 것은 리더의 몫이다. 구성원이 스스로 소외되고 있다고 생각하는 이들을 일이 있는 곳으로 끌어와야 한다.

구성원들이 기업의 경영목표를 향해 다 함께 매진할 때 그 기업은 생존할 수 있다. 이런 점에서 본다면 조직은 한 방향으로의 정렬이다. 그렇게 하기 위해 리더는 구성원들에게 〈찬찬찬〉이 세 박자를 아끼지 않았으면 한다. 찬讚! 찬讚! 찬讚!

소통 전략(熾) ─ 人(사람)

사과는 인생의 예방주사다

직장생활을 할 때 모시던 상사 이야기다. 최고경영자를 모시는 일을 한 그 상사에겐 다소 특이한 습관이 있었다. 회사 일을 하다가 큰 실수를 저지르거나 회사에 큰 누를 끼칠 일이 생기면 하는 어김없이 〈닥사〉를 했다. '닥치고 사과부터 하자'는 것이다. 사과할 일이 벌어진 상황에서 구차하게 설명하고 변명하는 게 아니라 우선 자신의 잘못을 인정하고 용서를 구하는 전략이었다.

그 당시 필자는 "왜 그런 자세를 취합니까?"라는 질문을 던진 적이 있다. 그러자 그 상사는 "음… 다른 의도는 없고 우리 속담에 매도 먼저 맞는 게 낫다는 말처럼 미리 맞는 거야. 말하자면 예방주사를 맞아놓는 거지!"라고 답했다. 대개 직장인들은 자신이 무엇인가 잘못을 저지르면 우선 변명이나 합리화부터 하기 바쁘다. 그러나 한번 엎질러진 물을 주워 담을 수 없듯이 변명과 합리화로 상황을 바꿀 순 없는 노릇이다. 조직에서는 성공하는 사람과 실패하는 사람 두 부류가 있다. 성공하는 사람은 위기를 기회로 만드는 반전의 기술을 쓴다. 사과에도 품격이 있다. 그 품격 있는 전략을 사례별로 소개한다.

• 〈-〉가 아니라 〈+〉다

당신은 성격이 주도적이고 무엇인가 한번 하면 끝장을 보고 마는 완벽주의자다. 그런 당신이 업무 처리를 하다가 그만 큰 실수를 저질렀다.

대개 이런 유형들은 사과를 하는 데 100퍼센트 저항을 한다. 자신의 인생에서 실수라는 게 용납이 되질 않기 때문이다. 그런데 이런 유형들이 생각할 것이 있다. 살면서 자신의 실수를 인정하고 사과를 하는 일은 무엇이 끝나는 것, 즉 '마이너스가 아니라 누구와 함께 문제를 풀어가자는 후원자, 즉 '플러스'를 찾는 일이다. 인간은 신이 아니기 때문에 실수를 할 수 있다. 특히 당신이 상사라면 우선 가장 손쉬운 사과 전략은 '인정'이다. 인정하는 당신은 당당한 직장인이다. 사과를 두려워하지 마라!

• 변명은 쓰레기통에 버려라!

팀 프로젝트로 공동 작업을 진행하다가 치명적인 실수가 발생했다. 다들 책임을 회피하면서 남의 탓으로 돌린다.

이 세상에 핑계 없는 무덤은 없다. 어떤 일이 잘못되었을 때 이유를 따져보면 100가지도 넘을 것이다. 그런데 그 안에는 정도의 차이만 있을 뿐

내 잘못도 있고 남의 잘못도 있다. 이때가 중요하다. 내 잘못을 먼저 말하는 사람이 있고, 남의 잘못을 지적하는 사람도 있다. 어떤 일이 잘못되었을 땐 무조건 1차적인 책임은 나 자신에게 있다고 말하라. 실제로 어떤 일을 수행하다가 '재수가 없었던 죄'도 있기 때문이다. 이러기 위해선 변명을 절대 하지 마라. 남의 잘못은 최소화하고, 나의 잘못부터 이야기하라!

• 직격탄을 날리지 마라!

당신의 부하나 동료가 업무를 진행하면서 큰 실수를 저질러 당신 입장이 아주 난처하게 되었다.

아마 당신은 이런 상황을 접하면 화가 날 것이다. 이럴 땐 즉답을 피하라. 화가 날 때 밖으로 튀어나오는 말은 독이다. 그 말은 비수가 되어 상대방을 찌른 뒤 반드시 다시 돌아와 당신을 찌른다. 화가 나면 마음속으로 3박자를 밟아라! 하나, 둘, 셋! 이렇게 하는 데는 3초면 충분하다. 한 템포 숨을 돌린 후 던진 말은 직격탄의 충격보다 한결 부드러워진다. 인생에 다시는 돌아오지 않는 세 가지가 있다. 첫째는 입 밖으로 튀어나온 말이다. 둘째는 시위를 떠난 화살이다. 셋째는 흘러가는 세월이다. 말을 아끼면 신뢰가 온다. 사과를 잘하는 기술도 중요하지만 사과를 잘 받아들이는 기술도 중요하다.

• How가 아니라 What이다!

당신이 상사의 재가나 중간보고 없이 일을 임의대로 진행하다가 실수를 저질렀다. 이 실수는 조직에 치명적인 손해를 입혔다.

대개 중견사원급들에게 자주 일어나는 현상들이다. 업무적으로 익숙해지면서 자신이 임의적으로 일을 처리하다가 오류를 범했을 땐 무조건 사과를 해야 하는데, 이때 중요한 건 어떻게 사과하는 게 아니라 무엇을 사과할 것인가에 초점을 맞추어야 한다는 점이다. 다시 말해 그 상황을 어떻게 모면할지 생각할 것이 아니라 어떤 것이 잘못되었고, 무엇을 실수했다라는 팩트를 중심으로 이야기를 해야 한다. 그래야 그 상사도 그 윗라인 상사에게 보고하고 용서를 구하기 때문이다.

• 당신 안의 또다른 나를 끄집어내라!

당신이 동료에게 사과할 일이 생겼다. 아무리 노력해도 상대의 화가 누그러지지 않는다. 도대체 어떻게 해야 할까?

한 전문가에 따르면 인간의 마음속에는 세 가지 마음이 있다고 한다. 첫째, 따뜻한 엄마의 마음. 둘째, 현명한 성인의 마음. 셋째, 티 없이 맑은 아이의 마음이다. 얽힌 실타래처럼 도저히 사과의 실마리를 찾을 수 없을 땐 이 세 가지 마음을 적재적소에 적용해보아라. 우선 어머니의 가슴으로 풀어라. 둘째, 현자의 머리로 생각하라. 셋째, 아이의 눈으로 바라보아라. 지성이면 감천이다. 이것을 상대가 느끼면 서서히 풀리기 마련이다.

• 최선을 다했다고 말하지 마라!

상사가 시킨 일을 약속한 시간 내에 다 못했다. 아마 당신은 이런 생각을 할 수도 있을 것이다. '최선을 다했는데도 안 되는 것을 어떻게 하나. 그럼 당신이 한번 해봐라!' 이런 식으로 변명거리만을 찾을 때가 있을 것이다.

필자가 아는 한 CEO가 가장 싫어하는 말이 있다. 바로 "주어진 여건에서 최선을 다했다"이다. 그 CEO가 이 말을 싫어하는 데는 이유가 있다. 대개 직원들이 무엇인가 시도한 뒤 실패를 하고 나서는 "최선을 다했지만…"이라는 사족을 달기 때문이다. 그래서 이 CEO는 직원들에게 입버릇처럼 말한다. "최선을 다했다고 함부로 말하지 마라". 성공하는 사람들이 습관처럼 하는 행동이 하나 있다. 바로 〈3까지〉다. 될 때까지, 찾을 때까지, 죽을 때까지다. 사과를 할 때 최선을 다했다는 말은 사족에 불과하다.

직장생활을 하면서 사과할 일을 만들지 않고 살 수는 없는 노릇이다. 우리가 예방주사를 맞을 땐 따끔거리면서 아플 수도 있지만 한번 맞으면 든든하다. 사과는 보기에 따라 〈헛장사!〉인 것 같지만 분명 〈남는 장사!〉다. 그렇다고 무조건 남발할 것은 아니다. 품격 있는 사과는 당신의 직장인 스타일을 만든다.

소통 전략(戰) — 人(사람)

주酒티켓도 매너다

S사의 이 대리는 성격 좋기로 유명하다. 처음 입사했을 때부터 사람 좋아 보이는 표정과 말투로 많은 이들의 호감을 샀는데, 그와 한 번 대화를 나눈 사람들은 반드시 다시 연락할 정도였다. 그래서인지 업무에서 실수를 해도 주변 사람들은 그를 나무라기는커녕 서투른 부분을 메워주려고 기꺼이 시간과 노력을 그를 위해 써주었다. 하지만 그에게는 약점이 하나 있었다. 이 대리 자신도 몰랐다가 대학에 들어가면서 알게 된 것인데, 술이 취하면 위아래 사람을 몰라보고 평소 눈여겨봐 두었던 상대방의 단점을 들춰내는 등 소위 '개(?)'가 되는 술버릇이 그것이다.

우리 주변에서도 흔히 볼 수 있는 이야기다. 직장생활을 하다 보면 일주일에 한두 번은 술자리가 생기기 마련이다. 동료들끼리 만드는 허심탄회한

술자리, 상사가 주선하는 격식을 갖춰야 하는 술자리, 업무의 연장이 되는 술자리, 후배들과 함께하는 부담 없는 술자리 등 종류는 참 다양하다. 술자리만큼 여유롭고 긴장이 풀리는 자리도 없다. 그래서인지 사무실에서는 보여주지 못한 모습을 여과 없이 보여주는 일이 흔하다. 이때 잘하면 동료들에게 자신의 새로운 이미지를 보여줄 기회가 되지만, 한순간의 실수로 직장에서 쌓은 이미지가 무참히 깨질 수도 있으니 조심해야 한다.

필자는 20여 년 간 직장생활을 했다. 그중 가장 힘들었던 것이 무엇이냐고 물어보면 '일자리'가 아니라 '술자리'라고 말하고 싶다. 선천적으로 술을 못하기 때문이다. 그렇다면 어떻게 직장생활을 20여 년 간 별 탈 없이 유지할 수 있었을까? 나름 〈주酒티켓〉을 철저하게 지켰기 때문이다. 〈주티켓〉이란 술자리 매너를 말한다. 당신이 매일같이, 혹은 가끔 갖는 술자리는 어떻게 보면 당신을 드러내는 자리이기도 하고, 상대에게 자신을 읽히는 자리가 될 수도 있다. 그래서 〈주티켓〉이 중요한 것이다.

이제 머지않아 각종 송년 모임 등 술자리가 잦아질 것이다. 올 연말은 다르게 해보자. 직장 내 술자리를 '성공의 자리'로 만들 수 있는 비방을 소개한다. 이름 하여 백만 불짜리 비즈니스 매너 〈주티켓〉이다.

첫째, 태(態)-매너를 지켜라

미국 콜롬비아대학에서 MBA 과정을 밟고 있는 유수 기업의 CEO들을 상대로 '자신의 성공에 가장 큰 영향을 준 요인'을 조사했는데, 응답지의

93퍼센트가 '대인관계에서의 매너'를 꼽았다. 또한 미국에서 최근 10년간 직장을 잃은 사람들의 첫 번째 해고 원인(95퍼센트)은 업무 수행력 부족이 아니라 인간관계 능력 부족이었다고 한다.

우리가 사회생활을 하다 보면 한 번 만나면 두 번 만나고 싶고, 두 번 만나면 자꾸 만나고 싶어지는 사람이 있다. 나에게는 아무런 도움도 주지 않는데, 기꺼이 힘이 돼주고 싶은 사람도 있다. 이런 사람들의 공통점은 어떤 일에든 성실하며, 신뢰가 가고, 절로 '닮고 싶다'는 마음을 갖게 해 주변 사람들을 자신의 후원자로 만드는 능력을 가졌다는 것이다. 이러한 능력은 '좋은 매너'가 기반이어서 가능한 일이다. 술자리 매너는 〈주티켓〉의 시작이다.

둘째, 업(業)-업무의 연장선이다

술이 사람을 먹는다고 했다. 술이 과해지면 대부분의 직장인들이 놓치는 게 바로 술자리 매너다. 필자는 직장생활에서 〈주티켓〉을 사소하게 여기다가 큰코다친 사람을 여럿 봤다. 물론 막역한 동료 간이라면 상관없겠지만, 상사가 함께 있는 자리에서 주티켓을 상실한다면 두고두고 입방아에 오를 것은 뻔하다. 심한 경우에는 상사와의 마찰도 불가피하다. 직장에서의 술자리는 업무의 연장선으로 생각하고, 친구들과의 술자리와 분명히 구분해야 한다는 사실을 잊어서는 안 된다.

셋째, 취(醉) ─ 술에게 자신을 맡기지 마라

과유불급過猶不及이다. 인간사 모든 불상사는 술자리에서 야기된다고 해도 과언이 아니다. 모든 것은 넘치면 일이 생기기 마련이다. 술은 취하려고 마시는 게 아니라 상대의 마음소리를 들으려고 마시는 것이다. 그러자면 술이 술을 마시게 해서는 안 된다. 잘 생각해보아라. 모든 불상사는 주님(?)이 저지르는 것이다. 술자리에서 취하는 것은 위험하다. 우리나라 사람들은 술이 사람을 먹을 정도로 취해야 직성이 풀리는 경향이 있다. 그렇다고 술에게 당신을 맡겨서는 안 된다. 어느 정도 컨트롤하는 것도 전략이다. 술에 취하지 말고 자세를 바로 취하라!

넷째, 중(中) ─ 중립을 지켜라

중심을 잡는 게 중요하다. 술이 과해지면 서로 이성을 잃고 정치나 종교 이야기까지 하기 마련이다. 가능하다면 종교나 정치 이야기는 배제하라. 서로 의견이 다르면 중립을 지키는 게 상책이다. 편을 들어서는 안 된다. 그럴 때는 말을 아끼는 것이 가장 좋은 전술이다.

다섯째, 진(眞) ─ 과장하지 말고 진솔하게 대화하라

술자리에서 가장 많이 나오는 얘기는 바로 군대와 과거의 술 경험, 그리고 이성과의 교제 이야기이다. 이런 이야기를 할 때 과장을 하거나 없었던 일을 있는 것처럼 꾸며 이야기하는 사람이 분명히 있다. 그래서는 안 된다. 진실된 이야기를 해야 한다. 상대는 그 이야기를 듣고, 가슴에 입력하고 있음을 알아야 한다. 설령 당신이 취해서 한 말이더라도 상대는 안

취한 상태로 들을 수 있기 때문이다.

여섯째, 담(擔) – 말을 아끼고 담담하게 들어라

담담하게 생각하라. 남이 말을 할 때 끼어들지 마라. 말을 아끼고 들어주는 것으로 전략을 바꾸어라. 상대방은 말하는 이보다는 들어주는 이를 좋아한다. 당신이 상대방의 말을 관심 있게 듣다 보면 상대방의 패를 읽어내는 좋은 기회도 잡을 수 있다. 술자리는 마음의 소리를 듣는 자리이다. 그러자면 당신이 해야 할 것은 입을 닫는 일이다. 모든 죄는 입에서 시작한다는 말이 있다.

말을 할 때도 되도록이면 미래 지향적인 말을 하라. 일본의 한 경영인은 성공한 사람과 실패한 사람의 특징을 다음과 같이 구분하고 있다. "실패한 사람들은 자신에게 주어진 시간을 과거에 50퍼센트, 현재에 40퍼센트, 미래에 10퍼센트 투자한다. 반면에 성공한 자들은 과거에는 10퍼센트, 현재에 30퍼센트, 미래에 60퍼센트를 투자한다. 즉, 실패자는 과거 지향적이지만 성공자는 미래 지향적이다." 당신이 늘 하는 이야기 중에 과거에 대한 이야기가 많다면 과거 지향적이고, 미래에 대한 이야기가 압도적으로 많다면 미래 지향적인 사람이다.

일곱째, 망(亡) – ⟨100 – 1 = 꽝!⟩을 명심하라

필자가 직장인들에게 자주 강조하는 성공 공식이 하나 있다. 바로 ⟨100 – 1 = 꽝!⟩ 공식이다. 이는 한 건설 현장에서 본 표어로, 한 번의 실수로 인해 생길 수 있는 불이익에 대해 경고하고 있다. 건설 현장에서는 가장 중요한 게 안전사고 방지이다. 그런데 100번 잘해오다가 단 한 번의 실수로 건물의 축대가 무너지는 등의 큰 사고가 발생하면 이제까지 잘해온 것은 아무 소용이 없게 된다. 여기서 나온 공식이 〈100 - 1 = 꽝!〉이다. 직장 내 예절이나 인간관계도 매한가지이다. 100번 잘해오다가 술자리에서 한 번 실수를 하게 되면 영영 돌이킬 수 없는 결과를 낳을 수 있다.

앞서 소개한 〈주티켓〉을 지킨다면 술자리도 충분히 성공 자산 목록에 넣을 수 있다. '대접받고 싶은 만큼 남을 대접하라'라는 말이 있다. 매너는 단지 남에게 잘 보이기 위해서가 아니라 나의 발전에 필요한 기본 요소임을 잊지 말아야 한다. '외모를 능가하는 것이 있다면, 그건 바로 매너이다'라는 말처럼 당신의 〈주티켓〉을 강화하라. '다른 사람들이 모두 취해도 나는 깨어 있어야 한다'고 스스로에게 세뇌를 시켜라. 그렇지 않으면 당신은 술로 인해 '취중'에 '진땀'을 흘리게 될 것이다.

소통 전략(燴) ― 人(사람)

절대 꼼수를 부리지 마라

    강의를 할 때 내는 문제가 하나 있다. "TV는 무엇으로 켜고 끄십니까?" 이 질문에 많은 사람들이 "리모컨입니다"라고 답하는데 필자가 원하는 답은 그게 아니다. 답은 이 글 말미에 소개하겠다.

    경기가 어려워지면 가장 직접적으로 영향을 받는 곳이 출판업계라고 한다. 한 전문기자에 의하면 출판계의 불황은 '바람 앞의 풀잎' 같다고 한다. 바람이 불기 6개월 전에 미리 쓰러지고 바람이 한바탕 지나고 난 후 6개월 후쯤 다시 일어난다고 한다.

    필자가 업業으로 먹고사는 산업 교육계도 예전 같지 않은 형국이다. 그래서 강의하는 데 필요한 힘과 집중력도 더 들어가기 마련이다. 기업체에서 강의를 받는 직장인들의 강의 내성이 그만큼 강해져서 여간해선 감동을 창출하기 어렵기 때문이다. 예전에 강의장에 쏟은 집중력이 80퍼센트였다면 이젠 100퍼센트 이상을 쏟아붓고 있다고 해도 과언이 아니다. 한두 시간 열정을 쏟아내면 와이셔츠 칼라에 땀이 흥건히 젖는다.

이렇게 하는 데는 다 이유가 있다. 강사들이 가장 좋아하는 것을 얻어내기 위해서이다. 바로 '리콜Recall'이다. 이는 강사를 초빙한 곳에서 다시 부르는 경우를 말한다. 말하자면 생존을 위한 몸부림 같은 것이다. 이럴 때 생각나는 광고문구가 하나 있다. 한 기업체 제품 광고인 "생명 연장의 꿈 메치니코프"다. 아마 한두 번쯤은 들어보았을 것이다.

당신이 직장인이라면 이 문구를 가슴 깊이 새겨볼 필요가 있다. 당신 앞에 엄청난 파도가 일어나면 무엇을 해야 할까? 물살의 세기와 방향 등을 면밀히 알아낸 다음 '서핑Surfing'을 해야 한다. 변화의 파도에 몸을 실으라는 것이다. 그렇지 않고 대응한다거나 무시해버리면 당신은 휩쓸려 사라질 수 있다.

그렇다고 아무나 서핑을 할 수 있는 것은 아니다. 부단한 연습을 해야 한다. 이를 위해 당신의 원형질을 바꾸라는 말이 아니다. 이 작업은 시간이 오래 걸리고 본질적인 변화를 요구하기 때문에 지금 당장 할 수 없다. 지금 해야 할 일은 파도를 타는 일이다. 당신이 조직 내에서 변화의 서핑을 타려면 조직에 대한 적응력, 즉 내공을 키워야 한다. 〈가감승제법〉을 익히면 된다. 말 그대로 더하고 빼고 곱하고 나누기를 하면 되는 것이다.

첫째, 가(+)

일단 출근 시간에 '+30'을 하라. 즉, 30분 먼저 나와라. 당신 부서에서 가장 빨리 나오는 이보다 30분 먼저다. 일찍 나오면 여러 가지 장점이 있다. 그날 있을 일에 대한 밑그림을 그릴 수 있고, 출근 시간에 소비하는 시간을 아낄 수도 있다. 가장 좋은 점은 상사의 눈길을 끌 수 있다는 것이다. 특히 중역의 눈에 당신의 동선이 포착되기 십상이다. 어려울 때 가장 큰 보호막은 당신의 상사이기 때문이다. 상사를 아군으로 만드는 가장 좋은 방법은 부지런함이다. 일단 일찍 나와서 상사의 눈길을 잡아라.

둘째, 감(−)

퇴근 시간에 '−30'을 하라. 30분 늦게 퇴근한다고 해서 인생이 망가지는 게 아니다. 이 작업은 상사보다는 당신의 인사권을 쥐고 있는 중역의 마음을 사로잡는 일이다. 대개 중역은 늦게 퇴근하기 때문에 당신의 존재를 알게 된다. 요즘 같은 '살벌시대'엔 가능한 한 당신이 일하는 모습을 윗사람 눈에 자주 보여야 한다. 비굴하다고? 그러면 하지 마라.

셋째, 승(×)

당신이 하는 일에 열정을 배가하기, 즉 곱하기를 하라. 세계적인 발레리나 강수진 씨가 이런 이야기를 한 적이 있다. "꾸준한 노력은 공부나 발레나 똑같아요. 저는 중학교 때 새벽 4시에 일어나 도서관에서 공부하고, 점심은 5분 안에 먹고 남들 쉴 때 연습했어요. 그리고 오후 5시까지 공부하고, 다시 밤 10시까지 발레 연습을 했죠. 물론 집에 가서는 다시 공부했어요." 연습벌레인 그녀는 지금도 하루 15시간 이상 연습을 하고 한 시즌에 발레 슈즈를 250켤레나 버린다. 이 이야기는 단순히 열심히만 하라는 것이 아니라 혼魂을 실으라는 것이다. 일에서 보람을 찾고 일로 승부를 걸어라. 회사는 일하는 곳이기 때문이다. 하기 싫으면 어쩔 수 없다. 선택은 당신의 몫이다.

넷째, 제(÷)

어려울 땐 콩 한쪽이라도 나누는 마음을 베풀어야 한다. 그때 나눠야할 것은 '돈'이 아니라 당신의 '아이디어'다. 바다거북은 산란기가 되면 모래 속에 한 번에 500개 정도의 알을 낳는데, 그 생존율이 90퍼센트나 된다고 한다. 바다거북은 세 마리만 있으면 한 마리는 모래를 파내고, 한 마리는 그 모래를 치우고, 한 마리는 그 모래를 밟아서 공간을 만들기 때문이다. 혼자 그것을 독식하지 말고 조직을 위해 황금 같은 아이디어를 함께 공유해가라.

이 가감승제법은 필자가 10년 전 직장인으로 있을 때 조직에서 당한 것을 토대로 한 진솔한 메시지이다. 말하자면 경험자의 충고인 셈이다.

구조조정의 파도는 예고 없이 닥친다. 이게 무너지면 봇물 터지듯이 그냥 휩쓸려가고 만다. 그것도 흔적 없이 말이다. 여기에 대항하지 말고 편승하기 위해 부단히 내공을 키워가라. 이렇게 되면 '베스트셀러'는 될 수 없어도 '스테디셀러'는 될 수 있다. 조직이 리콜을 한다는 것이다.

흔히 우리는 성공한 사람은 남과 다른 선천적인 재능을 갖고 있다고 생각한다. 과연 그럴까? 시카고대 벤자민 블룸 교수는 5년간 120명의 최고 예술가와 운동선수, 학자들을 연구했는데 그 결과는 놀라웠다. 이들 어머니들의 말에 의하면 성공한 자녀로부터는 '선천적인 재능'을 발견하지 못했고, 오히려 다른 자녀들에게서 그것이 더 엿보였다는 것이다. 다양한 분야에서 성공한 사람들의 공통점은 '특별한 재능'이 아니라 타의 추종을 살 만큼 '과감한 결단성'과 '불굴의 추진력'이었다. 이들의 성공 DNA는 목표를 향해 끊임없이 전진하는 추진력, 즉 실천에 있었던 것이다.

'생명 연장의 꿈'을 위해 조직에 성실성을 팔아라. 이것을 파는 이들이 좌우명처럼 삼는 게 있다. 바로 '꼼수를 부리지 마라!'이다. 앞서 낸 문제의 답을 이제 공개하겠다. "TV는 '습관'으로 켜고, '용기'로 끈다"이다. 당신을 성공으로 이끄는 것은 이 같은 작은 습관이라는 사실을 명심하기 바란다.

4장

업무 전략(自) ─ 業(일)

─

아직도 기획서 한 장을 못 만드나 | 비즈니스 마인드가 없으면 퇴출이다 |
학습역량이 없으면 미래가 없다 | 콘텐츠 생성능력을 키워라 | 죽어도 사내 실업자는 되지 마라 |
직장인 신2기주의 | 생존력과 경쟁력은 기본이다 | 퇴근 전 10분이 관건이다 | 심은 대로 거둔다 |
강의 역량을 키워라 | 기업의 언어는 실적이다

업무 전략(自) ― 業(일)

아직도 기획서 한 장을
못 만드나

한 조사에 따르면 직장인 중 무려 72퍼센트가 '업무상 문서작성에 어려움을 느낀다'라고 답했다. 이 중 60퍼센트가 한 차례씩은 상사로부터 재작성 지시를 받았다고 한다. 이처럼 직장인들이 수시로 골머리를 앓는 것 중 하나가 기획안이나 보고서와 관련된 것이다. 우리나라 직장인들은 말과 글로 적지 않은 고생을 하고 있다는 뜻이다. 필자 역시 사원 시절에 무척이나 힘들어했다.

다음 글은 필자가 기업체 홍보담당자 시절부터 성공학 교수까지 변신하는 과정에서 일어났던 경험을 중심으로 쓴 내용임을 밝혀둔다. 평범한 샐러리맨이 일터에서 배운 경험과 실전 노하우를 바탕으로 우리나라 최고의 강사에 이르는 동안 배우고 적용해온 기획력과 생각력(생각의 힘)에 대한 이야기를 담았다. 누구든지 '생각의 힘'으로 자신의 변신을 도모하고, 나아가 성공자의 길을 갈 수 있는 노하우를 소개하겠다.

필자는 대학에서 문학을 전공한 탓으로 기업에 들어가 홍보업무를 맡게 된다. 그 홍보업무 중 가장 어렵다는 사보 담당자가 된다. 필자가 속한 사보팀은 그 당시 국내 기업 중 사보를 가장 잘 만드는 곳으로 정평이 나 있었고, 누구나 근무를 하기 원하는 곳이라 구성원들 모두가 내공이 강한 이들로 이루어져 있었다. 특히 당시 담당 과장은 아이디어맨으로 탁월한 능력을 발휘하는 사람이었다.

필자는 당시 월요일 공포증(?)에 걸려 있었다. 매주 월요일이면 전직원 여덟 명이 모여 기획회의를 한다. 그러나 과장을 제외한 모든 사람은 꿀 먹은 벙어리처럼 입을 꽉 닫고 듣기만 하는 식이었다. 과장은 우리에게 늘 "생각 좀 해라!" "뭐 새로운 것 없니?" "이 대리! 대학 나왔니?" 하며 우리를 몰아세웠다. 정말이지 월요일만 되면 삶이 두려워지는 것이었다. 더욱 필자를 힘들게 하는 건 후배 사원들이 기획회의에서 기고만장으로 참신한 아이디어를 내는 것이었다. 과장을 비롯해 아이디어를 잘 내는 후배들이 너무 부러웠고 '도대체 저들은 무슨 복을 타고 났기에 저럴까?' 하는 생각을 많이 했다.

나중에 안 사실이지만 그들이 똑똑하고 탁월한 것이 아니라 나름대로의 〈생각의 도구〉가 있었던 것이다. 바로 메모장이었다. 어떤 주제가 정해지면 평소 시간이 날 때마다 떠오르는 아이디어를 적어가면서 자신의 두뇌를 풀가동했던 것이다. 그중에서도 담당 과장은 더 많은 작업을 한 것이었다.

〈지극히 평범한 미국인 루이 마크스 씨. 그는 아프리카를 여행하던 중 원주민 아이들이 나무로 둥근 테를 만들어 신나게 노는 모습에 시선이 집중됐다. 여자 아이들은 나무 테를 허리에 두르고 그것을 빙빙 돌리며 각종 묘기를 보였고, 남자 아이들은 나무판 사이의 줄에 돌을 끼워 넣고 손을 움직여 돌의 위치를 조절하며 재밌게 놀고 있었다. 일행은 원주민의 놀이를 대수롭지 않게 여겼으나 마크스 씨는 거기에서 사업의 힌트를 얻었다.

'저런 간단하고 신기한 기구를 만들어 보급하면 세계가 깜짝 놀라겠는 걸. 저것을 사용하면 허리도 날씬해지고 좋은 팔운동이 되겠군.'

마크스 씨는 미국에 돌아와 플라스틱으로 그 기구를 만들어 보급했다. 허리의 나무 테는 '훌라후프', 손장난감은 '요요'라고 이름 붙였다. 이들 기구는 전 세계에 보급돼 선풍적인 인기를 끌었고 마크스 씨는 억만장자가 됐다.

성공한 사람의 공통점은 작은 일도 절대로 가볍게 보아 넘기지 않는다는 것이다. 성경은 말씀한다. 작은 일에 충성된 자에게 많은 것을 맡기

느니라.〉(국민일보 발췌)

아이디어란 대단한 것이 아니라 기존의 것을 조합해서 확대 재생산하는 과정이다. 그러니까 무에서 유를 창조하는 것이 아니라, 있는 것을 조합해서 새로운 것을 만드는 일이다. 필자는 이런 작업을 '확대 재생산'한다고 말한다. 그러니까 아이디어란 기존에 있는 것을 조합하는 것이고, 기획이란 이 아이디어를 더하고 빼고 나누고 곱하는 것이다. 이는 아이디어는 기존의 것으로 먹고살고, 기획은 아이디어를 먹고산다는 것이다.

요즘 직장인들이 가장 어려워하는 게 있다면 그건 바로 글쓰기일 것이다. 글쓰기란 자신의 생각을 하나의 글로 표현하는 작업이다. 그런데 이것이 우리나라 직장인들에게 여간 부담스러운 일이 아닐 수 없다. 그렇다면 직장인들에게 왜 글쓰기가 중요할까? 쓸 줄 모르면 어느 기획도 할 수가 없고, 기획이 안 되면 상사를 설득할 수 없고, 그것이 안 되면 조직 내에서 할 일이 없어지기 때문이다. 말하자면 악순환이 반복되는 셈이다. 이런 작업이 안 되면 조직 내 핵심이 아니라 변방으로 밀려나가고 만다.

필자의 주변을 보아도 기획을 하라고 하면 다들 딴전을 편다. 그래서 기획 능력이 있는 직장인들은 인기를 누릴 수밖에 없다. 기획이란 액면 그대로, 의도한 바를 하나의 그림으로 그리는 작업이다. 어떻게 하면 기획서를 잘 만들 수 있을까? 필자의 경험을 바탕으로 기획의 달인으로 가는 왕도를 소개한다. 그 길로 가는 데 당신이 챙겨야 할 도구를 소개한다.

1) 2W1H 기법

첫째, Why를 품어라

여기서 2W1H는 'Why'와 'What', 그리고 'How'를 의미한다. 액면 그대로 '왜, 무엇을, 어떻게'이다. 이것만 알고, 당신의 생각을 조율할 수 있으면 누구나 기획의 달인이 될 수 있다. 자, 그러면 이 세 박자를 갖고 〈기획서 만들기 로드워킹〉을 시작해보자.

우선 A4 용지를 한 장 펼쳐라. 다음엔 뒷장의 도표처럼 Why, What, How를 차례로 적어라. 이제 고민해야 할 것이 'Why'이다. 왜! 왜! 왜! 왜! 5회에 걸쳐 생각을 해라. '왜 이것을 해야 하는가?'를 생각해보는 작업이다.

여기서 'Why'는 무엇을 의미하는 것일까? 바로 기획서의 첫 단추를 끼우는, '목적'을 찾는 일이다. 무엇인가 기획을 해야 하는데 도대체 그것을 '왜 하는가?'를 글로 표현하는 일이다.

이 작업이 구체적으로 안 되면 기획서를 만들거나 쓸 수가 없다. 이 작업이 어렵기 때문에 대다수 직장인들이 초장에 나가떨어지기 일쑤다. 앞서 말한 것처럼 "왜! 왜! 왜! 왜! 왜!" 하면서 구체적으로 그 목적을 찾아내라. 그런 다음 그중 세 가지만 문장으로 표현하라. 분명한 건 목적을 세 가지만 쓰라는 것이다. 더이상 쓰면 보는 이가 짜증을 낸다.

2W1H 기획 시트

구분	코드	내용
Why	목적	
What	내용	
How	방법	

둘째, What을 찾아라

'Why', 즉 '왜 이것을 해야 하는지'가 명확해지면 기획서를 만드는 데 있어서 8부 능선은 넘은 셈이다. 'What'은 문자 그대로 내용, 즉 콘텐츠에 해당한다. 다시 말해 그 기획을 하는 데 들어가는 알맹이를 찾는 일이다. 브레인스토밍이나 마인드맵핑 등 생각의 도구를 이용해서 기획하고자 하는 내용을 문장으로 표현하는 것이다. 이 작업은 목적에 대한 것을 좀더 디테일하게 풀어놓는 것이다. 가능한 한 구체적으로 풀어서 써야 한다. 세 가지로 압축했던 목적을 푸는 일이라고 보면 된다.

셋째, How를 풀어라

'How'는 '방법'이다. '어떻게 그것을 하겠냐'는 것이다. 대개 기획을 하거나 기획서를 만들라고 하면 이 부분에 많이 매달린다. 특히 초보자인 경우에 이런 실수를 많이 한다. 그러나 'How'는 앞선 작업인 'Why'가 명확하게 선결되지 않으면 안 되는 일이다. 결국 'How'를 푸는 방법은 'Why'의 목적을 어떻게 실현시킬지를 글로 표현하는 일이다. 'How'는 'Why'를 실현하는 방법론이다.

기획서 3박자인 〈Why→What→How〉의 체계만 알고 있으면 자신만의 기획서를 생산해낼 수가 있다. 우리나라 직장인들이 기획서를 만드는데 혼쭐이 나는 건 바로 이런 체계를 모르고 있기 때문이다. 기획은 자신이 의도한 바를 그림으로 그려서 상대를 설득하는 작업이다. 그런데 이 작업이 논리적이지 않거나 체계적이지 못하면 낭패를 보고, 나아가 능력이 없는 사람으로 낙인이 찍힌다.

2) 〈결·근·방〉

이것은 〈2W1H〉가 확장된 것이라고 보면 된다. 〈결·근·방〉이란 〈결론, 근거, 방법〉을 의미한다. 기획이라는 것은 자신이 의도한 바를 글로 표현해서 상대, 즉 상사를 설득하는 일련의 작업에 불과하다. 그런데 이 작업은 구체적이고 논리적인 것을 꼭 요구한다는 게 포인트다.

설득이란 작업을 하려면 아주 주도면밀한 전술을 써야 하는데, 그 전술이 〈결·근·방〉이라고 보면 된다. 사실 상사를 종이 한 장으로 설득해서 자신이 의도하는 바를 얻어내는 일이란 만만치 않은 작업이다.

그래서 직장인들에게 늘 이렇게 말한다. 상사를 설득할 땐 가장 먼저 말해야 할 것이 있는데 바로 '결론'이다. 무엇인가 전달할 땐 결론부터 말하는 것이 중요하다. 결론을 들은 상사는 당신에게 • "뭔데?" 하면서 질문을 던질 것이다. 이 질문은 상사라면 꼭 하는 질문이다. 이때가 아주 중요한 시점이다. •"왜 그러는데?" 한다. 이때 당신이 말한 결론을 뒷받침해줄 근거를 대야 한다. 그렇지 못하면 당신은 능력 없는 전사로 낙인이 찍히는 것이다. 근거를 세 가지만 찾아서 말하라. 왜 세 가지일까? 그 이상 말을 하면 듣는 이가 싫어하기 때문이다. 이런 근거 설명으로 이해를 한 상사는 다음 코스로 당신을 안내할 것이다. 아니, 예상이나 한 듯이 바로 공격에 나설 것이다. 그러면서 이런 말을 날릴 것이다. •"어떻게 할 건데?" 이 질문에 앞서 소개한 결론을 구현하는 방법을 세 가지만 이야기하면 된다.

어떻게 보면 기획이라는 것은 상사가 알고자 하는 것을 준비해서 글로 표현하는 작업이다. 그러니까 "뭔데" "왜 그러는데" "어떻게 할 건데", 즉 〈3데〉에 대한 설명서를 만드는 일이다.

그렇다면 왜 기획이 중요할까? '프로'와 '포로'라는 단어는 아주 사소한 차이다. 이 차이는 어디서 오는 것일까? 이렇게 작은 차이를 우리는 '종이 한 장 차이'라고 한다. 기획서 한 장이 프로냐 포로냐를 결정한다. 혹시 지금 조직 내 핵심에 있지 않고 변방에 머무는 직장인이 있다면, 당신이 핵심으로 들어가는 데 필요한 티켓이 바로 기획 능력이다.

기획 능력은 〈3데〉다. 상사 입장에서 당신 스스로에게 늘 이런 질문을 해라! "뭔데" "왜 그러는데" "어떻게 할 건데". 그리고 속으로 답을 해보아

라! 필자가 만든 〈질문효과〉라는 게 있다. '질문은 대답을 낳고, 대답은
관심을 낳고, 관심은 흥미를 낳고, 흥미는 참여를 낳고, 참여는 아이디어
를 낳고, 아이디어는 혁신을 낳고, 혁신은 성공은 낳는다'. 이젠 기획력이
당신의 직장력이다. 명심해라! 기획 없이 직장도 없다는 것을.

업무 전략(自) — 業(일)

비즈니스 마인드가
없으면 퇴출이다

〈맥도날드 미국 본사는 밀크셰이크의 판매 증진 전략을 고심한 적이 있다. 이를 위해 고객의 의견을 듣기로 했다. 고객들을 불러모아 고객이 좋아한다고 말하는 밀크셰이크의 특성을 잘 뽑아 반영하기만 하면 매출이 증가할 것이라고 생각한 것이다. 하지만 고객이 좋아한다고 말한 특성을 반영해도 밀크셰이크 매출은 늘지 않았다.

맥도날드는 고객을 이해하기 위한 방법을 바꿨다. 고객에게 직접 묻는 대신, 매장에서 고객을 관찰하는 방법을 선택했다. 언제, 어떤 사람이, 어떤 상품과 함께 밀크셰이크를 구매하는지 등을 하루 종일 매장에서 관찰했다. 이런 고객관찰을 통해 밀크셰이크 고객의 절반가량이 이른 아침에 구매한다는 사실을 파악했다. 좀더 조사해보니 밀크셰이크 고객들은 출근길에 차 안에서 먹기 위해 구매하고 있었고, 이들은 운전하는 동안 지루함을 달래거나 아침식사를 대신하기 위해 밀크셰이크를 구입한 것이었다.〉 (한국경제신문 발췌)

필자는 이런 사고의 확장을 〈비즈니스 마인드〉라고 부른다. 언뜻 듣기에는 대단한 용어 같지만 쉽게 말해 〈장사 마인드〉라고 생각하면 된다. 대개 직장인들은 이런 〈장사 마인드〉를 소홀히 여기고 더러는 생각조차 하지 않는다.

직장인들을 큰 틀로 보면 크게 두 부류로 나누어진다. 하나는 '숙제를 잘하는 사람'이다. 이들은 상사가 무엇인가 일을 주면 척척 해내는 모범생이다. 기업으로 따지면 〈패스트 팔로워〉다. 이들은 〈노력상〉을 좋아한다. 이들의 마인드는 〈직장인 마인드〉다. 또다른 하나는 '출제를 잘하는 사람'이다. 이들은 주어진 일을 하는 사람이 아니라 무엇인가 도전을 하는 이들이다. 암튼 도전을 하는 모험생이다. 기업으로 따지면 〈퍼스트 무버〉이다. 이들은 노력상보다는 〈노벨상〉을 선호한다. 이들의 마인드가 바로 〈비즈니스 마인드〉다.

이렇듯 성공하는 직장인은 자신이 하는 일을 하나의 비즈니스로 생각한다. 즉, 일은 곧 비즈니스라는 명확한 의식을 갖고 있다. 이러한 역량파이를 지속적으로 키워나가면서 성취감이나 개인의 성장을 높이기 위해서는 차별된 비즈니스 모델을 찾아야 한다.

이러한 모델을 찾는 데는 누구나 어려움이 있지만 여기서 보람을 느끼고 성장할 수 있는 것이다. 이러한 비즈니스 모델을 지속적으로 찾고 제품화하기 위해서는 개인적으로 열정과 많은 기능을 갖추어야 한다. 당신이 하는 일에도 가중치가 적용된다는 것을 알아야 한다. 그렇다면 자신의 일을 한 단계 업그레이드를 하려면 어떤 자세가 필요할까? 가장 중요한 건 일에 대해 '들이대는 방식'이다.

마틴 루터 킹 목사에 대한 예화를 하나 소개하겠다. 킹 목사가 한 흑인 청년 청소부가 있는 대로 욕설을 퍼붓고 짜증을 부리면서 청소하고 있는 모습을 보게 되었다. 루터 킹 목사는 그 곁으로 가까이 가서 "여보게, 자네는 하나님이 자네에게 맡기신 지구의 한 모퉁이를 쓸고 있다는 자부심을 가질 수 없소?"라고 말했다. 그러고는 그의 등을 두드리며 이렇게 덧붙였다고 한다. "청소를 할 때 베토벤이 작곡하듯, 미켈란젤로가 조각을 하듯, 괴테가 작품을 쓰듯, 그렇게 하나님의 일을 하시오."

이 이야기는 어떤 결과를 얻는 데만 신경 쓰기보다 과정에 열정을 담아 최선을 다하라는 것이다. 자전거는 페달을 밟아주어야만 앞으로 나아간다. 달리는 탄력에 의한 힘만 믿고 페달을 밟지 않으면 자전거는 어느새 넘어지고 만다. 당신의 자전거가 넘어지지 않으려면 부단히 페달을 밟아가면서 핸들을 조정해야 한다. 업무를 하다 보면 뒷심이 부족하거나 주위의 지원이 없는 경우와 같다. 성공 모델 뒤에는 반드시 개인의 열정과 목표 그리고 함께해주는 조력자들이 많다는 것이다.

조직에서 성공을 하려면 이러한 원리를 알고, 한번 시작한 일을 시스템화하고, 자신의 것으로 유지하기 위해 자전거 페달을 열심히 밟아야 한다. 조직에서 발탁승진을 하거나 문제해결을 잘해나가는 직장인을 보면 이들은 업무를 하나의 비즈니스로 본다는 특징을 찾을 수 있다.

첫째, 그들은 비즈니스 게임에서 이기기 위해 자신만의 독특한 시스템을 적용하여 룰을 만들어낸다. 그래야 종속관계를 벗어나 주도적으로 업무를 실행할 수 있기 때문이다. 둘째는 강력한 엔진체인 자가발전소를 가지고 있다는 것이다. 이들은 자신이 자가발전소라는 인식을 갖고 있다. 셋째, 열정과 목표 의식이다. 열정과 목표가 뚜렷하다 보니 내면에서 나오는 열정이 자가발전소를 튼튼하게 해준다.

그렇다면 〈비즈니스 마인드〉를 키울 수 있는 비법은 무엇일까? 우선 일하는 체질을 바꿔야 한다. 〈25-8-53〉 체조가 그 방법이다. '25·8·53'= '24시간+1·7일+1·52주+1'. 직장생활을 하는 데 '하루를 25시간처럼, 한 주를 8일처럼, 1년을 53주처럼' 열정적으로 정신없이 바쁘게 보내라는 이야기다. 자신의 일에 열정을 쏟아라. 루빈스타인, 조용필, 강수진 같은 성공자들은 다들 연습벌레다.

다음은 필자의 멘티 김윤숙 원장의 글이다.

〈'자격보다 자세다'를 뒷받침할 재미있는 얘기 하나. 빈 우스갯소리로 오지奧地의 선교사님에겐 세 가지 자격이 있어야 한다는 말이 있다. 첫째, 아무 음식이나 가리지 말고 먹어야 하고 둘째, 어디서고 머리만 대면 잘 수 있어야 하고 셋째, 씻지 않고 오래 견뎌야 한다는 조건이다. 이 세 가지 자격이라면 나도 자신 있다. 그렇지만 내게 없는 게 있어 나는 선교사가 될 수 없다. 오지의 영혼들을 사랑할 열정도 없고, 고생을 각오할 다짐도 없기에. 자격은 있지만 자세가 없다. 그래서 그 일에 뛰어들 수 없는 거다.〉

필자가 늘 강조하는 말이 있다. "무엇을 하는 사람은 그것을 좋아하는 사람을 이길 수 없고, 그것을 좋아하는 이는 즐기는 사람을 이길 수 없고, 즐기는 사람은 미쳐 있는 사람을 이길 수 없다."

또 이런 말도 있다. "돈은 다리가 네 개라서 다리가 두 개인 사람이 따라잡을 수가 없다." 하는 일에 대한 태도를 바꿔보아라! 돈보다는 일이 먼저다. 열심히 하다·보면 돈은 저절로 따르기 마련이다. "행복은 좋아하는 일을 하는 것이 아니라, 지금 하는 일을 좋아하는 것이다." 성공인생은 하나의 태도다.

이렇게 되면 당신의 비즈니스 체질이 서서히 변해갈 것이다. 당신이 체질을 바꾸지 않으면 구성원으로서 생존이 불안해질 것이다.

업무 전략(自) ─ 業(일)

학습역량이 없으면
미래가 없다

〈세계에서 노벨상 수상자를 가장 많이 배출한 미국의 시카고대는 처음부터 일류대학이 아니었다. 시카고대가 약진한 것은 1920년대 로버트 허친스 총장 때부터다. 허친스 총장은 위대한 고전 100권을 달달 외울 정도가 아닌 학생은 졸업시키지 않는다는 소위 '시카고 플랜'을 도입했다. 그 결과 시카고대는 1929년부터 2000년까지 노벨상 수상자 68명을 탄생시킨 세계 굴지의 교육기관이 됐다. 미국 명문 교양중심대학liberal arts college인 세인트존스칼리지는 고전 100권을 읽고 토론하는 수업이 4년 커리큘럼의 전부다.〉 (동아일보 발췌)

"살아가는 게 남들과 비슷합니다. 다만 자신이 하는 일에서만큼은 다소 다른 전략을 씁니다. 바로 세상과의 소통입니다. 〈성공 4종 경기〉라는 방법인데, ①책 읽기 ②신문 보기 ③메모하기 ④사람 만나기입니다. 이를 위해 12개의 신문을 16년째 읽습니다. 아울러 1년에 책을 200권 정도 읽습니다. 무엇이든지 적는 메모 습관도 큰 도움이 됩니다. 이런 자세로 책을 18권 출간했습니다." 필자가 모 방송의 인터뷰에서 한 말이다.

필자는 수십 명에 달하는 멘티를 육성하고 있다. 이들을 멘토링하는 작업은 아주 혹독하리 만큼 힘들다. 이들이 가장 힘들어하는 대목이 있는데 거의 다 여기서 낙오자가 된다. 그만큼 어려운 9부 능선이다. "책 100권 읽지 않고선 세상 들이대지 마라!"라고 강조하기 때문이다.

개그맨 이윤석 씨가 밝힌 책이 좋은 이유다.

〈"책이 연애보다 좋은 이유요? 무궁무진하죠. 첫째, 첫날 딱 한 번 고작 2만원 정도만 데이트 비용(책값) 쏘고 나면 평생 내 곁을 지켜줍니다. 둘째, 내가 버리지 않으면 절대 나를 버리지 않아요. 셋째, 내가 버려도 다시는 속살을 들춰보지 않아도 '오빠, 변했어' 하지 않아요. 그저 가만히 이불(표지) 덮고 기다립니다. 넷째, 침대에서 보다가 툭 떨어뜨리고 잠들어도 불평도 안 하구요. 반면 아내는 제가 먼저 잠들면 '오빠, 자?' 하고 투덜대지요. 다섯째, 이 책 읽다가 다른 책으로 넘어가도 질투도 안 합니다. 얼마나 좋습니까?"〉 (조선일보 발췌)

도대체 왜 책일까? 얼마 전 제자 한 사람이 찾아왔다. 그 친구는 중소

기업을 한 1년 다니다가 퇴직을 하고 쉬고 있었다. 성인이 되었는데도 아직 인생의 방향을 잡지 못해 자문차 필자를 찾은 것이다. 그 친구 고민을 한마디로 말하면 "교수님, 인생을 바꿀 수 있는 지름길이 있습니까?"였다. 이 친구의 고민을 듣자마자 "물론 있지. 그것도 지름길이 있다네!"라고 답했다. 인생을 바꿀 수 있는 첩경, 그것은 바로 〈B-100〉이었다.

〈B-100〉은 책Book 100권 읽기를 말한다. 필자는 독서가 사람의 인생을 바꿀 수 있는 가장 좋은 방법이라고 생각한다. 그렇기에 인생에서 방향을 못 잡고 우왕좌왕하는 사람들에게 〈B-100〉을 처방한다.

전문가가 되려면 어느 분야든 관련 서적 100권을 읽어라. '책 속에 길이 있다'는 말이 있다. 물론 책 한 권이 인생을 바꾸어주지는 않지만, 분명한 건 삶의 지혜를 얻을 수 있는 보고라는 것이다. 미국의 전 대통령 존 F. 케네디의 어머니 로사 여사는 자녀교육의 방편으로 '책 많이 읽기'를 실천했다고 한다. 로사 여사는 '도서 목록' 수십 권을 정한 뒤 자녀들에게 읽도록 했다. 말하자면 〈B-100〉을 실천한 셈이다.

사실 한 권의 책도 읽기가 어려운데 100권을 읽는다는 건 참 어려운 일이다. 물론 어렵다. 그러나 인생을 바꾸는 일인데 이 정도 노력과 투자는 당연하지 않겠는가. 다음은 한 일간지에 나온 이야기를 재구성한 것이다.

〈지병으로 6년째 집에서 누워 지내야만 했던 청년이 있었다. 그 청년은 우연한 기회에, 이름만 대면 누구나 아는 베스트셀러 작가를 만날 수 있었다. 이 청년은 그 작가에게 "앞으로 어떻게 살아가야 할까요?"라고 질문을 했다. 작가는 "앞으로 1년 동안 365권의 책을 읽고 오면 말해주겠다"고 답을 했다. 이 주문에 청년은 주경야독의 자세로 1년간 365권의 책을 읽는 데 성공했다. 재미있는 건 이 청년이 365권의 독서를 통해 얻은 가장 큰 소득은 바로 자신감이라는 것이다. 늘 실패자로 살아온 그는 처음으로 '나는 할 수 있다'라는 생각을 가졌다고 한다.〉

그 청년은 그 자신감으로 영어 학원을 운영하게 되었고, 지금은 억대 연봉을 받는 학원장으로 왕성하게 활동하고 있다. 그렇다면 독서력을 키울 수 있는 노하우는 무엇일까? 그 베스트셀러 작가가 주장하는 〈독서 3단계〉를 따라 독서를 하게 되면 대략 2천권 정도를 읽을 수 있다고 한다.

첫째, 프로 리딩

자신의 업무 관련 책 100권을 읽는 전략이다. 이 단계를 마치면 명실공히 전문가로 거듭날 수 있다. 앞서 필자가 강조한 〈B-100〉은 이 단계를 말하는 것이다.

둘째, 슈퍼 리딩

위인전이라든가 자기계발서 등을 읽는 단계다. 이 단계를 마치면 무엇보다도 사물을 보는 긍정적인 자세와 사고방식을 구축하게 된다. 필자도 역시 이런 과정을 밟았다. 사실 이 작업 없이 18권의 책을 낼 수 없었다.

이것은 인풋In put 없이는 아웃풋Out put이 없다는 이치와 같다.

셋째, 그레이트 리딩

인문학이나 고전을 읽는 단계다. 그러니까 수백 년간 전해 내려오는 명작인 인문 고전을 읽는 과정이다. 이 과정을 마치면 세상을 바꿀 수 있는 리더로 성장할 수 있다. 사실 필자도 이 과정을 마스터하지 못한 상태다. 이 단계는 CEO들이 많이 밟고 있다.

한 분야에서 전문가로 성장하려면 결국 〈프로 리딩→수퍼 리딩→그레이트 리딩〉의 3단계를 거쳐야 한다는 말이다.

〈유대인은 아무리 가난해도 마지막 돈으로 책을 산다는 말이 있다. 자손에게 칼을 물려준 로마는 멸망했으나 책을 통해 지식을 물려받은 유대인들은 살아남았다는 것이다. 칼보다 강한 교육의 힘으로 자란 유대인 중에는 프로이트, 칼 마르크스, 아인슈타인 등 인류사에 큰 발자취를 남긴 인사들이 너무 많아 일일이 거명하기조차 어렵다. 유대인이 미국 전체 인구의 1.7퍼센트가량에 불과하지만 명문 하버드대 학생의 약 30퍼센트, 예일대 학생의 약 25퍼센트를 차지하고, 다른 아이비리그도 거의 비슷해 그 졸업생들이 각 분야에서 강력한 영향력을 발휘하고 있다는 것이다.〉 (한국경제신문 발췌)

대개 책을 읽으라고 조언하면 시간이 없어서 못 읽는다고 밀한다. 시간이 없어서 술을 못 마시고 잠을 못 자는 사람이 있을까? 만약 술도 마시고 친구도 만나고 인터넷 서핑까지 하고도 인생이 아직 안 바뀌고 있다면 책을 잡아야 한다. 책 속에 길이 있고 그 길 속에 전문가의 왕도가 있다.

작가 김홍신 씨의 말이다.

〈열등감을 성공의 열쇠로 바꾸는 첫 번째 노하우로 '종이 신문과 책을 읽을 것'을 꼽았다. "남의 이야기를 많이 알수록 내 삶이 바르고 단정해진다"며 "신문 1면 기사부터 마지막 면의 사설·칼럼들까지 샅샅이 읽다 보면 동시대를 살아가는 이들의 인생사를 넓은 시각에서 조망할 수 있게 된다"고 설명했다. 신문과 책의 가치도 구분해서 알려줬다. "신문은 우리 삶의 이야기를 빠르고 넓게 알게 해주는 반면, 책은 한 가지 주제에 대해 깊이 있는 시각을 제시해준다"며 "신문과 책을 함께 읽어야 삶의 방법과 인생의 깊이를 깨달을 수 있다"고 얘기했다.

"죽기 전까지 수필집·자서전·전문서적 등 세 권의 책을 쓰라"고도 권했다. 수필집을 준비하다 보면 사물을 관찰하는 능력이 생기게 되고, 자서전을 쓰기 위해서는 하루하루 최선을 다해 살게 된다는 의미다. 자신의 전공 분야와 관련된 전문서적을 펴내려면 치열하게 한 분야를 연구하는 자세가 갖춰진다고도 했다.〉(중앙일보 발췌)

다음은 필자가 개발한 역량 개발 공식이다. 〈KC^{Knowledge Champion}〉의

역량이란 게 있다. '지식의 대가'가 되는 공식인데 이렇다. 〈KC의 역량＝L × C × V＋P〉. 이것을 풀어서 설명하면 다음과 같다.

- L: Learning【학습 능력】
- C: Contents【콘텐츠 가공·창조 능력】
- V: Value【가치 창출 능력】
- P: Profit【수익 모델화】

〈"자기 시간의 50퍼센트는 읽고, 나머지 50퍼센트는 고민하고 사색하는 데 써야 '자신만의 삶'을 살 수 있습니다." 김중수 한국은행 총재가 '금요 경제강좌 500회 특강'에서 "다시 대학생으로 돌아가면 무얼 하고 싶으냐"는 한 청중의 질문에 내놓은 답이다.〉 (동아일보 발췌)

앞의 공식을 책상 앞에 반듯하게 붙여놓고 자신의 것으로 만들어가라. "생각은 쓰면 쓸수록 커지고, 부지런히 갈고 닦지 않으면 생각에 기름 덩어리가 낀다"라는 말이 있다. 직장인으로서 역량을 키워가라. 역량이 없으면 성공 레이스에서 뒤처지게 마련이다.

업무 전략(自) — 業(일)

콘텐츠 생성능력을 키워라

21세기를 고도의 복잡성 시대라고 한다. 기업인이든 직장인이든 생각해야 할 두 가지가 있다. 바로 생존력과 경쟁력이다. 생존하려면 경쟁력이 있어야 한다. 그 경쟁력이란 남다른 그 무엇, 바로 '콘텐츠Contents'이다. 필자는 "이젠 '베스트 원'이 아니라 '온리 원'이다!"라는 말을 자주 한다.

그렇다면 콘텐츠는 무엇일까? 한마디로 '알맹이'이다. 많은 사람들이 저마다 인재라고 자처하지만 정작 알맹이가 없는 사람들이 많다. 콘텐츠가 곧 차별화다. 새로운 비즈니스를 할 때도, 새로운 기획을 할 때도, 나아가 상품을 개발하고 프로그램을 개발할 때도 결국 중요한 것은 알맹이, 즉 콘텐츠이다. 창의적인 콘텐츠가 곧 능력인 시대가 도래한 것이다. 그래서 콘텐츠는 밥이고, 힘이고, 약이다.

이제 직장인은 '콘텐츠 메이커'로서 콘텐츠를 생성하고 저장하고 새롭게 가공하고 나아가 공유할 수 있는 노하우가 있어야 한다. 그리고 사회와 조직에 기여하고, 자신의 부가가치를 더욱더 높일 수 있는 자신만의 도구가 있어야 한다.

그렇다면 무엇을 해야 할까? 이젠 직장에서 성공하려면 탁월하고 차별화된 지식전문가가 되어야 한다. 이것은 정글에서 살아나가기 위한 생존력과 경쟁력이다. 그러자면 자신만의 콘텐츠를 만들어 창조의 과정을 거쳐 무한한 가치를 만들어나가야 한다. 21세기 직장인의 모습은 지식근로자, 기술자, 전문가이다. 필자는 이것을 'KnowleKhan'이라 부른다. 말하자면 콘텐츠의 달인, 즉 지식기술자다.

경영자들은 생산성을 아주 중요하게 생각한다. 회사의 생산성을 조금이라도 더 올리기 위해 직원들을 채근하고 성과 측정에 많은 노력을 기울인다. 그런데 스스로의 생산성에 신경을 쓰는 경영자는 적다. 지식노동의 생산성이나 품질을 측정할 기준이 적은 탓도 있다.

다음은 한국경제신문 권영설 기자의 글이다. 콘텐츠 생산능력에 대한 메시지를 잘 말해주고 있다.

〈최근 만난 모그룹 HR담당 임원의 얘기는 자극을 주기에 충분했다. 그는 자신의 현재 수준이 '지식경영 8.0'이라고 말했다. 지난 10여 년간 꾸준히 업그레이드 시킨 그의 지식경영 역사는 이렇다. 지식경영 1.0에서는 기억에만 의존했다. 2.0에 가서는 수첩에 메모하는 수준이었다. 3.0버전에서 그는 그날 있었던 중요한 사안들을 컴퓨터 문서파일에 기록했다. 여기까지는 평범한 편이다. 4.0버전부터 그는 앞서가기 시작했다. 그날 접한 중요한 키워드들을 파워포인트로 요약하기 시작했다. 지식경영 5.0에 가서 그는 대학노트를 쓰기 시작했다. 대학 시절 분위기도 살리고 지식생산성이 급등하는 것을 느꼈다. 그래서 6.0버전에 가서는 아예 매달 1권씩 대학노트를 만드는 것으로 목표를 높였다. 7.0버전에서 그는 한 달간의 지식노트를 참조해 자기 혼자 보는 잡지를 만들었다. 스마트폰이 유행하면서 이를 병행해 그의 지식경영은 8.0이 됐다. 어느 장소에서든 세계의 리더와 그들이 쓴 책, 사상 등을 외우듯이 줄줄 읊던 그의 경쟁력은 바로 스스로의 생산성을 버전 8.0까지 업그레이드 시킨 그의 노력이었던 것이다.〉

1960년대 모든 높이뛰기 선수들은 앞으로 바를 넘었다. 당시 코치들은 예외 없이 "정면을 보면서 바를 향해 머리로 돌진하라"고 가르쳤다. 왜냐하면 선수가 자신이 떨어질 곳을 보면서 도움닫기를 하면 심리적으로 안정될 뿐 아니라 뛰어오던 탄력을 이용해 높이 뛰어오를 수 있다고 생각했기 때문이다.

그런데 딕 포스베리란 젊은이가 이런 상식을 비웃고 몸을 비틀어 등으로 바를 넘는 새로운 기술을 선보였다. 시사주간지 타임지조차 "유사 이래 가장 웃기는 방법"이라며 혹평을 하기도 했다. 모든 사람이 그를 비웃었다. 심지어 공식대회에서는 이런 방법을 인정하면 안 된다는 주장마저 나올 정도였다. 그러나 포스베리는 온갖 비웃음을 견디면서 배면도약법을 지킨 끝에 1968년 멕시코 올림픽에서 금메달을 목에 걸었다. 그동안 자신을 비웃었던 사람들에게 한 방 먹인 셈이다. 그후 육상계는 그의 배면도약법을 '포스베리법'으로 공식화해 그의 이름을 청사에 새겼으며 현재는 모든 높이뛰기 선수들이 배면도약방식으로 바를 넘고 있다.

이 사례는 사물을 보는 방식의 중요성을 잘 보여주고 있다. 사물을 있는 그대로 보는 것이 아니라 '뭔가 새롭게Something New, 뭔가 다르게 Something Different, 뭔가 독특하게Something Unique' 바라보는 것이 중요하다.

그런데 보통 직장인들은 왜 이런 역발상을 하지 못하는 것일까? 고정관념 때문이다. 한 고등학교에서 있었던 일이다. 물리 선생님이 망원경을 설치한 다음, 40명에 달하는 학생들에게 행성과 그 위성을 보여주기로 했다. 첫 번째 학생이 망원경에 다가가 안을 들여다보았다. 선생님이 "뭐가 보이느냐?"라고 물었다. 그러자 그 학생은 아무것도 보이지 않는다고 했다. 그 학생은 근시가 심해 잘 보이지 않았던 것이다. 선생님은 학생들에게 초점을 맞추는 방법을 알려주었다.

그러자 학생들은 마침내 행성과 위성이 보인다고 답했다. 이렇게 학생들이 차례차례 관찰하고, 마지막 두 명이 남았다. 그중 첫 번째 학생이 망원경을 들여다보더니 아무것도 안 보인다고 말했다. "바보같이! 렌즈를 맞춰야지!" 하고 선생님이 말했다. 선생님 지시대로 렌즈를 맞춘 학생은 이렇게 말했다. "그래도 아무것도 보이지 않고 온통 까만데요?" 답답한 선생님은 망원경을 직접 들여다보았다.

그러더니 곧 이상한 표정으로 위를 올려다보았다. 렌즈 뚜껑이 그때까지 망원경을 덮고 있었던 것이다. 사실 학생들 중 어느 누구도 망원경으로 아무것도 볼 수 없었던 것이다. 이처럼 많은 사람은 다수가 무엇인가를 하면 그것은 옳은 것이며, 좋은 아이디어일 것이라고 생각한다. 바로 통념의 함정이다. 과연 그럴까? 한 번쯤 다르게 생각해보자. 그래야 '평범'이 아닌 '비범한' 그 무엇이 나오기 때문이다.

수년 전 한 대기업 총수가 이런 말을 한 적이 있었다. "지금은 IMF 버금가는 위기상황이다. 초일류 기업으로 도약하기 위해서는 '남들과 경쟁해서 1등을 하든지(No. 1), 남들이 안 하는 것을 갖고 1등을 하든지(Only 1), 둘 중에 하나는 해야 한다." 21세기를 사는 보통 직장인들에게 시사하는 바가 크다.

지식이 곧 무기이자 돈이 되는 시대다. 무한 성장의 학습이 없다면 어제의 지식은 쓰레기에 불과할 것이다. 이제 나만의 지식 콘텐츠가 없으면 생존이 어려워진다는 이야기다. 우리는 과거의 1백 년이 오늘날의 1초와 같은 시대를 살고 있다. 시간의 속도와 지식의 가치는 운명을 같이한다.

"리더Leader는 리더Reader다"라는 말이 있다. 자기 분야에서 '지맥知脈'을 찾아가면서 끊임없이 자신의 학습기능과 가공기술을 키워가는 직장인은 조직의 중심에 당당히 서게 될 것이다. 나아가 조직을 리드하는 리더가 될 것이다.

조직에서 살아남으려면 〈직장인〉이 아니라 〈직짱인〉 마인드를 부팅해야 한다. 그러자면 'No. 1' 아니면 'Only 1', 즉 경쟁력이 아니라 차별화를 생각해야 한다. 당신이 지금 하는 일에서 이것을 낚으려면 생각을 바꿔야 한다. 'Contents or Die!' 콘텐츠가 없으면 생존도 불가하다.

업무 전략(自) ― 業(일)

죽어도 사내 실업자는
되지 마라

필자는 〈소수정예주의〉를 옹호하는 사람이다. 직장에서 일하는 사람들을 보면 약 20~30퍼센트는 없어도 조직이 돌아간다는 생각이 든다. 말하자면 어느 조직이든지 '잉여 인간'이 있다는 것이다. 물론 이런 생각에 반대하는 이들도 있을 것이다.

언젠가 모 방송국에 고정 게스트로 출연을 할 때이다. 이름만 대면 알만한 K씨와 2년간 방송을 같이 하고 있었다. K씨가 하루는 필자를 데리고 아나운서실로 갔다. TV를 통해 익히 보아왔던 아나운서들이 여기저기 앉아서 일을 보고 있었다.

그런데 그곳에서 유독 눈길을 끄는 한 사람이 있었다. 다들 일을 하고 있는데 그만 혼자서 책을 보고 있었다. TV에서 자주 보던 얼굴은 아니었다. 속으로 이런 생각이 들었다. '왜 저 사람은 방송에 잘 안 나올까? 방송 사고를 쳤을까? 얼굴이 디지털 시대에 맞질 않는가? 능력이 없는가? 인기가 별로인가? 밀어주는 사람이 없는가?' 나중에 알았지만 고정 프로그램이 없어 대타, 즉 보조 역할만 하는 사람이었다.

필자는 이런 류의 직장인을 〈사내 실업자〉라고 부른다. 어느 조직이나 이런 사람들이 있기 마련이다. 가령 축구선수를 생각해보자. 예를 들어 '이막동'이란 선수가 속해 있는 팀이 경기를 하는데, 이 선수가 출전하지 않고 계속 벤치에 앉아 있다고 치자. 그는 경기에 출전하지 않아 몸은 편할 것이다. 그러나 마음은 불편할 수밖에 없다. 이 선수가 약 6개월 정도 벤치 신세로 있다면 그에게 다음 해에 오는 단어는 트레이드, 즉 방출일 것이다. 프로선수에겐 출전이라는 게 가장 소중한 코드이자 성공모드이다. 방출이 되면 끝이기 때문이다. 그래서 프로선수들은 자기 관리를 철저하게 한다.

마찬가지로 회사를 다닌다고 해서 모두가 직장인이 아니라는 것이다. 자신의 포지션이나 역할을 못하는 선수가 방출이 되듯이 조직 내에서 제 몫을 못하는 사람, 즉 사내 실업자는 고달플 수밖에 없다. 아무리 힘이 들고 회사를 다니는 게 싫더라도 죽어도 〈사내 실업자〉로 전락되어서는 안 된다. 한 번 방출이 되면 다시 코트에 복귀하는 게 어렵기 때문이다.

그렇다면 어떻게 해서 〈사내 실업자〉가 되는가?

첫째, 상사를 무시하거나 다투는 이들은 어김없이 이 길로 접어든다. 필자도 경험을 해보았지만 상사와 싸우거나 대들거나 갈등을 일으키는 것은 〈사내 실업자〉로 가는 지름길이다. 상사는 당신이 뛰고 있는 팀의 감독이나 다름없다. 이들의 심기를 건드려서는 안 된다. 자존심이 상하더라도 그 사람이 팀의 감독이라는 사실을 명심해야 한다.

둘째, 무엇보다 실력이다. 자신에게 주어진 일을 제대로 하지 못하면 그 일이 동료에게로 갈 수도 있다. 일을 그냥 일로 보지 마라. 당신이 하는 일은 성과를 내라고 주어진 것이다. 성과를 내지 못한다면 당신은 무능력을 판정받는다. 이런 상황을 본 상사는 대체재를 생각하기 마련이다. 이런 일들이 반복적으로 지속되면 그땐 할 수 있는 조치가 '업무 분장'이다. 이것이 가동되면 일 잘하는 사람에겐 중요한 일이 가고, 일을 못하는 이에겐 하찮은 일이 주어진다. 필자도 수없이 겪어본 상황이다. 당신이 지금 하고 있는 일을 우습게 보지 말고 밤낮을 가리지 않고 꼭 잡고 있어야 한다. 모르면 배워라!

셋째, 실수다. 일을 하면서 실수를 한두 번 하는 건 병가지상사다. 그러나 중대하거나 치명적인 손해를 입히면 그 일은 빼앗기는 것이다. 회사의 본질은 이익 창출이다. 이익을 내진 못하더라도 손해를 입히면 그건 곧 방출이다.

넷째, 독불장군이다. 강의나 방송을 하면서 자주 자문이 들어오는 게 있다면 '독불장군식' 팀플레이다. 나만 잘나고 동료를 무시하는 행동은 조직 내 왕따를 자처하는 꼴이다. 조직은 엄연한 팀플레이고, 조직은 연합 콘서트이고 합창 같은 것이다. 혼자 소리 높여 부르거나 삑사리(?)를 내선 안 된다.

지금 하는 일로 맘고생을 하는 당신! 아무리 힘이 들어도 〈사내 실업자〉의 길은 걷지 마라! 그럴 바엔 아예 그 조직을 나오는 게 나을지도 모른다. 살면서 가장 쪽팔리는 건 실력이 없는 게 아니라 인정을 못 받는 것이다. 그런데 그 원인은 상대에 있는 것이 아니라 당신이 만든 것이다. 당신의 '이쁨'은 당신이 만드는 것이다.

다음은 경제주간지 비즈니스위크 온라인 판이 소개한 '불경기에 잘리지 않는 요령 열 가지'이다. 보기에 따라 거북스러울 수도 있지만 현상만 보지 말고 본질을 읽어내라!

1. 얼굴을 자주 내밀어라
요즘처럼 경기가 어려운 판에 휴가 타령을 하거나 재택근무를 요구한다면 뭘 몰라도 한참 모르는 사람이다. 지금 같은 상황에서는 상사와 동료에게 얼굴을 자주 보여주는 게 중요하다. 재택근무자라면 사무실에 자주 들락거리는 게 좋다.

2. 상사와 마찰을 피하라
상사도 스트레스를 받게 마련이다. 사소한 일로 상사와 마찰을 빚을 필요는 없다.

3. 비용을 줄여라

비즈니스에는 비용이 들게 마련이다. 하지만 넉넉히 써도 좋을 때가 있고 그렇지 않을 때가 있다. 지금은 아껴야 할 때다. 고객을 접대해야 한다면 도가 지나치지 않도록 유의하는 게 좋다.

4. 조직에 필요한 사람이라는 인상을 심어줘라

긍정적인 태도로 일을 찾아 나서야 한다. 지금은 회사의 매출과 무관한 일을 벌일 때가 아니다.

5. 과거 실적을 널리 알려라

연말 인사고과 평가에서 평가자에게 구두나 메모로 자신의 지난 1년 실적을 알려줘라. 상사에게 자랑하라는 게 아니라 회사 발전에 얼마나 이바지했는지 상기시켜주라는 말이다.

6. 지금 무슨 일을 하고 있는지 널리 알려라

현재 진행 중인 프로젝트가 어떻게 진척되고 있는지 밝히는 게 좋다. 프로젝트가 잘 굴러가지 않으면 포기하고 생산적인 것으로 대체해야 한다. 그렇고 그런 프로젝트에 매달리다 잘리는 경우가 많다. 무엇이 중요하고 무엇이 하찮은 것인지 판단하는 주체는 자신이다.

7. 과업을 완결하라

진행 중인 과제가 줄줄이 이어져 있다고 유능한 인물로 인식되는 것은 아니다. 부서에서 가장 경험 많고 바삐 일한다고 신분이 보장되는 것도 아니다. 그러니 일을 효율적으로 처리하는 게 중요하다.

8. 유연성을 갖춰라

불경기에 살생부가 작성되고 있다면 역할·직함·업무에 유연성이 필요하다. 부서에서 아무리 유능하다는 평을 받아도 지금처럼 기업이 죽느냐 사느냐 기로에 선 상황이라면 무슨 일이든 할 수 있다는 겸손함을 보여줘야 한다.

9. 패배주의자가 되지 말라

회사에서 곧 퇴출당하지 않을까 안절부절못한다면 그런 모습이 동료들에게 그대로 비치게 마련이다. 미래에 대해 언제나 확신과 희망을 갖고 있어야 난국에서도 고용주에게 깊은 인상을 심어줄 수 있다.

10. 현실을 직시하라

연봉·직책 등 현재의 처우에 불만이 있어도 이를 토로하지 않는 게 좋다. 고용주의 현 관심사는 직원들에게 임금을 주고 회사를 굴러가게 만드는 것이다. 그러니 고용주가 '배부른' 근로자를 곱게 볼 리 만무하다.

(아시아경제 발췌)

업무 전략(自) — 業(일)

직장인 신2기주의

직장인 절반은 자신이 손해를 보면서 일하고 있다고 생각하는 것으로 나타났다.

〈온라인 채용정보 제공업체 잡코리아와 직장인 지식포털 사이트 비즈몬은 10일 직장인 1,239명을 대상으로 회사에 대한 인식을 조사한 결과 응답자 중 49.4%(612명)가 '회사에서 손해 보며 일하고 있다'고 답했다고 밝혔다. '손해 보지 않고 일하고 있다'고 답한 사람은 27.0%(335명)에 그쳤다. 그 이유로는 '헌신한 만큼 금전적 보상을 받지 못했기 때문'(25.5%)이라는 대답이 가장 높았다. 이어 '새롭게 배우는 지식이 없다'(20.3%) '회사 일로 바빠서 개인생활이 거의 불가능하다'(18.6%) '회사생활을 하면서 육체적·정신적 건강이 나빠졌다'(16.8%) '업무능력 향상을 위해 필요한 교육 프로그램 지원을 받지 못하고 있다(14.2%)는 등의 순이었다.

손해라는 생각은 성별로는 여성(57.4%)이 남성(44.5%)에 비해 12.9%포인트나 높았다. 직급별로는 과장급(52.2%)에서 불만이 가장 높았고, 대리급(49.5%)과 사원급(48.3%)에서도 절반에 달했다. 기업 형태별로는 대기업 직장인 10명 중 8명(80.7%)이 손해 보면서 일한다고 응답했고, 뒤이어 외국계 기업(76.0%), 중소·벤처기업(44.5%), 공기업·공공기관(15.6%) 순이었다.〉 (국민일보 발췌)

직장인들을 유심히 관찰해보면 재미있는 것이 있다. 이름 하여 〈직장인 신新2기技주의〉인데 이는 이들이 직장생활을 하면서 보여주는 장기를 말한다.

첫째, 〈까技〉

이들은 입사 이후 계속 고민을 한다. '이 회사를 다닐까 말까?' 회사를 다니면서 하루 종일 머리에 맴도는 것은 '다닐까 말까?'라는 고민이다. 이렇다 보니 하는 일이 재미도 없을뿐더러 열정도 나오지 않고 일터에서 성공코드를 잡아낼 리가 만무하다. 그런데 대개 직장인들은 이런 〈다닐까 말까 증후군〉에 사로잡혀 과장 위치에 오를 때까지 다닌다.

재미있는 건 누구나 과장 위치 정도에 오르면 생각이 달라진다는 것이다. 집도 마련한 터라 할부금이 들어가고 아이들이 성장하기 때문에 어쩔 수 없이 말뚝을 박은 셈이다. 〈다닐까말까 증후군〉 탓에 잃은 것은 무엇일까? 우선 남들보다 서열에서 뒤처진 것은 물론이고, 자신이 하는 일에 대한 전문성 결여는 당연지사다. 어떻게 보면 엄청난 손해를 본 셈이다. 이런 구성원을 누가 선호하겠는가?

왜 이런 일이 벌어지는 것일까? 우리나라는 성공의 코드가 한곳에 집중되어 있는 나라이다. '의, 치, 한'이란 말이 있다. 의사, 치과의사, 한의사가 되는 것을 성공으로 생각하기 때문에 직장인들은 "왜 대학시절에 내가 의대나 치과대나 한의대에 들어가지 않았을까?" 하고 과거 지향적 사고에 파묻혀 사는 것이다. 남의 떡이 커 보이기 때문에 자신의 성공무대에는 눈길이 가지 않는다. 그다음엔 자신의 인생을 가이드해줄 삶의 조감도, 즉 밑그림이 없기 때문이다. 건물을 지을 땐 어느 경우라도 밑그림인 설계도가 필요하다. 이게 없으니 고민할 수밖에 없는 노릇이다.

미국에서 직장인 1,500명을 두 그룹으로 나누어 조사를 했다. A그룹은 직장생활의 목표가 돈이었고, B그룹은 목표가 자신의 비전 성취였다. 수십 년이 지난 뒤 이들 중에서 백만장자가 101명이 나왔는데 A그룹에서는 1명이, B그룹에서는 100명이 나왔다. 당신이 하는 일에 조감도가 없으면 어떻게 될까? A그룹과 같은 증후군에 빠지게 된다. 아직도 직장을 다닐까 말까 하면서 일터에서 맴돌고 있다면 그 인생의 결과는 뻔(?)하다. 세상이 그렇게 호락호락하지 않다는 건 당신도 아는 진리일 것이다.

둘째, 〈잊技〉

대개 직장인들은 자신이 하는 일에 큰 애정을 갖지 않는다. 이들은 퇴근을 하면서 업무의 칩을 두뇌에서 빼놓고 귀가를 한다. 쉽게 말해 퇴근을 하는 순간부터 직장인이 아니라 '자연인'으로 돌아가는 것이다.

이 말은 퇴근하면서부터 다른 궁리를 한다는 것이다. 어떤 이들은 술을, 어떤 이들은 당구를 하는 식으로 일에서 손을 뗀다. 그리고 다음 날 아침에 출근하면서 빼놓은 칩을 다시 두뇌에 삽입한다. 출근 시간이 9시라면 9시에 삽입해서 부팅하는 데 30분 정도 걸린다. 화장실도 가고 커피도 마시고 신문도 보고 이메일도 확인하면서 말이다. 출근 시간이 9시면 8시 30분 정도에 출근해서 준비를 한 다음 9시에 근무를 시작해야 하는데 그게 아니라는 것이다. 이런 유형을 보면 약 12시간 정도 컴퓨터가 안 도는 셈이다.

왜 이럴까? 〈애직심〉이 없기 때문이다. 자신의 일로 승부를 걸지 않고 마음이 딴 데 가 있기 때문이다. 그러나 분명한 것이 하나 있다. 회사가 가장 좋아하는 사람이 누구인가? 바로 돈 많이 벌어오는 사람이다. 쉽게 말해 일을 잘하는 사람이다.

우리나라 최고 기업 S그룹 중역들의 특징을 한번 연구해본 적이 있다. 이들은 대개 네 가지 공통점을 갖고 있었다. 첫째, 성질이 급하다. 그렇다 보니 전반적으로 말을 빨리한다. 그리고 주도적인 인성을 갖고 있다. 그래서 성과를 빨리 내는 편이다. 당연히 조직은 이런 스타일을 선호할 수밖에 없을 것이다. 둘째, 밥을 빨리 먹는다. 이는 일이 많다는 것을 암시해준다. 일본의 한 중소기업은 신입사원을 선발할 때 30년째 밥을 빨리 먹는 순으로 뽑는데 이 순서대로 일도 잘한다고 한다. 셋째, 감기 같은 잔병치레를 안 한다. 일에 대한 열정으로 인플루엔자가 자리할 수 없다는 것이다. 열정으로 사는 이들은 감기에 잘 안 걸린다. 그래서 결근이란 단어를 모른다. 넷째, 휴가는 안 간다. 필자는 이런 자세를 〈머슴론〉이라고 하는데, 주인이 찾으면 있어야 하기 때문에 이들에겐 휴가라는 단어는 없는 것이다. 당연히 주인이 좋아할 수밖에 없다.

이들과 당신의 직장생활 패턴을 한번 비교해보아라. 당신이 조직에서 외곽에 있는 이유를 찾을 수 있을 것이다. 한 중견기업 창업자가 이런 말을 한 적이 있다. "주인은 일 잘하는 이들에겐 어떤 식으로든지 보상을 하려고 한다. 그런데 직장인들은 일을 많이 하는 것을 싫어한다. 참 안타까운 현실이다."

'지금이 아니면 영원히 못한다Now or never'. 한국의 스티븐 호킹으로 알려진 이상묵 교수의 인생철학이다. 필자가 말하고 싶은 것도 이와 별반 다를 게 없다. 당신의 성공자산은 지금 하는 일이다. 일에 대한 관점을 바꿔야 한다. 그곳에 당신의 성공엔진이 자라고 있고, 이것으로 평생 직업을 만들어갈 수 있다.

아무리 힘들어도 자신은 일꾼이다. 일꾼에게 있어 가장 소중한 것은 일이다. 지금 하는 일로 승부를 걸어라. 회사는 넓고 할 일은 참 많다. '지금이 아니면 영원히 못한다'.

업무 전략(自) — 業(일)

생존력과 경쟁력은
기본이다

올해로 '1인 기업'의 길을 걸어온 지 13년이 되었다. 이 길을 오면서 대략 5,000회 정도의 강의와 800회 정도의 방송 출연을 했다. 그리고 수백 회에 걸친 기고와 18권의 책을 출간했다. 나름 평가를 해본다면 아주 나쁜 성적은 아닌 것 같다. 물론 자만하자고 하는 말은 아니다. 되돌아보면 힘든 일도 많았다. 교통사고로 팔과 다리에 큰 상처도 입었고, 강의장으로 가는 도중 폭우로 길이 막혀 당황했던 일, 폭설로 산속에서 생방송을 했던 일 등 다사다난했던 일들이 많이 있었다. 지금에 와서 보면 추억으로 떠올릴 수 있는 일이지만 당시엔 참 힘들기도 했다. 이런 탓에 필자가 얻은 교훈은 '감사, 그리고 감사, 또 한번 감사'라는 말이다.

가끔 이런 생각을 해본다. '이렇게 롱런을 할 수 있었던 요인은 무엇일까?' 필자를 음으로 양으로 이끌어준 교육담당자, 멘토, 가족 등 여러 사람의 도움도 있었지만 그중 하나를 꼽으라면 바로 열정이 아니었나 싶다. 사실 한 분야에서 정상(?)의 자리를 유지하기란 여간 어려운 것이 아니다. 그러자면 남다른 노력이 따라야 하는데 가령 가수 송대관 씨를 한번 보자. 송대관 씨가 어느덧 60대 중반에 접어들고 있다. 그런데 그는 아직도 정상에서 보란 듯이 트로트 가수의 맥을 이어가고 있다.

언젠가 강의장에서 이런 질문을 한 적이 있다. "가수 송대관 씨의 진짜 경쟁자는 누구일까요?" 이런 질문을 던지면 대개 "태진아!" "현철!" 또는 "설운도!"라고 답한다. 필자는 이에 아니라고 답한다. 그의 진짜 경쟁자는 동료 가수가 아니라 자기 자신이라고 생각한다. 그는 바쁜 일정을 끝내고 보통 새벽 1시에 집으로 돌아온다. 간단하게 요기를 하고는 집 안에 마련된 헬스장에서 어김없이 웨이트 트레이닝을 한다. 이걸 하루도 빠짐없이 한다. 이런 노력으로 그의 허벅지나 종아리는 씨름선수나 유도선수를 뺨칠 정도이다. 그가 이렇게 하는 이유는 생존을 위한 몸부림일 것이다. 건강을 돌보지 않고서는 무대에서 그렇게 열창을 할 수 없기 때문이다.

필자는 2년 전부터 헤어스타일이라든가 의상에 큰 변화를 주고 있다. 과감하게 파마도 했다. 이렇게 스타일링에 변화를 주는 데는 다 이유가 있다. 기업체에서 강의를 하려면 늙어 보여서는 안 되기 때문이다. 50대 중반인 필자가 강사로선 다소 노땅(?)에 해당한다. 젊은 교육 담당자들은 나이 든 강사를 선호하지 않는다. 이렇게 헤어스타일로 이미지 변화를 주는 건 일종의 '분식회계' 같은 작업이다. 아무래도 헤어스타일에 변화를 주면 이미지가 다소 젊어 보이기 때문이다. 실제 그런 효과를 보기도 했다.

그다음에 필자는 넥타이 대신 보타이를 하고 다닌다. 언뜻 보아선 호텔 웨이터 같은 이미지도 풍기지만, 나름 전문가다운 모습을 보여주기도 한다. 더러는 연예인 같은 독특한 이미지를 연상시키기도 하는데 강의장에서 반응이 좋다. 그래서 2년째 파마머리에 보타이를 하고 강의를 하거나 방송에 나가고 있다.

그렇다면 왜 이런 변화를 주는 것일까? 단도직입적으로 말해 '생존'하기 위함이다. 사람들은 '변화해야 한다' '변화만이 살 길이다'라는 말을 자주 한다. 맞는 말이다. 변화를 하는 건 생존력을 키우기 위해서이다. 그러니까 〈변화=생존력〉이라고 보면 된다. 생존력을 키우려면 무엇을 해야 할까? 남다른 경쟁력이 있어야 한다.

당신이 기업에 프린터기를 납품하는 사업을 하고 있다고 치자. 그런데 당신 말고도 경쟁업체가 있다. 당신은 프린터기 한 대를 20만 원에 납품한다. 반면에 경쟁업자는 19만 원에 20개월 할부로 납품한다. 어느 곳이 경쟁력이 있을까? 말할 필요도 없이 경쟁업체이다. 경쟁력이란 나만이 할 수 있는, 그 누구도 못하는 것인데 영어로 말하면 'Only 1'이다.

그렇다면 'Only 1'이 되기 위해선 무엇을 해야 할까? 바로 혁신이다. 개인이나 기업이나 국가에 공통적으로 적용되는 사자성어가 하나 있다. '흥망성쇠興亡盛衰'라는 말이다. 살아있는 건 흥했다가도 언젠가 망한다는 것이다. 왜 그럴까? 한치 앞도 내다볼 수 없는 '고도의 복잡성' 때문이다.

그래서 우리가 생각해야 할 것이 두 가지가 있다. 그것은 '변화'와 '혁신'이다. 변화를 하는 건 생존 때문이다. 생존력을 키우려면 무엇을 해야 할까? 그러자면 부단한 혁신을 도모해야 한다.

혁신이란 '과거와는 다른 새로운 생각이나 방식으로 일하는 것'을 말한다. 영어 'Innovation'에서 'nova'는 라틴어로 '새롭다'라는 뜻이다. 혁신이란 단어를 한자로 쓰면 '革新'이 된다. 이것을 해석해보면 '갓 벗겨진 가죽皮을 두무질해서 새로운 가죽革을 만드는 일'이다. 즉, 혁신이란 동물 가죽의 껍질을 떼어내는 아픔이 따른다는 것이다. 결코 말처럼 쉬운 일이 아니다.

〈미치지 않고 산다는 것, 정상 범위에서 산다는 것이 때론 내 스스로의 창조성과 변화의 쾌락을 옭아매는 올가미가 되기 쉽다. 많은 사람들이 '평탄하게 살고 싶어요'라고 말한다. 그러나 인생은 그 본질 자체가 평탄하지 않다. 엄청난 파도와 같이 속도 변화와 고저가 존재하는 변화의 연속이다. 이 파도를 잠재울 수 있는 개인은 없다. 잠재울 수 없다면 이 파도를 즐기는 게 어떨까. 가끔은 평탄함에 대한 강박에서 벗어나 마음껏 미쳐 세상의 굴곡을 느껴보자. 거기서 창조적 쾌감을 만날 수 있

다.〉(중앙일보 발췌)

이 세상에 평탄한 인생은 없을 것이다. 그래서 인생은 직선이 아니라 곡선이라고 한다. 조직에서 녹을 먹는 이들은 누구나 알고 있는 혁신 〈Know-How〉가 아니라 바로 현장에서 행동으로 옮길 수 있는 혁신 〈Do-How〉를 배워야 한다. 당신의 생존력은 혁신에 달려 있다고 해도 과언이 아니다.

〈한국 펜싱 선수들은 유럽 선수들에 비해 키가 작고 팔 길이가 짧은데도, 과거엔 손 기술 위주의 유럽 스타일을 모방만 해왔다. 그러다 10년 전 한국형 펜싱을 개발해야 한다는 데 의견이 모아지면서 한국인의 신체적 특성에 맞는 기술 연구에 돌입했다. 가장 중요한 변화는 발동작을 빨리하는 데 주안점을 둔 것이다. 펜싱 선수들이 느닷없이 등산과 달리기, 웨이트 트레이닝 등 하체 강화 훈련에 몰두한 이유다. 이렇게 단련된 우리 선수들은 이번 올림픽에서 빠른 잔발로 치고 빠지면서 유럽 선수들의 얼을 빼놓았다. 우리 선수들의 1분당 스텝 수는 최대 80회로 유럽 선수들의 2배 수준이고, 빠른 스텝을 이용해 1초 동안 5미터를 이동하기도 했다.〉(조선일보 발췌)

그렇다면 당신이 해야 할 것은 무엇인가? 그 누구도 따라잡을 수 없는 당신만의 차별화 전략을 구사해야 한다. 한국 최초로 체조 금메달을 딴 양학선 선수가 차별화의 정수精髓를 보여주었듯이 말이다. 양 선수는 누구도 모방할 수 없는 최고난도 기술을 개발함으로써 차별화의 세 가지 전략을 구축했다. 최초the first, 유일함the only, 최고the best를 구현한 것이다. 이것이 생존력과 경쟁력을 키우는 〈3T〉다.

지금 당신이 하는 일에 이 〈3T〉를 입혀라! 'Only 1'을 넘어 그 누구도 추종할 수 없는 'Best Only'를 창출하라. 일을 할 때 이런 생각을 해라. '아마 이건 우리 업종에서 최초일걸? 아니, 우리 업종에서 나만이 할걸? 아니, 우리나라 최고일걸?' 이런 자세로 최고의 성과를 낸다면 그 누구도 당신을 자르지 못한다. 죽어도 못 자르는 샐러리맨으로 거듭나라!

다음은 '세계 최고인이 되려면 세 가지를 실천하십시오'라는 제하의 이랜드그룹 박성수 회장의 글이다. 구성원들에게 전하는 직장인 마인드이자 직장인을 위한 성공가이드다. 필자는 이 글을 거의 암기할 정도다.

세계 최고인이 되려면 세 가지를 실천하십시오.

최고의 전문가는 365일 24시간 그 일만 생각합니다.

• Techable Mind는 최고 전문가의 기본입니다. 최고 전문가가 되는 길은 몇 가지가 있지만, 그중에서 서로 Techable Mind, 즉 배우려는 자세를 중요시합니다. 배우지 않고서는 최고 전문가로서 발돋움할 수 없기에 배우는 자세는 여러 번 강조해도 지나치지 않습니다.

• 우리가 배워야 할 여덟 가지
첫 번째는 사람에게 배웁니다. 다른 사람이 나보다 나은 점을 통해, 다른 사람이 실패했던 점을 통해, 다른 사람이 나와 다른 점을 통해 배웁니다. 두 번째는 가정과 학교, 직장, 사회로부터 주어지는 여러 환경과 상황을 통해 배웁니다. 세 번째는 어려움을 주는 사람과 어려운 일들을 통해 배웁니다. 네 번째는 책을 통해 배웁니다. 책은 대개 그 분야에서 뛰어난 사람에 의해 쓰여지므로 그 책을 통해 훌륭한 점을 배울 수 있습니다. 다섯 번째는 항상 물으려고 하는 것과 충고를 들으려는 자세를 가집니다. 그리고 무엇보다도 비용의식, 수익의식, 책임의식 이 세 가지에 대해 철저해야 프로페셔널한 최고 전문가가 될 수 있습니다.

• 최고 전문가는 세 가지를 항상 실천에 옮깁니다. 최고 전문가가 되기 위해서는 위의 사항들을 전제로 한 상태에서 실천해야 할 행동이 세 가지가 있습니다. 첫째, 자신이 꿈꾸는 그 분야를 항상 생각해야 합니다. 즉, 365일 24시간 생각해야 하며 잠을 자면서도 그 분야와 그 일에 대해 꿈을 꾸어야 합니다. 둘째, 항상 메모할 준비가 되어 있어야 합니다. 잠자리에서도 화장실에서도 언제 어디서나 아이디어가 생각나면 메모할 준비가 되어 있어야 합니다. 펜과 메모지가 당신 인생을 좌우합니다. 셋째, 아이디어를 하루, 한 주, 한 달, 일 년 주기로 체크하여 실행할 수 있어야 합니다.

사람의 일생에 큰 기회는 세 번 옵니다. 그 기회를 잡느냐에 따라 그 인생이 좌우된다고 합니다. 그 기회는 오직 365일 24시간 준비하는 자에게만 옵니다.

(이랜드 그룹 사보 〈아름다운 정상〉 발췌)

업무 전략(업) — 業(일)

퇴근 전
10분이 관건이다

미국 뉴욕 키스코 산에 사는 자전거 수리공 레기는 일을 다 마친 뒤 5분을 더 투자한다. 체인 청소나 기어 조절은 기본이고, 어린이용 자전거일 경우 경적이나 이름표를 달아주는 등 고객이 알아차릴 수 있는 변화를 만든다. 이 짧은 시간에 레기는 다른 경쟁자와 구분되는 서비스를 만들어낸다.

일터에서 성공하는 이들과 실패하는 이들 사이엔 어떤 차이가 있을까? 아마 큰 차이가 아니라 사소한 차이일 것이다. 그 사소한 차이는 하나의 습관에 불과하다. 습관이란 삶의 대한 태도이고, 삶을 운영하는 시스템이다. 성공자들은 좋은 태도와 자세, 즉 남다른 시스템을 갖고 있는 것이다.

이들이 갖고 있는 시스템이란 어떤 것일까? 남들은 우습게 알거나 아니면 무시해온, 어떻게 보면 사소한 작은 습관들이다. 가령 아침에 일찍 일어나기, 메모하기, 경청하기, 일찍 잠자리에 들기, 자기 공간 정리하기, 남보다 일찍 출근하기 등이다. 남들이 보기엔 하찮은 것들이지만 이것들이 체득화되어 하나의 시스템을 이루면 인생에서 큰 차이를 만들어낸다.

S그룹에서 직장생활을 할 때다. 필자의 상사는 퇴근 무렵이면 늘 우리에게 "책상 위를 잘 정리하고 퇴근해라!"라는 말을 밥 먹듯이 했다. 지금도 그 소리가 귓가에 맴도는 듯싶다. 그 상사는 '미스터 정리맨'이라고 해도 과언이 아닐 정도로 깔끔을 떠는(?) 사람이었다. 그렇다면 그 상사가 사사건건 간섭하는 김 반장 같은 리더였을까? 아니다. 당시 3개의 부서장 직함을 갖고 있던 잘나가는 리더였다. 그 상사는 과중한 업무를 수행하다 보니 나름대로의 시스템을 구축한 것 같았다. 퇴근 무렵이면 어김없이 책상을 정리해서 수많은 결재서류를 서류함에 넣은 다음 묘한(?) 작업을 하곤 했다.

대략 10분 정도 걸리는 그 작업은 포스트잇에 내일 할 일을 메모하는 일이었다. 다음 날 해야 할 일의 우선순위를 정하는 것이 다였다. 그다지 대단한 것은 아니었지만 일종의 자기 관리 시스템을 갖고 있지 않았나 싶다. 지금 와서 생각해보면 그 상사는 하루를 남들보다 한 템포 빨리 여는 셈이었다. 그는 그후로 승승장구해서 지금 한 기업의 부사장으로 있다.

필자에게도 이런 습관이 있다. 앞에서도 한 번 설명한 〈+30〉 전략인데, 남들보다 한 30분 늦게 퇴근하는 습관이다. 이 시간에 신문 스크랩을 하는 것이다. 남들이 다 퇴근한 일터는 그야말로 나만의 공중 도서관이 된다. TV도 켜놓고, 그날 신문을 나만의 방식에 맞춰 황금 같은 정보거리를 낚는 것이다. 이렇게 하면 남들과 같은 시간에 나가서 겪어야 할 교통 체증을 피할 수 있고, 술자리도 비켜갈 수 있기 때문이다. 그러나 진짜 속셈은 이 시간대 들어오는 다음 날 아침 가판 신문을 볼 수 있다는 것이었다.

이런 〈+30〉 전략으로 필자는 내공을 쌓을 수 있었다. 우리 주변엔 성공 시스템을 모르고 철(?)없이 살아가는 샐러리맨들이 많다. 남들이 소홀히 넘기는 퇴근 전 10분을 다시 보는 프레임을 가져보아라! 그리고 이 시간을 확대 재생산 할 수 있는 실질적인 가공능력을 키워가라. 그렇다면 퇴근 전 10분이 갖는 중대한 의미를 짚어보도록 하겠다.

첫째, 왜 퇴근 전 10분인가? 당신이 무심코 지나쳤던 10분의 소중함을 일깨워라. 이 시간이 인생의 성패를 가른다는 것을 명심하라. 성공 인생이란 하루 경영이다. 삶에 대한 시각을 바꿔서 퇴근 전 10분으로 인생 역전을 도모해보아라!

둘째, 퇴근 전 10분이란 무엇인가? 퇴근 전 10분 동안 할 수 있는 영역은 많다. 즉, 정리→평가→계획→비전 설정 등을 구체적으로 할 수 있다. 이 시간이 하루 24시간을 좌우한다고 인식의 전환을 해야 한다.

셋째, 어떻게 하면 퇴근 전 10분을 가공할 것인가? 당신 나름의 방법론을 생각해보아라! 이 짧은 시간을 자신의 성공 자산으로 재가공할 수 있는 노하우를 생각해보는 것이다.

넷째, 퇴근 전 10분 습관 만들기 노트를 마련하라! 새로운 습관을 하나 만드는 데는 적어도 21일이 걸린다. 이 마魔의 21일을 돌파하면 누구나 하나의 습관을 자신의 것으로 만들 수 있다. 말하자면 습관 노트를 만들어보는 것이다.

〈'아이젠하워 원칙'이라는 것이 있다. 어지럽게 혼돈돼 있는 상태를 간단하게 정리·정돈해주는 방법을 말한다. 아이젠하워 대통령 이래 미국의 여러 대통령들이 복잡한 집무를 단순하게 하는 데 활용해온 원칙이라고 해서 '아이젠하워 원칙'이란 이름이 붙었다고 한다. 어쩌면 이 원칙 덕택에 아이젠하워는 1944년의 노르망디 상륙작전이란 역사상 가장 크고 복잡한 작전을 성공시켰는지도 모른다. 복잡할수록 단순하게 정리하는 것의 힘은 실로 매우 크다.〉 (조선일보 발췌)

하루 중 단 1퍼센트의 시간을 계획 세우기에 활용한다면 나머지 99퍼센트의 시간은 당신이 확실히 컨트롤할 수 있다. "1야드는 어렵지만 1인치는 쉽다." 당신의 퇴근이 내일을 만든다! 퇴근 전 10분을 잡아라!

업무 전략(自) — 業(일)

심은 대로 거둔다

매년 인사고과 시기가 다가오면 누구나 고민에 빠진다. 더욱더 힘들게 만드는 건 고과 이전에 진행되는 '자기평가'라는 작업이다. 즉 • 나는 몇 점일까? • 솔직하게 해야 할까? • 전략적으로 할까? 등이다. 이 작업이 우리네 정서에 맞지 않을뿐더러 익숙하지 않기 때문이다. 더욱이 조직생활에 대한 경험이 미천한 이들에겐 이 작업이 고역이 아닐 수 없다. 그렇다고 대충 할 수도 없는 노릇이다.

어떻게 하면 인사고과에서 자신이 원하는 것을 얻을 수 있을까? 자기평가를 효과적으로 할 수 있는 〈Do-How〉를 소개한다. 이름 하여 〈자기평가 Do-How 4〉이다.

첫째, 자진 납세를 하라

이 말은 정직하게 하라는 뜻이다. 필자의 이야기를 해보겠다. 필자는 1인 기업가이다. 그래서 매년 5월이 되면 1년 동안 벌어들인 소득에 대한 종합소득세를 내기 위해 세무신고를 해야 한다. 수년 전 필자는 세금을 적게 낼 요량으로 거짓 신고를 한 적이 있었다. 가령 한 해 동안 소득이 4억 원이라면 1억 원 정도로 줄여서 신고한 것이다. 편법을 쓴 셈이다. 그런데 3년 뒤에 세무서에서 통보를 받았다. 세금 탈루를 한 것이 적나라하게 드러난 것이다. 세금 폭탄을 맞아 세금을 탈루한 금액에다 벌과금까지 다 물어내게 됐다.

자기평가에서 거짓말은 금물이다. 가면은 언젠가 벗겨진다는 것을 명심해야 한다. 그 뒤로 필자는 아주 정직하게 세금을 납부하는 사람이 되었다. 자기평가에서 가장 중요한 전략은 'Honesty is best policy'이다. 자기평가도 매한가지다. 심은 대로 거둔다.

둘째, 평가 코드를 읽어내라

강의를 하면서 가장 강조하는 속담이 있다. "머리가 나쁘면 손발이 고생을 한다!" 자기평가라는 것은 한 해 동안 자신이 지은 농사에 대한 값어치를 매기는 일이다. 마치 상인이 자신의 상품을 제값 받고 팔기 위해 잘 포장을 하듯이 자기평가에도 남다른 포장 전략이 있어야 한다. 과대포장을 할 필요까지는 없지만 그래도 보기 좋게 모양새를 갖추어야 한다. 보기 좋은 떡이 먹기에도 좋기 마련이다.

그러자면 조직에서 평가를 하는 코드를 잘 숙지하고 그에 맞게 평가를 해야 한다. 조직이 원하는 평가 원칙에 충실해야 한다. 이는 시험을 보는 사람이 시험을 잘 치르기 위해 출제자의 의도를 제대로 파악하는 것과 다를 게 없다. 자기평가를 하기 전 평소 상사의 마음을 얻기 위해서는 '애정점수love point'를 따놓아야 한다. 인사고과는 사람이 한다. 상사도 사람이다.

셋째, 시각의 차이를 좁혀라

자기평가를 할 때 누구나 한 번쯤 자기 오류에 빠지기 마련이다. 사실 자신이 스스로를 평가하는 건 무척이나 어려운 일이다. 사람은 자신을 객관적으로 볼 수가 없다. 자기평가 시 가장 심각한 오류는 자신의 시각과 상사의 시각이 다르다는 것이다. 다시 말해 상사와 부하는 시각이 다르다. 상사가 인간적으로 더 훌륭하다는 뜻이 아니라, 서 있는 지점이 다르다는 얘기다.

등산에 비유하자면 부하가 고도 800미터 지점에서 정상을 향해 올라가는 상황이라면, 상사는 이보다 높은 고도 2,000미터에서 바라보고 있는 것과 같다. 바로 이 시각의 차이를 좁혀가야 한다. 당신이 상사의 입장에 서면 평가의 잣대가 보이기 마련이다. 상사의 표준standard을 꿰뚫고 이용하라! 상사가 가장 중요하게 여기는 규칙을 파악하고 이를 집중적으로 파고들어야 한다.

넷째, 시간적 여유를 확보해라

"사람들은 정해진 시간 안에 성과를 내도록 압박을 당하면 '시간압박 time pressure' '성과압력솥performance pressure-cooker' 현상에 빠져 주변을 돌아볼 여유가 없어진다." 로버트 서튼 스탠퍼드대 교수의 말이다. 그는 '착한 사마리아인 실험' 통해 이것을 확인할 수 있었다고 말한다. "신학생들에게 착한 사마리아인을 주제로 강연을 부탁했다. 강연장으로 가는 길에 어떤 사람이 심한 기침을 하며 이들 앞에 쓰러졌다. '강연할 때까지 시간이 넉넉하다'는 이야기를 들은 신학생들 중 63퍼센트가 쓰러진 사람을 도왔다. 하지만 '바로 강연을 해야 한다'고 재촉당한 신학생들은 10퍼센트만 쓰러진 사람을 도왔다."

자기평가는 아주 소중한 작업이다. 인사고과에 직결되고 당신의 성공 인생에 막대한 영향을 끼치기 때문이다. 이 작업을 여유를 갖고 하지 않으면 시간에 쫓겨 대충할 수밖에 없을 것이다. 자기평가 시간을 확보하라. 이것도 선택이다.

자기평가를 하다 보면 자신이 무척 왜소해지는 것을 느낄 것이다. 한 언론사가 야구의 명장 김경문, 김성근 두 감독에게 물었다. "야구에서 한두 번 실패를 겪은 선수들에게 해주고 싶은 말은 무엇입니까?" 이 질문에 두 감독은 이렇게 답했다. "좌절을 이겨낸 사람들은 어려울 때 남을 탓하지 않는다. 일이 잘되지 않더라도 자기 책임을 인정하라. 도망가지 말고 극복해야 한다. 포기하면 누구도 도와주지 않는다."

자기평가는 '네 탓'보다 '내 탓'을 찾아내는 과정이다. 그걸 찾으면 더 발전할 가능성이 높을 것이다. 이 작업을 통해 작지만 큰 거인 메시처럼 단점을 장점으로 전환하는 노력을 해보아라. 언젠가 당신의 성공무대인 회사라는 필드를 종횡무진 할 수 있지 않겠는가? 당신은 매년 실시되는 인사고과에서 무엇을 얻고 싶은가? 아마 'A+'일 것이다. 그것을 원하면 자기평가에 원하는 것을 심어라! 씨앗은 정직하다. 자기평가든 농사든 심은 대로 거둔다!

업무 전략(自) — 業(일)

강의 역량을 키워라

　필자는 대학에서 러시아 문학을 전공했다. 그런데 대기업을 대상으로 수천 회에 걸친 강의를 하고 있다. 그것도 문학이 아닌 변화와 혁신 그리고 성공학에 대한 것이다. 그렇다면 어떻게 문학을 전공한 사람이 이런 일을 할 수 있을까? 그건 직장에서 강의를 하게 된 것에서 비롯되었다. 무슨 공부든지, 공부를 가장 쉽게 할 수 있는 첩경은 '가르치기'에 있다고 생각한다.

　중국의 속담 중에 이런 게 있다. "들은 것은 잊게 되지만, 눈으로 본 것은 기억할 수 있다. 내가 직접 해본 것은 내가 이해할 수 있고, 남을 가르치면 모든 것을 잘할 수 있다." 단적으로 말하자면, 많이 알지 않고서는 남을 가르치지 못한다는 이야기다.

필자의 경험이지만 강의를 하려면 〈10배의 법칙〉이 적용된다. 그러니까 2시간 정도의 강의를 하려면 20시간 정도는 준비를 하거나, 20시간 정도에 달하는 강의 콘텐츠를 갖고 있어야 한다는 것이다. 이것이 〈10배의 법칙〉이다. 결국 남을 가르치는 일이 싫든 좋든 공부를 하는 가장 좋은 방법이라는 것이다.

지난해 국내 S전자 연수팀장에게 자문을 구한 적이 있다. "세계 굴지의 기업에서 HRD 부문을 책임지고 있는데 부하들에게 요구하는 역량이 무엇입니까?" 이 질문에 그 팀장은 다음과 같이 열 가지를 꼽았다.

①학습 역량 ②기획 역량 ③문서 작성 역량 ④커뮤니케이션 역량 ⑤변화+혁신 역량 ⑥문제해결 역량 ⑦콘텐츠 생성 역량 ⑧글로벌 역량 ⑨비즈니스 마인드 역량 ⑩강의 역량. 이 중 필자의 눈길을 끈 건 단연 '강의 역량'이었다. 강의 역량을 키우려면 ①~⑨번까지의 역량이 없으면 불가능하기 때문이다. 다시 말해 강의 역량을 키우면 나머지 아홉 가지는 자동으로 키워진다는 이야기다. 그만큼 강의 역량이 중요하다는 뜻이다.

그렇다면 이 역량을 어떻게 키울 수 있을까? 다음에 소개하는 〈초학습법〉을 배우면 된다. 이 학습법은 필자 나름대로 연구한 것인데 자녀를 두고 있는 가정에서는 필독하길 바란다. 우선 이 학습법의 장점을 들자면 다음과 같다. •돈이 들지 않는다 •과외가 필요 없다 •스스로 할 수 있다 •신바람이 난다 •가정이 변한다 •공부가 재미있고, 숙제가 재미있다 •

자신감이 생긴다 • 최고가 될 수 있다 • 전인 교육이 된다.

다음에 소개하는 사례는 실화이다. 미국에서 경영 컨설턴트로 일하다가 국내에서 리더십 컨설턴트로 그 명성을 떨치고 있는 K박사의 이야기다. K박사는 슬하에 자녀를 셋 두었는데 세 자녀 모두 하버드 대학을 비롯해 세계 일류 대학을 나오는 등 소위 자식 농사에 성공(?)했다.

그런데 K박사는 세 자녀를 일류대에 보내기 위해 과외 같은 것을 시켜본 적이 없다고 한다. 그의 자녀교육 성공요인엔 무엇이 있을까? 물론 세 자녀가 똑똑하고 공부를 잘한 탓도 있지만 K박사는 〈A-STAR〉라는 좀 유별난 학습법을 적용한 게 적중했다고 회고했다.

〈A-STAR〉 학습법은 '동료 개인지도 교사Peer Tutoring'라는 스스로 학습Self study을 말한다. 요즘 말하는 '자기주도 학습'인 셈이다. 〈A-STAR〉 학습법은 〈Attend참여→Study학습→Teach교습→Apply적용→Review반복〉의 첫 글자를 따서 만든 것인데, 남을 가르치는 과정과 그 재미를 통해 자녀에게 스스로 학습을 유도하는 방법이다.

어느 날 K박사는 큰아이가 공부에 흥미를 갖게 하기 위해 매일 학교에서 배운 내용 중 아무것이나 하루에 한 시간씩 K박사에게 가르쳐달라고 했다. 아이는 '자신이 아버지를 가르친다'는 사실에 크게 동기부여가 되어 여러 번의 시행착오를 거듭한 끝에 그날 배운 내용을 아버지에게 전달하는 교습, 즉 'Peer Tutoring'을 하게 된다. 말하자면 아이는 자신이 아버지를 가르칠 수 있다는 사실 하나만으로 스스로 학습에 대한 동기부여를 받은 셈이다.

이후 이 아이에게는 행동, 학습 자세, 성취 의욕, 자신감, 표현력, 발표력 등 여러 면에 걸쳐 큰 변화가 있었다고 한다. 눈에 띄게 변한 건 무엇보다 수업 시간에 열심히 참여Attend하는 것이었다. 박사인 아버지를 가르치려면 수업 내용을 완벽하게 숙지해야 하기 때문이었다.

이런 변화에 이어 달라진 점은, 누가 시키지도 않았는데 방과 후엔 곧장 도서관에 달려가 부족한 점을 스스로 학습Study하는 것이었다. 그러니까 아이가 누군가를 가르치는 데 재미를 느껴 심화 학습을 한 것이다. 그리고 여기서 가장 중요한 점은 아버지를 가르침Teach으로써 그날 학교에서 배운 것을 적용Apply해보고, 이렇게 함으로써 복습Review까지 하게 되는 것이었다.

다시 말해 〈Attend참여→Study학습→Teach교습→Apply적용→Review복습〉의 과정을 통해 스스로 학습을 하게 되는 좋은 습관을 갖게 된 것이다.

결국 이 아이는 이런 공부 습관을 통해 미국에서도 내로라하는 사립 명문 고등학교를 우수한 성적으로 마친 뒤 아이비리그를 졸업하게 됐고, 나머지 두 자녀도 스스로 학습법을 통해 명문대를 나왔다. K박사는 스스로 학습을 위한 동기 유발의 왕도는 남을 가르치는 것에 있다는 것을 강조한다. K박사의 이와 같은 학습법을 〈3인 학습법Three Person Teaching〉이라고 한다. 아이가 학교에서 선생님한테 배운 것을 바탕으로 자기화한 뒤에 그것을 응용해 다른 사람, 즉 동료나 부모를 가르치는 것을 의미한다. 〈선생님(가르치는 사람)→아이(배우는 사람)→부모, 동료(배울 사람)〉의 과정에서 아이는 '간이교사' 역할을 하는 셈이다.

한 연구가에 따르면 일반적으로 교사는 학생들보다 조금 더 많이 알고 있을 뿐이라고 한다. 그래서 간이교사 역할을 하는 학생이나 그것을 받는 동료에게 유익하다고 한다. 그렇다고 간이교사를 하는 학생이 꼭 실력이 뛰어날 필요는 없다. 그냥 일대일 교육으로 1인 가정교사가 되면 된다. 그런데 이런 개인 교습은 매일 해야 효과가 있는데, 사정이 여의치 않으면 일주일에 최소한 3일은 하는 것이 좋다. 효과를 높이기 위해 짝을 이룬 두 사람의 학습 과정을 녹음해놓고 자기가 교습하는 것을 수정해가는 방법도 필요하다.

미국의 두뇌 연구가인 마리안 다이아몬드는 〈A-STAR〉 학습법과 유사한 학습법을 강조하고 있다. 그는 모든 사람이 자신이 배운 것을 가르칠 수 있다고 하는데, 누구를 가르치려면 사실을 정확히 알아야 하고, 상상력을 발휘하고 독창적인 아이디어를 내야 하기 때문에 나이가 몇 살이든 간에 배운 것을 명확하게 정리하는 데 있어 남을 가르치는 방법만큼 좋은 것이 없다고 한다.

인간이 공부를 하는 데는 다음과 같은 선호 학습 스타일이 있다고 한다. 우선 〈촉각형〉이다. 이들은 가만히 있지 않고, 움직이고 경험하고 실험하는 등 직접 참여할 때 가장 학습을 잘한다. 다음엔 〈시각형〉이다. 이들은 〈인쇄물 중심형〉이라고도 하는데 학습내용을 그림으로 나타냈을 때 학습을 잘한다. 끝으로 〈청각형〉이다. 이들은 소리를 통해 학습을 가장 잘하는 스타일로 음악과 말을 사용한다. 한 연구 결과에 의하면 성인 대다수는 시각형 학습을 선호하는 반면, 초중등 학생들은 움직이면서 학습을 하는 촉각형 학습을 선호한다고 한다.

바로 이 점에 주목해야 필요가 있다. 〈A-STAR〉 학습법이 촉각 중심의 학습이라는 것이다. 당신의 학습 스타일을 알아볼 수 있는 방법이 있다. 그것은 눈이나 말을 통해 알 수 있는데, 〈시각형〉은 정면을 응시하거나 정보를 접할 때 위쪽을 보거나 말이 빠른 사람이다. 〈청각형〉은 눈을 계속 옆으로 움직이며, 오른손잡이는 왼쪽에, 왼손잡이는 오른쪽에 시선을 둔다. 〈감각형〉은 정보를 받아들일 때 시선을 오른쪽 아래로 자주 두고 말이 느린 사람이다.

이제 발상의 전환을 하자. 무엇보다 부모들의 역할이 중요하다. 인내를 갖고 우선 아이와 부모가 짝이 되어 스스로 가정 학습법을 구축해가는 것이다. 당장 해볼 수 있는 것은 학교에서 배운 것을 복습하는 작업이다. 우리 아이에게 기회를 주고 스스로 할 수 있는 장을 펼치자. 이 복습을 통해 예습(숙제)까지 이어질 수 있도록 나가 보자. 이렇게 되면 아이들에게 아마 숙제가 재미있어질 것이다.

〈A-STAR〉 학습법을 통해 가정에 작은 혁명을 일으키자. 이것으로 공부하는 가정을 만들어보자. 나아가 당신을 〈샐러던트(Salaryman+student, 공부하는 직장인)〉에서 〈샐러턴트(Salaryman+Consultant, 직장 내 전문가)〉로 바꾸어가라!

업무 전략(自) — 業(일)

기업의 언어는 실적이다

국내에 들어와 있는 한 다국적 기업 '한국 I사'는 인사, 회계, 구매부서가 없다. 가령 한 직원이 책상을 하나 구입하려고 하면 '중국 I사'에 의뢰한다. 그러면 '싱가포르 I사'가 회계처리를 해서 책상을 받을 수 있다. 더욱이 이 회사에는 영업사원 자리가 없다. 영업사원의 진정한 자리는 고객사에 있다고 생각하기 때문이다.

국내 한 제약회사는 1,000명에 달하는 영업사원이 재택 근무한다. 또한 한 제약회사는 영업사원들이 일주일에 하루만 출근하고 매일 PDA로 업무 마감을 한다. 우리나라의 세계적인 전자회사에는 총무부가 없다. 이 회사는 이 업무를 아웃소싱(외부 조달)을 했다. 총무업무를 남이 해주는 것이다.

일본의 H자동차는 창업 이래 줄곧 사장실이 없다. 큰 사무실에 사장을 비롯한 중역 40여 명이 함께 근무한다. 왜 그럴까? 보고서를 한 세트만 만들기 위해서다. 한곳에 있기 때문에 한 세트만 만들어 공람하면 된다. 커피를 타는 것도 중역이 한다. 그렇다 보니 여자 비서도 없다. 우리 눈으로 보면 너무 하는 게 아니냐 하겠지만 이 회사는 지난해 일본 자동차 3사 중 2개 사가 적자에서 벗어나지 못한 채 허덕이는 것에 반해 유일하게 1,400억 엔 흑자를 냈다.

일본의 T자동차는 일을 '진짜 일'과 '헛일' 두 가지로 나눈다. 일이라고 해서 모두 같은 일이 아니라는 것이다. 당신이 하는 일이 벽에 못을 박는 일이라고 하자. 이 회사에서는 못을 벽에 댈 때까지의 준비 작업은 일이 아니라 헛일이라고 여긴다. 진짜 일은 망치로 못을 벽에 박는 그 순간부터의 작업을 말한다. 왜 그럴까? 준비하는 작업은 고객과 무관하기 때문이다. 준비하는 시간은 고객에게 돈을 청구할 수 없기 때문에 헛일이라는 것이다. 즉, 고객과 관련된 작업이 일이라고 생각하는 것이다. 그래서 이 회사는 재고 창고, 재고 관리 등이 없다.

다음 도표는 필자가 만든 〈변전소가 큰 직장職長인 일하는 방식〉이라 매트릭스이다. 조직 내에서 앞서가거나 자신의 포지셔닝이 확실한 사람들은 일을 그냥하질 않는다. 무슨 일이든지 그것으로 성과를 내서 당당하게 상사 앞에 들이댄다. 그래서 이들은 하는 일이 재미있고 하는 일로 세상을 이끌어간다.

변전소가 큰 직장인 일하는 방식

구분	0	1	2
브랜드	Name	Nick name	Brand
구성비	15%	80%	5%
변화력	Change	Deep Change	D.D Change
도구	암묵지	방법지	창조지
영역	그냥 있다	여기저기 들이 댄다	한 놈만 팬다
형태	– 형	I 형	T 형
성과	인재人在	인재人材	인재人財
차원	점	선	면 또는 사이버
사고	Know	Know–how	Know–why/who
숙련도	Depth 1	Depth 2	Depth 3
애칭	Man	Salaryman	Saladent
성질	붙박이성	고정성	이동성

　세계적인 기업들이 왜 이런 혁신을 할까? 〈기업의 언어〉라는 것 때문이다. 기업의 언어는 바로 실적이다. 이를 단적으로 표현하면 〈Company=Cash〉인 것이다. 기업은 무엇을 해서 돈을 벌까? 바로 일이다. 지금까지 한 이야기를 합하면 〈Company→Work→Cash〉라는 등식을 만들 수 있다. 한 기업의 구성원이라면 기업은 돈을 버는 집단이고, 돈은 자신이 하는 일로 번다는 것을 명심해야 한다. 그러자면 "나는 과연 회사를 위해 무엇을 창출하고 있는가?"를 늘 자문해야 할 것이다.

　회사가 가장 좋아하는 인재는 어떤 사람일까? 두말할 것 없이 '돈을 가장 많이 벌어오는 사람'이다. 앞서 언급한 것처럼 회사란 〈Company=Cash〉이기 때문이다. 지금은 〈우익부보익빈優益富普益貧〉 시대이다. 조직에서 우수한 인재는 더욱더 부자가 되고, 평범한 사람은 더욱더 가난해 진다는 것이다. 직장인이 우익부라는 성공코드를 잡으려면 일하는 방식을 바꿔야 한다.

어느 빌딩에서 있었던 일이다. 느린 엘리베이터로 인한 이용자의 불만으로 골머리를 앓고 있는 빌딩 주인이 있었다. 빠른 엘리베이터로 교체하자니 엄청난 투자비가 드는 데다 몇 달간의 공사 기간이 필요해 이러지도 저러지도 못한 채 곤경에 빠져 있었다. 그런데 이 얘기를 들은 청소부가 간단히 문제를 해결했다. "엘리베이터 안에 큰 거울을 달아놓자"는 제안을 한 것이다. 그러자 사람들은 거울을 보느라 엘리베이터가 느리다는 사실을 인지하지 못했다. 오늘날 모든 엘리베이터 안에 거울이 달린 건 한 사람의 남다른 생각에서 비롯된 것이다.

직장인을 크게 나누어 보면 〈발전소가 큰 職場인〉과 〈변전소가 큰 職長인〉으로 크게 구분할 수 있다. 예전엔 발전소가 큰 사람이 성공의 주역이었다. 이들은 자신의 발전 용량만 믿고, 변화를 도모하지 않다 도태되는 이들이다. 이젠 변전기능이 큰 사람이 주역이 되는 세상이다. 이들은 학력이나 스펙 등은 특히 내세울 게 없지만 자신의 변전소를 풀가동해 성과를 내는 이들이다. 그렇다면 변전소가 큰 사람은 누구일까? 현실에 안주하지 않고 새로운 곳을 시도하는 이름 하여 〈사고치는(?) 사람〉이다. 말하자면 모험과 도전을 밥 먹듯 하는 일들이다.

스파르타는 고대 그리스의 최강 도시였다. 이곳에서는 엄격한 교육을 통해 전사를 배출했는데 그것을 스파르타 교육이라고 한다. 이 스파르타 교육 중에서 있었던 일화다. 짧은 검을 지급받은 한 청년이 지휘관에게 "제가 가진 검은 짧아서 전투에 매우 불리합니다"라고 말했다. 그러자 지휘관은 전사의 어깨를 잡고 힘주어 격려했다. "검이 짧다면 한발짝 더 빨리 적진 속으로 들어가라. 문제는 검이 아니라 한발 더 앞서는 정신이 있느냐 없느냐 하는 것이다."

무조건 열심히 한다고 해서 능사는 아니다. 이제는 '열심히Hard'가 아니라 '제대로Smart'라는 코드를 잡아야 한다. 여기서 'Smart'란 '깔끔한 것'이 아니라 '효과적인 것'을 말한다.

다시 말해 '일의 효율'을 뜻한다. 한번 생각해보아라. 당신이 하는 일로 회사에 무엇을 기여하고 있는지 말이다. 최고의 성과를 내면서 돈을 많이 벌어다주어라. 다시 한번 강조하지만 기업의 언어는 실적이다. 당신이 조직에 할 말이 있다면 성과로 말을 해라!

에필로그

머슴정신을 재부팅하라

직장인이라면 누구나 이런 고민을 할 것이다. '인생이란 무엇일까?' 인생이란 단어를 한자로 표기하면 '人生'이 된다. 이것을 액면 그대로 풀어서 쓰면 〈人生＝人＋牛＋一〉이 된다. 해석하자면 '인생이란 소처럼 한 길을 가는 것이다'라고 할 수 있다. 즉, 인생이란 자신에게 주어진 길을 평생 가는 것이라고 보면 된다.

〈人生＝人＋牛＋一〉을 좀더 자세히 보자. 평범하게 한 길(一)을 가는 이도 있지만 가던 길을 도중에 유턴하는(ㄷ) 이, 가는 길이 울퉁불퉁(∧∨∧) 평탄치 않는 이, 평생 내리막(＼)을 타는 이도 있다. 그런데 평범한 길을 가는 것처럼 보이지만 그 길을 남다르게 닦아서 (一)을 (↑)로 우뚝 세우는 이들도 있다. 필자는 이런 직장인들은 〈직뚝이〉, 즉 직장에서 우뚝 선 사람이라고 말한다. 그렇다면 이들에겐 어떤 성공 DNA가 있을까?

매년 연말연시가 되면 조직에서 신화 창조로 정상의 반열에 오른 〈직뚝이〉들이 수백 명씩 탄생하면서 이들의 성공신화가 신문지상을 수놓는다. 말하자면 스타 탄생의 랠리가 이어지는 것이다. 올해에도 어김없이 성공신화 창조로 부러움을 사는 사람들이 있다. 그중 눈에 띄는 사람은 삼성생명의 박근희 부회장이다. 세간에 박 부회장이 화제가 되는 건 그가 명문대 출신이 아니라는 것이다. 지방대 출신도 성공 신화를 쓸 수 있다는 점에서 이목을 끄는 것이다.

반면에 이들과는 달리 그러한 반열에 오르지 못하는 이들은 자신의 조직에서 조용히 사라진다. 일간지 인사란을 보면 승진하거나 이동하는 이들의 명단은 소개되지만 퇴직하는 이들의 명단은 기사화되지 않는다. "역사는 2등을 기억하지 않는다"는 말이 있다. 당신은 이런 모습을 보고 무엇을 느끼는가? 곰곰이 생각해보아라.

오늘 하루 동안이라도 당신 곁의 〈직뚝이〉, 즉 K상무를 눈여겨보아라. 이들이 대충 살아가지는 않을 것이다. 이들의 특징은 '일에 완전히 美쳐 있다'는 것이다. 이들의 성공 DNA는 하는 일에 대한 '올인'이다. 즉, 일에서의 미친 존재감이다. 일에 미친 K상무와 같은 사람들의 특징은 일에 대한 태도가 남다르다는 것이다.

이것을 필자는 〈워키튜드Workitude〉라고 부른다. 'Work+Attitude'의 합성어로, 일에 대한 몰입 상태를 말한다. 성공은 전적으로 일에 대한 태도의 산물이라고 생각한다. 필자는 이것을 〈머슴정신〉이라고 하고, 이 머슴정신의 크기를 〈W지수〉라고 부른다. 중요한 건 〈W지수〉가 높을수록 성공의 가능성이 높아진다는 것이다. 나아가 〈W지수〉가 높으면 높을수록 Wealth富도, Welfare幸福도 늘어나기 마련이다. 이 이야기를 하나의 코드로 정리하면 〈일Work → 부Wealth → 행복Welfare〉이라는 3박자를 밟는다고 할 수 있다. 일이 성공을 낳고 나아가 행복도 낳는 것이다.

숯과 다이아몬드의 원소가 탄소라는 건 누구나 다 아는 사실이다. 그런데 똑같은 원소가 하나는 빛나는 다이아몬드가 되고, 다른 하나는 시커먼 숯덩어리가 된다. 모든 사람에겐 하루 24시간이라는 원소가 있다. 성공한 이들은 자신에게 주어진 이 원소를 잘 다듬어 자신의 삶을 다이아몬드로 만든 일꾼들이다.

사람들은 남의 성공을 바라보면서 감탄만 한다. 성공의 이면에 어떠한 노력이 숨겨져 있는지, 어떤 아픔을 맛보았는지는 잘 모를 때가 많다. 당신 주변을 한번 돌아보아라. 성공의 길을 가는 이들은 대개 그 일에 미쳐 있다. 이들은 일요일이나 쉬는 날에 한가히 TV를 보면서 하루를 보내지 않을 것이고, 주중에 퍼마시거나(?) 주말에 싸다니지(?) 않아 이들을 만나기도 무척 어려울 것이다.

그런데 당신은 어떤가? 아마 주중엔 퍼마시고 주말엔 정처 없이 싸돌아다닐 것이다. 그래서 당신이 성공과 멀어져가는 것이다.

이 세상에는 아주 소중한 '금'이 세 가지 있다. 첫째, 누구나 탐을 내는 '황금'. 둘째, 인체에 없어서는 안 될 '소금'. 셋째, 누구에게나 주어지는 '지금'이다. 이 중에서 가장 소중한 것을 하나 꼽는다면 바로 '지금'이다. 지금! 생존하려면 시들해진 당신의 〈머슴정신〉을 재부팅하길 바란다.

생존을 가장
잘하는
직장인 되기

©이내화 2013

1판 1쇄 발행 2013년 9월 23일
1판 2쇄 발행 2013년 10월 2일

지은이 이내화

펴낸이 강병선
편집인 황상욱

기획 황상욱 **편집** 황상욱 **디자인** 이보람 **교정** 남연정
마케팅 이숙재 **온라인 마케팅** 김희숙 김상만 이원주 한수진
제작 김애진 김동욱 임현식 **제작처** 영신사

펴낸곳 (주)문학동네
출판등록 1993년 10월 22일
임프린트 휴먼큐브

주소 413-120 경기도 파주시 회동길 210 문학동네 1층
문의전화 031-955-1902(편집) 031-955-3578(마케팅) **팩스** 031-955-8855
전자우편 forviya@munhak.com **트위터** @humancube44 **페이스북** fb.com/humancube44

ISBN 978-89-546-2236-3 03320

www.munhak.com